Mathias Moosbrugger

Petrus Canisius
Wanderer zwischen den Welten

Mathias
Moosbrugger

PETRUS CANISIUS

Wanderer zwischen den Welten

Tyrolia-Verlag • Innsbruck-Wien

Inhaltsverzeichnis

Vorwort

Das ist keine Biographie über Petrus Canisius – jedenfalls dann nicht, wenn man die Maßstäbe des berühmten Mozart-Biographen Volkmar Braunbehrens anlegt. Braunbehrens schreibt, dass eine Biographie die Aufgabe habe, „ein möglichst lückenloses Bild des Lebenslaufes ‚ihres Helden' zu zeichnen"[1]. Wer nach einem solchen möglichst lückenlosen Lebenslauf von Petrus Canisius (1521–1597) sucht, dem kann ich nur raten, dieses Buch sofort zuzumachen und sich stattdessen in der Bibliothek oder im Antiquariat seines Vertrauens die Biographie des irischen Historikers James Brodrick von 1935 zu besorgen. In der zweibändigen deutschen Übersetzung aus dem Jahr 1950 umfasst dieses Mammutwerk mehr als zwölfhundert Seiten.[2] Auch wenn die Canisius-Forschung seit damals auf vielen Feldern vorangeschritten ist, gibt es bis heute nichts, was sich an biographischer Vollständigkeit mit diesem Buchgebirge vergleichen ließe.

Das vorliegende Buch ist also keine Biographie. Es ist mehr so etwas wie ein biographisches Porträt bzw. vielleicht sogar noch eher eine biographische Skizze und damit für diejenigen gedacht, die keine Zeit für zwölfhundert Seiten haben (oder keine Lust darauf) und sich trotzdem auf dem Stand der gegenwärtigen Forschung über Petrus Canisius informieren möchten. Das Ziel besteht darin, die Persönlichkeit von Petrus Canisius sichtbar zu machen, indem er in die wichtigsten historischen Spannungsfelder eingeordnet wird, in denen er sich bewegt hat. Viele Details – teilweise auch durchaus wichtige Elemente – wurden bewusst kurz behandelt oder sogar ausgelassen, um das Profil seiner Persönlichkeit nicht unter einer Überfülle von biographischen Einzelheiten verschwinden zu lassen.

Der Aufbau sieht folgendermaßen aus: Nach einer Einleitung, die dafür wirbt, dass es sich lohnt, diesem weitgehend vergessenen frühneuzeitlichen Jesuiten historisch auf die Spur zu kommen, bietet das erste Kapitel einen Überblick über die wesentlichen Eckpunkte des Lebens von Petrus Canisius zwischen seiner familiären Prägung und seiner religiösen Berufung; das zweite Kapitel beschäftigt sich dann mit der Ausgestaltung seiner Spiritualität zwischen Mystik und Aktivismus, die das Fundament seines ganzen weiteren Lebens gebildet hat; das dritte Kapitel erschließt darauf aufbauend seine Lebensaufgabe der Wiederbelebung der katholischen Kirche im römisch-deutschen Reich zwischen dem Aufbau eines jesuitischen Schulwesens und der Neugestaltung des katholischen Selbstbewusstseins im Umfeld des Konzils von Trient; das vierte Kapitel rekonstruiert Petrus Canisius als Denker und Autor, der nichts lieber getan hat, als sich in ein Buch zu vertiefen (vorzugsweise das eines Kirchenvaters) oder selbst eines zu schreiben (besonders erfolgreich in seinem Katechismus); das fünfte und letzte Kapitel thematisiert schließlich die Schattenseiten seines langen Lebens, aber auch das, worin er über seine Zeit hinausgewiesen hat.

Alle diese Kapitel sind so konzipiert, dass sie grundsätzlich jeweils für sich bzw. auch in beliebiger Reihenfolge gelesen werden können; deswegen haben sich auch einige wenige Wiederholungen nicht ganz vermeiden lassen. – Ich glaube allerdings, dass man das größte Lesevergnügen (und den größten Erkenntnisgewinn) dann hat, wenn man sich die Kapitel in der vorgegebenen Reihenfolge vornimmt. Der Aufbau des Buches folgt nämlich dem Grundsatz, dass jedes Kapitel das vorhergehende vertieft, um so Schritt für Schritt ein immer vielfältigeres Bild eines außergewöhnlich vielfältigen Lebens sichtbar zu machen.

Bei allem Bemühen darum, eine historische Persönlichkeit so zu skizzieren, wie sie nach momentanem historischem Wissensstand gewesen ist, ist diese Einleitung in das Leben von Petrus Canisius aus Anlass seines 500. Geburtstages natürlich in allen Teilen *meine* Einleitung. Sie ist von den Aspekten bestimmt, von denen ich glaube, dass sie besonders wichtig sind für das Verständnis seiner Persönlichkeit. Ich habe mich allerdings bemüht, diese Aspekte in einer Weise darzustellen, dass sie auch für andere interessant werden: Denjenigen mit ausgeprägt historischen Interessen wollte ich eine nahezu unbekannte Schlüsselfigur der Religionsgeschichte des 16. Jahrhunderts präsentieren. Ihnen bietet sein Leben nicht zuletzt einen Einblick in das bewegte Reformationsjahrhundert aus einer Perspektive, die im heutigen durchschnittlichen Geschichtsbewusstsein kaum präsent ist: aus der Perspektive eines überzeugten Katholiken. Denjenigen mit ausgeprägt religiösen Interessen wollte ich einen Heiligen vorführen, dessen Leben besonders eindrucksvoll deutlich macht, dass Heiligkeit keine Ewigkeitskategorie ist. Ihnen zeigt sein Leben, dass sich Heiligkeit immer in ganz konkreten (und aus heutiger Perspektive mitunter auch verstörend konkreten) historischen Biographien verkörpert.

Allen – den historisch Interessierten, den religiös Interessierten und allen anderen auch – wollte ich ein spannendes Buch über einen spannenden Menschen schreiben.

Ob mir das gelungen ist, müssen die Leserinnen und Leser entscheiden!

Einleitung

Es ist noch gar nicht so lange her, dass der frühneuzeitliche Jesuit Petrus Canisius in aller Munde war. Als der Osttiroler Bergbauernbub Franz Josef Kofler am Beginn des 20. Jahrhunderts von seiner strengkatholischen Base wieder einmal gefragt wurde, ob er die im Religionsunterricht aufgegebenen Fragen auch wirklich gelernt habe, hatte er keine besonderen Skrupel, ein wenig zu schwindeln. Er versicherte ihr, dass da alles in bester Ordnung sei. Sie könne ihn ruhig ausfragen. Das tat sie aber erfahrungsgemäß nie, denn: „Sie wußte nicht, wo wir waren und zudem kannte sie sich nur im alten ‚Kanisi‘ aus, nicht im neuen.“[3]

Der Name Canisius bzw. Kanisi war bis vor wenigen Jahrzehnten nicht nur im tiefkatholischen Osttirol, sondern im ganzen deutschen Sprachraum (und darüber hinaus) praktisch gleichbedeutend mit katholisch-religiöser Bildung. Wer ein ganzer Katholik war, hatte seinen Kanisi gelernt oder machte es wie der kleine Franz Josef Kofler und behauptete es zumindest. Unter dem Kanisi verstand man in der Regel einen Katechismus im Frage-Antwort-Format, in dem die zentralen Inhalte der katholischen Lehre auf Schulniveau zusammengestellt waren. Zwar hatte man schon seit dem 18. Jahrhundert damit begonnen, im Unterricht bevorzugt andere Katechismen zu verwenden. Die volkstümliche Bezeichnung auch dieser neuen Katechismen nach Petrus Canisius wurde aber beibehalten. Immerhin hatte er das literarische Genre des katholischen Katechismus im 16. Jahrhundert praktisch neu erfunden und war damit unglaublich erfolgreich gewesen. Sein Katechismus in drei unterschiedlich langen und unterschiedlich komplexen Versionen aus den Jahren 1555, 1556 und 1558 war innerhalb kürzester Zeit zu einem regelrechten Bestseller geworden – und ist es über Jahrhunderte hinweg geblieben. Ein besonders fleißiger Geschichtsforscher hat genau nachgezählt. Die von ihm erhobenen Zahlen sind beinahe unglaublich: Allein zu Lebzeiten von Petrus Canisius (gest. 1597) und damit in gerade einmal vierzig Jahren sind demnach 347 Katechismus-Auflagen erschienen. Bis zum Beginn des 21. Jahrhunderts sind dann noch einmal unbegreifliche 832 weitere Auflagen dazugekommen – soweit wir jedenfalls momentan wissen. Vielleicht waren es sogar noch mehr. Ursprünglich geschrieben auf Latein, der Weltsprache des 16. Jahrhunderts, war dieser Katechismus in seinen drei Varianten praktisch sofort in die verschiedensten Volkssprachen übersetzt worden; in die gängigen europäischen sowieso, aber offenbar sogar unter anderem auch ins Äthiopische und ins Japanische.[4] Ein Jesuit mit einem Faible für alte Sprachen hat sich sogar die etwas kuriose Mühe gemacht, dieses für den Schulgebrauch gedachte Buch in die Gelehrtensprachen Altgriechisch (1595) und Hebräisch (1620) zu übersetzen. Aber auch die zahlreichen Analphabeten wurden nicht vergessen. Für sie wurde auf der Grundlage des Textes von Petrus Canisius ein Bilderkatechismus erarbeitet, der 1589 das erste Mal veröffentlicht wurde.[5]

Noch beeindruckender aber: Diese regelrechten Massen an Katechismusbüchern sind nicht nur immer wieder neu aufgelegt und gekauft, sondern von noch größeren Massen an Lesern auch tatsächlich gelesen und im Schulbetrieb sogar konsequent auswendig gelernt worden. Was Petrus Canisius über den christlichen Glauben geschrieben hat, ist von vielen Generationen von Schülern immer und immer wieder aufs Neue und Wort für Wort wiederholt und damit nachhaltig verinnerlicht worden. Man darf sich natürlich fragen, mit wie viel Begeisterung und spiritueller Nachhaltigkeit das im Einzelnen jeweils verbunden gewesen sein mag. Dennoch übertreibt man wohl nicht, wenn man Petrus Canisius als den meistgelesenen und damit breitenwirksamsten katholischen Autor mindestens der letzten 500 Jahre bezeichnet.

Das hat sich in kürzester Zeit schlagartig geändert. Als kluger Schüler konnte man zwar noch vor einem halben Jahrhundert im vorarlbergischen Bregenzerwald von seinen stolzen Eltern als ein echter Petrus Canisius bezeichnet werden. Aber schon damals wusste man auch als kluger Schüler kaum noch etwas mit der historischen Figur hinter dem Namen anzufangen.[6] Heute kennt man in der Regel nicht einmal mehr den Namen. Das hat natürlich nicht zuletzt mit den einschneidenden Veränderungen im Religionsunterricht der jüngeren Vergangenheit zu tun. Das Pauken von religiösen Inhalten gilt mittlerweile (ob nun zu Recht oder zu Unrecht) in weiten Kreisen als heillos überholt – und damit auch das Konzept des Katechismus, egal, ob ein solcher von Petrus Canisius oder von jemand anderem geschrieben worden ist. Mit dem Katechismus ist aber zugleich auch der wichtigste canisianische Erinnerungsort sozusagen über Nacht verloren gegangen.

Petrus Canisius ist jedoch nicht nur als Autor des einst wichtigsten katholischen Religionsbuches mittlerweile praktisch vergessen. Dass er ein außerordentlich wichtiger Berater von Kaisern, Königen und Herzögen gewesen ist und so im Auftrag seiner jesuitischen Ordensoberen auf die Gestaltung der in der frühen Neuzeit für praktisch alle Lebensbereiche maßgeblichen Religionspolitik[7] entscheidenden Einfluss genommen hat, weiß außerhalb absoluter Expertenkreise kein Mensch.[8] Seine Bedeutung beim geistlichen Wiederaufbau der im Reformationsjahrhundert am Boden liegenden katholischen Kirche, die sich nicht in seiner Beratertätigkeit an Fürstenhöfen erschöpfte, ist überhaupt nahezu unbekannt. Während man sich mindestens in bewusst protestantischen Kreisen nicht nur an den reformatorischen Übervater Martin Luther, sondern auch durchaus noch an

einen Philipp Melanchthon als entscheidenden Gestalter der lutherischen Identität im 16. Jahrhundert erinnert, ist Petrus Canisius bei
den Katholiken zu einem großen Unbekannten geworden. Und das,
obwohl kaum eine andere einzelne Person so viel zur Neugestaltung
der katholischen Identität in der frühen Neuzeit beigetragen hat und
man ihn sogar ohne Übertreibung den „Inbegriff der katholischen
Reform des 16. Jahrhunderts"[9] genannt hat. Es drängt sich sogar der
Verdacht auf, dass Petrus Canisius in den vergangenen Jahrzehnten
gerade im kirchlich-katholischen Milieu mehr oder weniger bewusst
verdrängt worden ist. Nachdem ihn die antimodernistisch-kultur-
kämpferische Kirche 1864 zuerst selig- und 1925 dann heiliggespro-
chen und sogar zum Kirchenlehrer ernannt hatte, war dieser neue
Heilige, der schon im 19. Jahrhundert mit mangelnder Verehrung zu
kämpfen hatte,[10] schon bald offenbar grundsätzlich peinlich geworden. Wie es scheint, konnte man in ökumenisch zunehmend sensib-
leren Zeiten nur wenig mit einem wie ihm anfangen, den Papst Leo
XIII. 1897 als Kämpfer gegen die „lutherische Auflehnung"[11] geprie-
sen und den der besonders streitbare Papst Pius XI. sogar noch 1925
im Heiligsprechungsdekret *Misericordiarum Deus* mit Hochachtung
als „Zertrümmerer der Ketzer" (*haereticorum malleus*)[12] – gemeint
waren damit natürlich wieder die Protestanten – bezeichnet hatte.[13]
Die seit damals immer wieder unternommenen allzu bemühten Ver-
suche, die Quellen gegen den Strich zu bürsten und ihn als einen
„Ökumeniker der ersten Stunde"[14] ins Spiel zu bringen, haben nicht
nur historisch wenig überzeugt.[15] Sie haben auch nicht zu einer Po-
pularisierung dieses unpopulären Heiligen beigetragen. Die Diözese
Innsbruck, die 1964 und damit genau hundert Jahre nach seiner Seligsprechung gegründet worden ist, hat ihn sich zwar noch als Diözesanpatron ausgesucht, richtig volkstümlich ist Petrus Canisius aber
auch dort nicht mehr geworden. Es dürfte kein Zufall sein, dass er
in dem vielstrophigen Lied „O Gott, streck aus die milde Hand" in
der Österreich-Ausgabe des offiziellen kirchlichen Gesangsbuches

Gotteslob, in dem die zahlreichen Patrone der Bundesländer und Diözesen Österreichs besungen werden, als einziger noch nicht einmal namentlich erwähnt wird.[16]

Das vorliegende Buch möchte dem entgegenwirken und diesen großen Unbekannten des 16. Jahrhunderts anlässlich seines 500. Geburtstages wieder etwas bekannter machen. Verdient hätte er es: Sein Leben ist nämlich tatsächlich unglaublich spannend, eine geradezu atemlose Kaskade von glänzenden Erfolgen und schallenden Niederlagen, in der sich die nervöse Unruhe widerspiegelt, die am Übergang vom Mittelalter zur Neuzeit in allen Lebensbereichen herrschte. Petrus Canisius war sozusagen ständig in Bewegung und geprägt von der unbedingten Bereitschaft, sich in dieser vor allem religiös unruhigen Zeit für die Überzeugungen zu verbrauchen, die für ihn entscheidend waren. Seine Aktivitäten waren dementsprechend zahlreich – so zahlreich, dass er hinter ihnen mitunter geradezu zu verschwinden droht. Es ist eine echte Herausforderung, den Menschen Petrus Canisius mit seiner tiefreligiösen, geradezu mystischen Innerlichkeit angesichts seiner Hyperaktivität als Organisator in Ordensangelegenheiten und als religiöser und religionspolitischer Berater von Kaisern, Päpsten und Bischöfen nicht aus den Augen zu verlieren.

Glücklicherweise kann man sich bei der Suche nach dem Menschen Petrus Canisius auf eine kleine, aber sehr feine historische Canisius-Forschung stützen, die quasi unter dem Radar der öffentlichen Wahrnehmung seit vielen Jahren konsequent gearbeitet hat. Wobei klein gerade für die Anfangsphase nicht wirklich zutrifft: Tatsächlich sind im ausgehenden 19. und bis über die Mitte des 20. Jahrhunderts hinaus im Gefolge seiner Selig- und Heiligsprechung die relevanten Quellen, nicht zuletzt seine umfangreiche Korrespondenz, zu einem großen Teil in einem geschichtswissenschaftlichen Kraftakt, der seinesgleichen sucht, in vorbildlichen kritischen Editionen erfasst und zum Teil auch bereits in gewichtigen Studien verarbeitet worden.[17] Einige dieser Studien sind bis heute unübertroffen geblieben.[18] Diese altehrwürdige, nicht selten allerdings etwas hagiographisch angehauchte frühe Forschungstradition, die im Umfeld der Gesellschaft Jesu von einigen wichtigen Forschern äußerst verdienstvoll weiterentwickelt worden ist,[19] hat in jüngster Zeit sehr davon profitiert, dass die frühe Geschichte des 1540 gegründeten Jesuitenordens in ganz neuer Intensität das Interesse der Frühneuzeithistoriker auf sich gezogen hat. Das hat zu höchst innovativen kleineren und größeren Untersuchungen geführt, die zwar das spirituelle Selbstverständnis der Gesellschaft Jesu mehr denn je als tieferen Grund ihrer massiven historischen Bedeutung betonen, dabei aber bewusst auf jede fromme Übermalung verzichten.[20] Petrus Canisius, der im 16. Jahrhundert im deutschsprachigen Raum geradezu als Verkörperung des jungen Jesuitenordens galt, kann auf dem Hintergrund dieser Neujustierung der frühneuzeitlichen Jesuitenforschung in ein ganz neues Licht gerückt und als historische Figur spannender und facettenreicher gezeichnet werden denn je.[21]

Auf den eindrucksvollen Leistungen aus der Frühzeit der kritischen Canisius-Forschung, aber nicht zuletzt auch auf dem neuen historischen Blick auf die ersten Jesuiten baut dieses Buch auf. Sein zentrales Ergebnis kann gleich am Beginn vorweggenommen werden: Petrus Canisius war in seinem ganzen Leben ein Wanderer zwischen den Welten. Das ist zuerst einmal wortwörtlich gemeint: Er hat Europa von Sizilien bis Osnabrück und vom schweizerischen Freiburg bis Warschau durchwandert und dabei im Auftrag von Päpsten, Fürsten und Ordensoberen zigtausende Kilometer zurückgelegt. Es ist berechnet worden, dass er während seines geschäftigsten Lebensabschnitts von etwa 1550 bis etwa 1570 im Durchschnitt etwa 2000 Kilometer pro Jahr zurückgelegt hat. Als Gesamtbilanz seiner Wanderungen stehen nach vorsichtigen Schätzungen an die 100.000 Kilometer zu Buche. Kein Wunder, dass in seiner niederländischen Heimatstadt Nimwegen als Erinnerung an ihn bis heute ein vom vielen Wandern zerschlissenes Paar Schuhe aufbewahrt worden ist. – Er ist aber auch im übertragenen Sinne ständig zwischen verschiedenen Welten hin- und hergewandert: Zwischen der Welt der hohen Politik und der Welt der kleinen Leute; zwischen der Welt der Päpste und der Welt der Landpfarrer; zwischen der Welt der Universitäten und der Welt der unbedeutenden Dorfschulen; zwischen der Welt der mystisch-innerlichen Frömmigkeit und der Welt der knallharten Religionspolitik; vor allem aber zwischen der Welt der althergebrachten kirchlichen Traditionen, die für ihn so wertvoll waren, und der Welt der religiösen Aufbrüche im Reformationsjahrhundert, die ihn so massiv herausforderten.

Die Wiederbelebung der darniederliegenden katholischen Kirche war nach seiner Überzeugung der einzige Weg, auf dem das Auseinanderfallen dieser sich im 16. Jahrhundert zusehends voneinander entfremdenden Welten verhindert werden konnte: Nur die katholische Kirche konnte die alte kirchliche Tradition mit den weißglühenden religiösen Bedürfnissen der Gegenwart verbinden; zu diesem Zweck hat Petrus Canisius wichtige Texte der antiken Kirchenväter als religiöse Mahnschriften für seine Zeitgenossen neu herausgebracht. Nur die katholische Kirche konnte die immer stärker auseinanderfallenden kulturellen Räume des italienischen Südens und des deutschen Nordens zusammenhalten;[22] zu diesem Zweck hat sich Petrus Canisius in Deutschland unablässig für Rom und in Rom unablässig für Deutschland eingesetzt. Und nur die katholische Kirche konnte zwischen dem in der Entdeckungszeit wachsenden globalen Anspruch des Christentums und den religiösen Bedürfnissen vor Ort bei den einzelnen Gläubigen vermitteln; zu diesem Zweck hat er sich auf dem ökumenischen Konzil von Trient genauso engagiert wie als Prediger auf der Domkanzel in Augsburg oder als Exerzitienmeister und spiritueller Ratgeber an praktisch allen Orten, an denen er je gewirkt hat.

Aufgrund dieser tiefen Überzeugung von der einzigartigen Bedeutung der katholischen Kirche ist er im wörtlichen wie im übertragenen Sinne ohne Pause als Botschafter der Erneuerung dieser Kirche unterwegs gewesen. Er hat so versucht, quasi als Verkörperung der kirchlichen Berufung zum Brückenbauen zwischen den immer stärker auseinanderdriftenden geistigen, kulturellen und religiösen Welten, tragfähige Verbindungen herzustellen. Er hat dabei Bemerkenswertes geleistet. Man muss aber auch ganz unumwunden feststellen: Oft genug ist er damit gescheitert. Gerade in den religiös aufgeladenen Konflikten in Deutschland hat er selbst fatalerweise bei etlichen Gelegenheiten nicht unerheblich dazu beigetragen, dass es zwischen der protestantischen und der katholischen Welt über Jahrhunderte hinweg zu einer nachhaltigen Entfremdung gekommen ist. Er war bei aller geographischen und geistigen Beweglichkeit immer auch ein Kind einer in Religionsdingen zum Teil geradezu hysterischen Welt. Seinen unrühmlichsten Ausdruck hat diese religiöse Hysterie bei ihm in seiner berühmt-berüchtigten Verteidigung der im 16. Jahrhundert im deutschsprachigen Raum immer massiveren Hexenverfolgung gefunden. Er hat mit seinen Wortmeldungen und seinem Hang zum Dämonenglauben zur Verschärfung einer ohnehin bereits äußerst verschärften Situation beigetragen. – Dennoch: Man versteht ihn am besten nicht von diesen bedauerlichen Extremen her, sondern von der grundlegenden Dynamik, von der sein Leben geprägt war: Vom unablässigen Wandern zwischen den politischen, kulturellen und geistigen Welten seiner Zeit, die sich fatalerweise immer mehr voneinander entfremdeten und dabei Verwerfungslinien aufrissen und an denen Europa – und die Welt – über Jahrhunderte hinweg gelitten hat und teilweise bis heute leidet. Petrus Canisius erfüllte so mit seiner ganzen Existenz das spirituelle Idealbild eines Jesuiten, der sich nach einer berühmten Kurzformel seines Zeitgenossen und Mitbruders Jerónimo Nadal erst dann so richtig zuhause fühlt, wenn er unterwegs ist.[23]

Und wer weiß: Vielleicht kann gerade ein Blick in das bewegte Leben von Petrus Canisius dabei helfen, uns am Beginn des dritten nachchristlichen Jahrtausends die höchst faszinierende, aber oft nur schwer zugängliche Welt der frühen Neuzeit mit ihrem kaum zu bändigenden religiösen Eifer etwas näherzubringen. Vielleicht ist er auch ein Wanderer zwischen der Welt von damals und der Welt von heute.

1. Kapitel

Zwischen Nimwegen und Freiburg in der Schweiz

Nimwegen:
Der junge Peter Kanis und sein Blick in die Zukunft

Der Bub, der auf dem linken Flügel des Nimwegener Renaissance-Flügelaltars vom Ende der 1520er Jahre hinter seinem Vater kniet und betet, blickt unter seinem Pagenschnitt etwas versonnen in die Welt hinein. Als Betrachter fragt man sich unwillkürlich, woran er wohl denkt. Nachzudenken gäbe es für ihn genug: Der 1521 geborene Peter Kanis ist noch keine zehn Jahre alt, aber er hat in seiner überschaubaren Vergangenheit schon einiges erlebt, das einen ins Grübeln bringen könnte.[24] Vor allem: Seine Mutter Jelis van Houweningen ist erst vor Kurzem gestorben und hat ihn und seine jüngeren Schwestern Wendelina und Philippa als Halbwaisen zurückgelassen. Sie ist auf dem gegenüberliegenden rechten Flügel des Altars mit ihren insgesamt sechs Töchtern abgebildet, von denen fünf – inklusive Philippa – früh gestorben sind. Dass ihr einziger Sohn später zu einem besonders eifrigen Marienverehrer geworden ist, der sich am Ende eines dicken Buches über Maria direkt an die Gottesmutter wendet und darum bittet, „dass mein Name nicht etwa in die Liste deiner Freunde oder Söhne, aber doch wenigstens deiner kleinen Schützlinge und Diener hineingeschrieben werde"[25], ist von einer intimen Kennerin seines Lebens psychologisch mit diesem frühen Verlust der leiblichen Mutter erklärt worden.[26]

Aber nicht nur Peter, auch sein Vater Jacob Kanis musste mit diesem harten Verlust umgehen. Er tat es so, wie man es sich damals von einem gutsituierten Bürger erwartete: Zuerst gab er den Flügelaltar

Einem Flügelaltar (1526/30) verdanken wir das erste Porträt von Petrus Canisius im Alter von noch nicht einmal zehn Jahren. Er kniet betend hinter seinem Vater Jacob Kanis, der den Flügelaltar zum Andenken an seine verstorbene erste Frau in Auftrag gegeben hat.

Zwischen Nimwegen und Freiburg in der Schweiz

mit den Abbildungen seiner Familie auf dem linken und rechten Flügel und dem zentralen Bild der Kreuzigungsgruppe als Andenken an seine erste Frau in Auftrag – und sah sich dann als verantwortungsbewusster Vater so schnell wie möglich nach einer neuen Mutter für seine beiden unmündigen Kinder um. Zu dem Zeitpunkt, als der Altar fertig gestellt war, dürfte er sie bereits gefunden haben. 1530 wurde geheiratet. Wendelina van den Bergh, die ihrem Jacob in den kommenden Jahren ein volles Dutzend Kinder schenken sollte, wurde für den jungen Petrus Canisius glücklicherweise zu mehr als nur einer mehr oder weniger geduldeten Stiefmutter. Er blieb ihr bis zu ihrem Tod im Jahr 1557 eng verbunden, obwohl sie sich mit einigen seiner Lebensentscheidungen nicht leicht abfinden konnte und er sie immer wieder per Post ermahnte, dass sie in der Erziehung seiner zahlreichen Halbgeschwister zu lax sei. Seinen ersten erhaltengebliebenen Brief an sie unterzeichnete er als „Peter Kanis, dein Sohn, für immer dir in Gott ergeben".[27]

Vielleicht hat der noch nicht zehnjährige Peter Kanis auf dem Flügelaltar aber nicht nur über die tiefgreifende Erfahrung des Verlusts seiner Mutter und dessen damals noch nicht ganz absehbaren Folgen für ihn und seine Schwester nachgedacht bzw. nachdenken müssen, sondern auch schon über seine persönliche Zukunft. Dass er auf dem linken Flügel des Altars als damals noch einziger Sohn und Erbe in Aussehen und Kleidung als verkleinerte Version seines Vaters Jacob unmittelbar hinter diesem abgebildet wurde, war nämlich nicht nur künstlerische Konvention. Jacob Kanis dürfte seine Zukunft schon damals relativ genau für ihn vorausgeplant haben, und klar war: Der kleine Peter sollte eines Tages in seine Fußstapfen treten und auf dem weiterbauen, was er als Vater grundgelegt hatte. Peter kam aus einer guten Familie und das sollte sich auch in seiner beruflichen und persönlichen Entwicklung widerspiegeln. – Jacob konnte auch wirklich zu Recht stolz auf sich und seine Lebensleistungen sein. Er hatte bereits eine höchst beeindruckende Karriere hinter sich, als er seine Familie auf dem Flügelaltar verewigen ließ, und sollte auch in weiterer Folge bis zu seinem Tod knapp fünfzehn Jahre später stets ein einflussreicher und hochgeachteter Mann bleiben. Nach rechtswissenschaftlichen Studien in Köln und Orléans war er in die Dienste von Herzog René II. von Lothringen getreten, für den er aber nicht nur in juristischen Angelegenheiten tätig war. Er hatte sich als sein Gesandter ausgezeichnet, war zum Erzieher der herzoglichen Söhne ernannt worden und hatte sich für seinen Brotherrn auch als Verwalter und Gouverneur der Festung Mayenne erfolgreich engagiert. Als es ihn schließlich doch wieder in seine Heimatstadt Nimwegen zurückzog, war er aufgrund seiner Leistungen in den Adelsstand erhoben worden und konnte zudem fortan Jahr für Jahr mit einem Geldgeschenk des dankbaren Herzogs rechnen. Zurück in Nimwegen gründete er 1519 im nach den damaligen Vorstellungen für einen Mann perfekten Alter von 30 Jahren eine Familie mit der vermögenden Apothekerstochter Jelis van Houweningen. Von einem Rückzug ins Familien- und Privatleben konnte allerdings auch jetzt keine Rede sein. Er engagierte sich mit größtem Einsatz in der kommunalen Politik und wurde insgesamt neunmal zum Bürgermeister von Nimwegen gewählt. Sein mühsam erarbeitetes Renommee blieb ihm auch in dieser neuen Lebensphase über die Stadtmauern hinaus weiter erhalten. So vertrat er im Jänner 1540 seinen Landesfürsten, den Herzog von Geldern, bei der vierten Hochzeit des berüchtigt heiratswütigen englischen Königs Heinrich VIII., diesmal mit der unglücklichen Anna von Kleve. Kurz vor seinem Tod Ende Dezember 1543 leistete Jacob noch im September als erster Vertreter des Magistrats von Nimwegen seine Unterschrift unter den Vertrag von Venlo, mit dem das Herzogtum Geldern nach längeren Konflikten an Kaiser Karl V. fiel.[28]

Eine solche Musterbiographie wünschte sich der honorige Nimwegener Patrizier Jacob Kanis auch für seinen Sohn Peter. 1535 und damit nur wenige Jahre nach der Anfertigung des familiären Flügelaltars wurde der 14-Jährige deshalb ins nahe Köln auf der deutschen Seite des Rheins geschickt. Bis dahin hatte er eine eher mäßige elementare Schulbildung genossen. Das sollte sich nun ändern: Im Jänner 1536 wurde er an der Kölner Universität und damit an der Alma Mater seines Vaters immatrikuliert. Das Ziel war klar definiert: Auch aus dem kleinen Peter sollte ein Jurist werden. Das sollte der erste Schritt in einer erfolgreichen Karriere nach väterlichem Vorbild werden. Seine Studienerfolge waren dann auch wirklich bemerkenswert. Er machte bereits im gleichen Jahr seinen Abschluss als Bakkalaureus, wurde im Jahr darauf zum Magister artium promoviert und ging dann auf väterlichen Druck nach seinem Lizentiat 1539 ins belgische Löwen, um dort auch noch Kirchenrecht zu studieren. Ein ganzer Jurist musste entsprechend der seinerzeitigen Vorstellungen nämlich auch in diesem Fach firm sein. Aber es war bereits zu spät: Der noch nicht zwanzigjährige Peter hatte mittlerweile seine eigene Berufung gefunden und die passte so gar nicht zu den Plänen seines Vaters. Er wollte sein Leben ganz und gar der Religion widmen – und zwar ganz sicher nicht als Kirchenrechtler.

Tatsache ist nämlich, dass sich Peter Kanis bereits im frühen Kindesalter nicht nur mit dem Tod der Mutter und mit den ausgesprochenen oder unausgesprochenen väterlichen Plänen für seine berufliche Zukunft auseinandersetzen hatte müssen. Er hatte bereits damals mit geistlichen Erfahrungen zu ringen gehabt, die ihn innerlich tief bewegten und herausforderten. Vielleicht waren es gerade diese Erfahrungen, die den versonnenen jungen Patriziersohn, der vom Nimwegener Flügelaltar herausblickt, schon im Alter von noch nicht einmal zehn Jahren im tiefsten Inneren beschäftigten. Immerhin erinnert er sich als alter Mann daran, „dass ich schon als Knabe ernstlich über die Wahl einer heilsamen, mir zusagenden Lebensweise nachdachte"[29]. Glücklicherweise wissen wir, wie eine für ihn besonders prägende religiöse Erfahrung aus dieser frühen Phase seines Lebens konkret ausgesehen hat: Der Vielschreiber Petrus Canisius war normalerweise ein nur wenig auskunftsfreudiger Protokollant seiner innersten seelischen Erfahrungen. Aber um das Jahr 1570 herum berichtete er in seinen autobiographischen *Bekenntnissen* mit untypischem Gefühl davon, was er irgendwann im Alter zwischen acht und zehn Jahren in der Nimwegener Stephanskirche erlebt hatte. Man führt sich diese eindrucksvolle religiöse Erfahrung am besten in seinen eigenen Worten zu Gemüte:

> „Ich war noch ein Knabe, als ich einst in der Kirche des heiligen Erzmärtyrers Stephanus zu Nymwegen betete und deinen hochheiligen Leib, o Herr, neben dem Hochaltar demütig flehend verehrte. Ich kann nicht die Gnade vergessen, die du mir als Kind bei dieser Gelegenheit erwiesen hast. [...] Ich glaube bestimmt, daß du, o Herr, diesen Geist der Furcht und frommer Besorgnis erweckt und erhalten hast, damit ich in der unbeständigen und

zum Leichtsinn neigenden Jugendzeit an deiner Furcht gleichsam einen Erzieher und Beschützer hätte und nicht so leicht auf verkehrte Wege gerate. Denn du durchbohrtest ‚mit der Furcht vor dir mein Fleisch', damit ich anfinge, mich vor deinen Gerichten zu fürchten.“[30]

Vielleicht kommen bei dem einen oder anderen angesichts dieser massiven Betonung der Furcht vor Gott am Beginn des spirituellen Lebens von Petrus Canisius alle möglichen und unmöglichen (jedenfalls aber anachronistischen) Vorbehalte gegen eine solche religiöse Erfahrungswelt auf. Aber egal, ob man das, was Petrus Canisius hier beschreibt, im Einzelnen für gut oder weniger gut hält, sicher ist, dass man auch noch ein halbes Jahrtausend später durch die ungewohnte fromme Sprache hindurch eine große spirituelle Empfindsamkeit hören kann. Petrus Canisius war offenbar schon als Bub für innerliche Erfahrungen empfänglich, die ihn sehr früh zu einer sehr bewussten und tiefempfundenen Religiosität geführt hatten.[31] Diese religiöse Empfindsamkeit lässt sich nicht soziologisch mit der damaligen Selbstverständlichkeit von religiösen Überzeugungen erklären. Man wird ihr auch nicht gerecht, wenn man sie psychologisch auf das Pflichtgefühl gegenüber seiner verstorbenen Mutter zurückführt, die ihre Familie auf dem Sterbebett eindringlich ermahnt hatte, sich angesichts der religiösen Umwälzungen der frühen Reformation, die in den 1520er Jahren auch in Nimwegen überdeutlich spürbar geworden waren, niemals von der katholischen Kirche abzuwenden. Sie war für ihn eine echte Herzenssache.

Wahrscheinlich hat Jacob Kanis schon lange, bevor er seinen Sohn zum Studium nach Köln geschickt hatte, geahnt, dass Peter aus einem anderen Holz geschnitzt war als er selbst. Peter hatte sich schon in Nimwegen in einem Milieu bewegt, das vom Streben nach spiritueller Innerlichkeit bestimmt war, und er hatte sich darin offenbar wohlgefühlt wie der sprichwörtliche Fisch im Wasser. Seine Mutter war

Nikolaus van Essche (1507–1578) war der maßgebliche geistliche Mentor von Petrus Canisius in seiner Zeit an der Universität Köln. Seine von der Kartäuserfrömmigkeit geprägte mystische Religiosität hat auf den jungen Studenten großen Eindruck gemacht.
Kupferstich von J. B. Berterham, um 1700.

fromm gewesen, seine Stiefmutter war fromm. Noch dazu war sie nicht nur die Schwester eines späteren Hofkaplans von Kaiser Ferdinand I., sondern (und für Petrus Canisius viel wichtiger) die Nichte der bekannten niederländischen Mystikerin und Begine Maria van Oisterwijk. Zur erweiterten Familie gehörte dann auch noch die Großtante Reinalda van Eymeren, die mit *Die evangelische Perle* das letzte große Werk der flämisch-rheinischen Mystik verfasst hat.[32] Mit beiden Frauen kam der junge Peter in näheren Kontakt.[33] Bei seinen Gesprächen mit ihnen wurden Dinge zur Sprache gebracht, die sich ihm tief ins Gedächtnis einbrannten und seine weitere geistliche Biographie maßgeblich beeinflussen sollten. Reinalda, die oft im Nimweger Bürgermeisterhaus zu Gast war, sagte ihrem jungen Verwandten Peter schon vor seinem Umzug nach Köln bei einer Gelegenheit „die Gründung eines neuen Priesterordens voraus, [...] dem auch ich mich anschließen werde", obwohl doch damals „noch kein Mensch an die Jesuiten" dachte. Maria van Oisterwijk ihrerseits erklärte ihrem Stiefgroßneffen etwas später, „ich würde einst durch meine schriftstellerischen Arbeiten der Kirche gute Dienste leisten". So jedenfalls erinnerte sich der als Schriftsteller berühmtgewordene Jesuit Petrus Canisius mehr als ein halbes Jahrhundert später und bekräftigte, was wie eine allzu fromme Geschichte klingt, mit dem größtmöglichen Nachdruck: „Bei Gott, ich erdichte nichts; ich gebe nur der Wahrheit Zeugnis."[34]

Dass ihn sein Vater aus dieser religiös durchtränkten Umgebung nach Köln geschickt hatte, führte nicht zu einer Eindämmung der spirituellen Neigungen Peters durch die nüchternen Anforderungen des Studiums, ganz im Gegenteil. In Köln wurde er nicht nur zuerst Mitglied der von seinen Landsleuten dominierten Montanerburse, die sich dem wichtigsten mittelalterlichen Theologen Thomas von Aquin als ihrem geistigen Patron verschrieben hatte, sondern kam dann vor allem als Untermieter in das Studentenpensionat von Andreas Herll, wo er unter die geistliche Führung von Nikolaus van Essche geriet. Dieser van Essche stand unter anderem auch mit Maria van Oisterwijk in engem Kontakt, die bereits 1530 nach Köln übersiedelt war. Er machte den jugendlichen Peter noch intensiver mit der ihm bereits aus seiner Nimwegener Heimat in Ansätzen bekannten spätmittelalterlichen Frömmigkeitstradition der Devotio moderna vertraut, der es in erster Linie um die innerliche Unmittelbarkeit des Menschen zu Gott ging und nicht so sehr um äußerliche religiöse Formen und Rituale.

Zudem lehrte er ihn, die Bibel als einen geistlichen Fahrplan in eine solche persönliche Beziehung zu Gott hinein zu lesen, und förderte die Vertrautheit Peters mit dem Evangelium, indem er ihn täglich einen kurzen Textabschnitt daraus meditieren und auswendig lernen ließ. Hier dürfte der Anfang der unglaublichen Bibelfestigkeit von Petrus Canisius liegen, die einige seiner Biographen sogar zur Vermutung veranlasst hat, dass er die ganze Bibel oder mindestens wesentliche Teile auswendig gekannt haben muss.

Für seine zukünftige geistliche Entwicklung vielleicht noch wichtiger war aber, dass van Essche ihn mit der Kölner Kartause unter ihrem berühmten Prior Gerhard Kalckbrenner und so mit einem der pulsierendsten Zentren spirituellen Lebens im katholischen Milieu des römisch-deutschen Reiches intensiv in Kontakt brachte. Van Essche wurde auf diese Weise ein wichtiges Verbindungsglied in die religiöse Zukunft seines jungen Schützlings. Für Peter Kanis sollten die Kartäuser von Köln nämlich zu enorm wichtigen Geburtshelfern in sein zukünftiges geistliches Leben als Jesuit hinein werden.

Für den nüchternen Jacob Kanis musste es scheinen, dass sein Sohn mit dem Beginn seiner Studien vom frommen Regen Nimwegens in die noch frömmere Traufe Kölns gekommen war. Für Peter selbst dagegen war es wie ein Heimkommen. Sein spiritueller Appetit wuchs, je mehr er von Spiritualität umgeben war. Jacob versuchte, ihm anders beizukommen und ihn doch noch auf Schiene zu bringen, diesmal mit Hilfe einer hübschen Erbin, die ihn ins großbürgerliche Leben eines Nimwegener Bürgermeistersohnes locken sollte. Als auch das scheiterte und Peter sich in einem privaten, aber nach den damaligen Vorstellungen bindenden Gelübde im Alter von 18 Jahren auf lebenslange Keuschheit verpflichtete, bemühte sich Jacob in einer letzten Aufwallung väterlichen Engagements, aus Peters offensichtlich unüberwindlicher Berufung ins religiöse Leben das Beste zu machen, was nach seinen Maßstäben noch möglich war. Peter sollte zu seiner standesgemäßen Versorgung wenigstens eine gut dotierte geistliche Pfründe im Kölner Domkapitel erhalten, die er als Bürgermeister von Nimwegen verleihen durfte. Man wird Jacob nicht unrecht tun, wenn man ihm unterstellt, dass er seinem Sohn damit eine kirchliche Karriere ermöglichen wollte, die ihn bei seinen offensichtlichen Talenten vielleicht sogar bis zum Bischofsamt geführt hätte. Aber Peter verweigerte sich auch diesmal. Er wollte anders, nämlich echt geistlich leben, und beharrte gegen alle väterlichen Vorstellungen darauf, seinen eigenen Weg zu finden, wie das für ihn möglich war. Dass das Leben eines Kirchenfürsten für ihn jedenfalls nicht der geeignete Weg war, stand für ihn offensichtlich von allem Anfang an außer Frage.

Vielleicht hat sich dieses unaufhörliche jugendliche Ringen mit den väterlichen Erwartungshaltungen und Plänen auch unmittelbar auf seine späteren theologischen Überzeugungen ausgewirkt. Dass Petrus Canisius etwa zwanzig Jahre später in seinem berühmten Kleinen Katechismus das alttestamentliche vierte Gebot der Ehrerbietung gegenüber den Eltern auffällig stark aus dem familiären Zusammenhang herauslöste und es vor allem als Gebot der Unterordnung unter die kirchliche Obrigkeit interpretierte, könnte man durchaus in diesem Sinne verstehen.[35] Sicher ist jedenfalls, dass er selbst als Jugendlicher die väterliche Autorität eher als belastend für seine religiöse Entwicklung empfunden haben dürfte, die Repräsentanten der kirchlichen Welt dagegen als diejenigen, die ihm seinen Traum von einem echt geistlichen Leben ermöglichten. – Es ist auf diesem Hintergrund kein Wunder, dass das erste geschriebene Wort, das uns von Petrus Canisius erhalten ist, „PERSEVERA" lautet: „Hal-

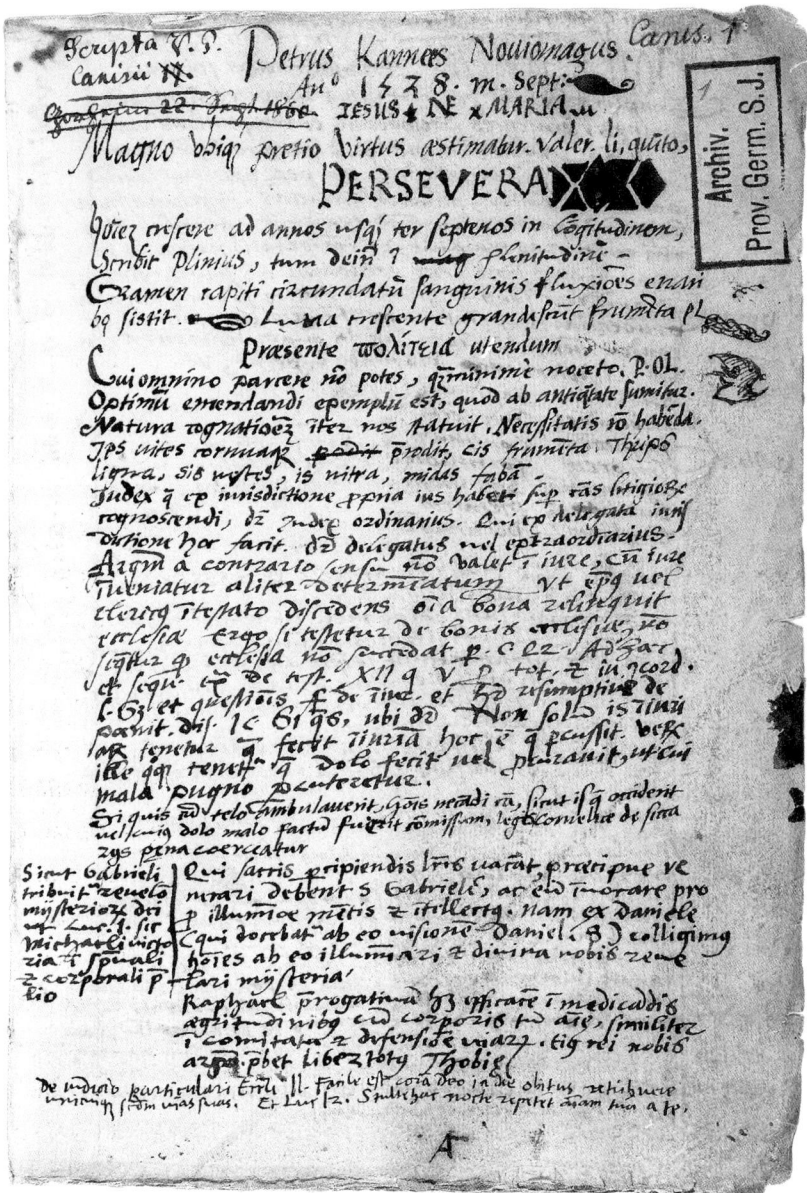

Auf dieser ersten Seite eines Schulhefts des 17-jährigen Petrus Canisius findet sich in Großbuchstaben sein Lebensmotto: „PERSEVERA" (Halte durch!) – und andere nützliche Notizen wie z. B. ein Rezept gegen Nasenbluten.

te durch!" Er hatte es als 17-jähriger Student in Köln in Großbuchstaben oben auf die erste Seite seines Schulheftes geschrieben. Es war genau die Zeit, als sich immer deutlicher abzeichnete, dass sich seine eigenen Pläne und die seines Vaters grundsätzlich nicht auf eins bringen ließen. Da hieß es entweder nachgeben oder durchhalten. Petrus Canisius entschied sich mit Nachdruck und in Großbuchstaben für das Durchhalten. Es sollte das Motto seines Lebens werden.

Was dann passierte, könnte man sich nicht symbolträchtiger vorstellen: So wie der rebellische Teenager Peter Kanis Schritt für Schritt aus den Plänen seines Vaters verschwand, so verschwand schließlich auch der noch nicht zehnjährige Bub Peter Kanis aus dem Familienbild auf dem Nimwegener Flügelaltar. Er wurde etwa um 1580 herum übermalt mit seinem Halbbruder Gerit Kanis, dessen Lebensweg mehr nach dem Geschmack Jacobs war und der nach dem Tod des Vaters zum Oberhaupt der Familie werden und ihn viel später auch noch als Bürgermeister von Nimwegen beerben sollte. Wer diese massive Retusche am Flügelaltar in die Wege geleitet hat, wissen wir nicht. Genauso wenig wissen wir, ob sich Peter davon getroffen fühlte, dass man ihn aus dem Doppelporträt mit seinem Vater quasi ausradiert hatte (oder ob er vielleicht sogar erleichtert war). Als Jacob im Dezember 1543 im Sterben lag, war er aber jedenfalls sofort nach Nimwegen aufgebrochen. Er hatte seinen lange gesuchten geistlichen Weg jenseits der väterlichen Welt kaum mehr als ein halbes Jahr zuvor endlich gefunden. Im Mai war er zum ersten Mitglied der Gesellschaft Jesu aus dem römisch-deutschen Reich geworden. In seinen zahlreichen Briefen und vielfältigen anderen Schriften gibt es keinen Hinweis, wie sich Petrus Canisius angesichts des Todes des Vaters gefühlt haben mag. Allerdings gab er etwa ein Vierteljahrhundert später in seinen *Bekenntnissen* eine gewisse Furcht um das Seelenheil des Vaters zu Protokoll, der „viele Fehler begangen und manches nicht gesühnt hat"[36]. Ein anderer seiner Halbbrüder, Derick Canisius, der auch Jesuit geworden war, erinnerte sich viel später jedoch daran, dass Peter diesem Problem unmittelbar am Totenbett des Vaters auf seine typische Art begegnet war: Er bat „nach dem Tode seines Vaters die ganze Nacht unter vielen Tränen Gott [...], seinem Vater Verzeihung und Frieden zu schenken. Und Gott, der Vater der Erbarmungen hörte seine kindlichen Seufzer und tat Canisius kund, daß sein Vater und seine Mutter im Himmel seien."[37]

Einen vielleicht noch intimeren – und biographisch versöhnlicheren – Einblick in das komplizierte Vater-Sohn-Verhältnis als diese sehr fromme Erinnerung bietet das, was Petrus Canisius selbst etwas mehr als ein halbes Jahrhundert später in seinem letzten Lebensjahr an seinen Neffen schrieb: „Mach deinem Namen Jakobus keine Schande; du hast dir ja mit diesem Namen das Leben meines Vaters zum Vorbild genommen, und du weißt wohl, welch seltene und hervorragende Fähigkeiten er hatte."[38] Die Befreiung aus der väterlichen Welt hatte seinen Traum von einem geistlichen Leben überhaupt erst möglich gemacht. Aber trotzdem blieb er bis zu seinem Tod mit spürbarem Stolz der Sohn des Jacob Kanis, der sich nicht nur unermüdlich um seine eigene Karriere gesorgt hatte, sondern genauso unermüdlich (wenn auch erfolglos) auch um die Karriere seines Sohnes.

Das Bild des jungen Peter Kanis auf dem Nimwegener Flügelaltar wurde erst bei einer Restaurierung im Jahr 1988 hinter der nachträglichen Übermalung wieder freigelegt, nachdem es kurz zuvor mit Hilfe von Röntgenstrahlen dort wiederentdeckt worden war. Der Altar wird heute in dieser ursprünglichen Form im Stadtmuseum von Nimwegen aufbewahrt.[39] Erst seit damals blickt dieser noch nicht zehnjährige Bub mit seinem versonnenen Blick wieder in eine ihm noch weitgehend unbekannte Welt hinein – eine Welt, die er als Erwachsener vor allem auf religiöser Ebene wie kaum einer seiner Zeitgenossen im religiös höchst turbulenten 16. Jahrhundert mitgestaltet hat. Dazu musste er aber aus der väterlichen Welt von Nimwegen ausbrechen und nach neuen Welten Ausschau halten.

Freiburg in der Schweiz:
Der alte Petrus Canisius und sein Blick in die Vergangenheit

Viel erinnert auf dem Bild des altgewordenen Petrus Canisius, das ihn in den späten 1590er Jahren und damit in seiner letzten Lebensphase im schweizerischen Freiburg zeigt, nicht mehr an den jungen Peter Kanis vom Nimwegener Flügelaltar, das auffallend volle Haupthaar und die Frisur vielleicht ausgenommen.

Das dürfte ihm durchaus recht gewesen sein. Immerhin hatte er über die Jahre hinweg eifrig daran gearbeitet, sich von seinen heimatlichen und familiären Wurzeln zu emanzipieren und ganz in dem geistlichen Leben aufzugehen, für das er sich gegen die väterlichen Pläne entschlossen hatte. Dieses neue geistliche Leben hatte er mit einem existenziellen Befreiungsschlag begonnen, als er sich am 8. Mai 1543 und damit punktgenau an seinem 22. Geburtstag durch seine ersten Gelübde an die junge Gesellschaft Jesu gebunden hatte, die nördlich der Alpen damals noch kaum bekannt war. Der 8. Mai war für ihn fortan dementsprechend nicht mehr in erster Linie sein Geburtstag als Sohn einer wohlhabenden Bürgermeisterfamilie, sondern der Tag seiner geistigen Wiedergeburt als Jesuit. Damit hatte er sein altes Leben – diesen bis auf einige göttliche Gnadeninterventionen geistlich mehr oder weniger vergeudeten „Zeitraum vor meinem Eintritt in die Gesellschaft Jesu"[40] – endgültig hinter sich gelassen, und zwar ganz bewusst „ohne Abschied von meinen Eltern zu nehmen und ohne Wissen meiner Freunde"[41]. Sie waren ja ein Teil seines alten Lebens. 1547 instruierte er sogar einen seiner jesuitischen

Dieser ausdrucksstarke Kupferstich von Dominikus Custos aus dem
Jahr 1599 bietet ein authentisches Porträt des altgewordenen
Petrus Canisius. Er ist zur Grundlage aller späteren Darstellungen in
Kunst und Kitsch geworden.

Zwischen Nimwegen und Freiburg in der Schweiz

Mitbrüder, dass die Briefe seiner leiblichen Brüder erst nach einer ordensinternen Zensur an ihn weitergeleitet werden sollten.[42] Nichts sollte ihn mehr unmittelbar mit seinem alten Leben verbinden. Was er für seine Familie in Zukunft noch sein sollte, das war er (und zwar tatsächlich mit sehr großem Einsatz) als religiöser Ratgeber und Wächter über ihre katholische Rechtgläubigkeit.[43]

Als der alte Petrus Canisius in den späten 1590ern quasi von seinem Altersbildnis auf sein Leben zurückblickte, blickte er dementsprechend vor allem auf sein zweites Leben und damit sein Leben als Jesuit zurück. In diesem zweiten Leben hatte er auch tatsächlich unglaublich viel erlebt: Grundlegend für alles Weitere war, dass er seiner jesuitischen Berufung schon sehr früh ein klares Profil gegeben hatte. Ihm war bewusst geworden, dass seine Lebensaufgabe als Jesuit darin bestand, „mit dem Engel der Deutschen (dem hl. Michael)"[44] zusammenzuarbeiten und sich dementsprechend vor allem für die Wiederbelebung des scheintoten deutschen Katholizismus einzusetzen. Das ging so weit, dass er während seiner zweieinhalb italienischen Jahre von 1547 bis 1549 von seinem Ordensvater Ignatius von Loyola wegen seines ständigen „Brütens über Deutschland"[45] ermahnt werden musste. Aber er konnte nicht anders: Der Einsatz für die Wiederaufrichtung der katholischen Kirche in Deutschland war das große Anliegen, das sein ganzes weiteres Leben prägte, und er war bereit, sich und seine ganze Existenz dafür in die Waagschale zu werfen. Der Rektor des Prager Jesuitenkollegs Ursmar Goisson traf in diesem Zusammenhang den entscheidenden Punkt, wenn er feststellte, er „besitzt die Gabe, allen alles zu sein"[46]. Petrus Canisius folgte tatsächlich ohne jeden Vorbehalt dem berühmten Motto des Völkermissionars Paulus, der im Blick auf seine eigene missionarische Wandlungsfähigkeit von sich gesagt hatte: „Allen bin ich alles geworden, um auf jeden Fall einige zu retten." (1 Kor 9,22) Als brennender Katholik übersetzte er das für sich so: Nur indem er für die Deutschen ein ganzer Deutscher wurde, konnte es ihm gelingen, aus den Deutschen wieder ganze Katholiken zu machen und sie so zu retten. Das wurde nicht nur zu seinem persönlichen Leitgedanken. Er machte daraus auch ein grundsätzliches missionarisches Prinzip, das er im Sommer 1565 seinem Orden für alle Aktivitäten nördlich der Alpen empfahl: Es musste demnach darum gehen, sich „soweit als nur möglich den Deutschen und ihrer Eigenart anzugleichen"[47]. Damit dürfte er bei der römischen Ordensleitung offene Türen eingerannt sein, denn schon 1549 hatte man ihm und seinen Gefährten, die gerade im Begriff waren, nach Deutschland aufzubrechen, von dort den Rat mitgegeben, sie sollten sich „den Sitten jenes Volkes [...] gleichförmig machen"[48].

Petrus Canisius selbst jedenfalls hielt sich an diese Maxime: So rückhaltlos, wie er ein Jesuit geworden war, so rückhaltlos wurde der ehemalige niederländische Patriziersohn im Laufe seines Lebens auch ein Deutscher. Das ging so weit, dass er im November 1565, als er für eine letzte Stippvisite in seine Heimatstadt Nimwegen zurückgekehrt war, nicht einmal mehr seine niederländische Muttersprache richtig beherrschte. Er musste in der Kirche zum hl. Stephan notgedrungen auf Deutsch predigen.[49] Sogar seine seltsam distanzierten und von religiöser Rhetorik durchdrungenen Briefe an seine Stiefmutter und seine Geschwister schrieb er ab den 1550er Jahren in der Regel nicht mehr auf Niederländisch, sondern auf Deutsch.[50]

Petrus Canisius hatte also über die Jahre tatsächlich ein anderes Leben geführt als das, das man sich von dem noch nicht zehnjährigen Peter Kanis vom Nimwegener Flügelaltar vielleicht erwartet hätte: das Leben eines Jesuiten statt eines Juristen, das Leben eines Missionars statt eines Domherrn, das Leben eines Deutschen statt eines Niederländers. Dieser „Theologe der Gesellschaft Jesu", wie ihn die großformatige Umschrift um das Altersbild nennt, war mit diesem anderen Leben schon zu seinen Lebzeiten berühmt geworden. Das auf diesem Altersbild zitierte Motto aus dem alttestamentlichen Buch Daniel zählt ihn im rhetorischen Überschwang sogar zu den Männern, die „immer und ewig wie die Sterne leuchten" (Dan 12,3).

Ob sein Ruhm wirklich immer und ewig andauern sollte, war zwar am Vorabend seines Todes noch keineswegs ausgemacht, aber dass Petrus Canisius von seinem Altersporträt herab auf ein Leben zurückblicken konnte, in dem er zu einer echten Berühmtheit geworden war, war bei aller Bescheidenheit auch ihm selbst bewusst. Schon während seiner frühesten jesuitischen Lehrjahre im weiteren Verlauf der 1540er Jahre war er aufgefallen, unter anderem als offizieller Abgesandter des gegen seinen Erzbischof aufbegehrenden Kölner Klerus an Kaiser Karl V., als Teilnehmer am Wormser Reichstag oder auch als Theologe bei der ersten Sitzungsperiode des Konzils von Trient. Von 1547 bis 1549 war er dann in Italien gewesen, zuerst in Rom, wo er bei Ignatius von Loyola selbst noch einmal in die Lehre als Jesuit ging, dann im sizilianischen Messina, wo er die erste öffentliche Schule der Jesuiten mitgegründet und damit eine kaum zu überschätzende Neuausrichtung seines Ordens mitinitiiert hatte: Die Jesuiten sollten der erste echte Schulorden der Kirchengeschichte werden.[51]

Nach seiner Rückkehr nach Deutschland im November 1549 setzte er sich mit Feuereifer dafür ein, dass diese Neuausrichtung des Ordens auch nördlich der Alpen Fuß fassen konnte. Er engagierte sich vor allem im hochschulischen Kontext, half abgehalfterten Universitäten wie Ingolstadt und Wien wieder auf die Beine und überwachte die Übernahme von Lehrstühlen und ganzen Universitäten durch die Gesellschaft Jesu. Vor allem sorgte er in erster Linie im süddeutsch-österreichischen Raum für die Gründung zahlreicher Jesuitenkollegien, die mit Vorliebe an den verschiedenen Hochschulorten errichtet wurden. Diese Kollegien wurden zum Katalysator für die erfolgreiche Wiederbelebung des am Boden liegenden katholischen Schulwesens im römisch-deutschen Reich. Mit dem

Großen Katechismus von 1555 verfasste er sogar selbst das wichtigste theologische Schulbuch für seine Studenten. Er war damals gerade 34 Jahre alt.

Ähnlich atemlos – wenn nicht sogar noch atemloser – wie bis zu diesem Zeitpunkt ging es für ihn weiter. 1556 wurde er von Ignatius von Loyola in einem der letzten Erlässe vor seinem Tod im Juli dieses Jahres zum ersten Provinzial der neuerrichteten oberdeutschen Jesuitenprovinz ernannt. Als seinen Hauptsitz suchte er sich Augsburg aus, nach seiner Einschätzung eine „herausragende Burg, von der aus wir ganz Deutschland überblicken und unterstützen können unter Mithilfe Gottes"[52]. Das war eine Entscheidung mit Ansage: Nicht nur war nämlich der bei weitem überwiegende Teil der Bürger der Reichsstadt Augsburg protestantisch und das katholische Bekenntnis erst kürzlich durch militärischen Druck überhaupt wieder erlaubt worden. Vor allem war die Stadt als Ort des Augsburger Bekenntnisses von 1530 einer der wichtigsten symbolischen Erinnerungsorte des deutschen Protestantismus überhaupt. Punktgenau von hier aus wollte Petrus Canisius auch die Wiedergeburt des deutschen Katholizismus in die Wege leiten. Er sollte damit wider Erwarten erfolgreich sein.

Seine Augsburger Jahre waren auch so etwas wie der Höhepunkt seines tätigen Lebens, mindestens von außen betrachtet. Das hatte nicht zuletzt damit zu tun, dass er in Augsburg ab 1559 auch sehr erfolgreich als Domprediger wirkte. Er war schon vorher ein beliebter Prediger gewesen, aber hier feierte er geradezu atemberaubende Erfolge. Schon nach einem Jahr wurden in Augsburg beinahe tausend Konversionen zur katholischen Kirche gezählt und für die als Finanziers und Bankleute weltberühmten und auch politisch höchst einflussreichen Augsburger Fugger wurde er eine Art familieneigener geistlicher Ratgeber.[53] Der Augsburger Domdekan schrieb geradezu euphorisch an den Erzbischof von Mainz, Petrus Canisius habe „in so kurzer Zeit so glänzende und unverhoffte Erfolge bei der Regierung wie bei der städtischen Bevölkerung erzielt, [...] daß sich das Angesicht Augsburgs veränderte."[54] Besonderes Aufsehen erregte er damit, dass die vorher protestantischen Fugger-Frauen unter seinem Eindruck zu heißblütigen Katholikinnen wurden. Im städtischen Klatsch und Tratsch wurde das je nach religiösem Geschmack entweder als ein regelrechtes Wunder verhandelt oder als Verführung schwacher Frauen durch die „weibische" Jesuitensekte. Nach seinem nicht ganz freiwilligen Rückzug zuerst als Domprediger 1566 und dann als Provinzial 1569 wurden Dillingen, Ingolstadt und Innsbruck seine hauptsächlichen Wirkungsstätten. Damit begann bei allen anhaltenden literarischen Erfolgen, die er als nun quasi hauptberuflicher Autor mehr denn je feierte, doch auch so etwas wie ein Rückzug auf Raten.

Dieser Rückzug auf Raten in den 1570er Jahren hatte besonders mit einem schmerzhaft bitteren Konflikt mit seinem Nachfolger als Provinzial Paul Hoffaeus zu tun.[55] Petrus Canisius hatte Ende 1567 von höchster päpstlicher Stelle den Auftrag erhalten, gegen die berühmten *Magdeburger Centurien* des kämpferischen Protestanten Flacius Illyricus und seiner Mitstreiter anzuschreiben, in denen die Geschichte der katholischen Kirche und vor allem des Papsttums als eine unablässige Abfolge von Götzenkult, Blasphemie und Widergöttlichkeit dargestellt wurde. Um diesem Vorwurf fundiert zu kontern, griff er ganz massiv auf die personellen Ressourcen in der oberdeutschen Provinz zurück. Zahlreiche Mitbrüder hatten ihn über viele Jahre hinweg bei der Recherche, bei der Strukturierung und bei der Korrektur dieser Bücher unterstützen müssen, die 1571 und 1577 in Form eines Bandes zuerst über Johannes den Täufer und dann über die Jungfrau Maria erschienen. Paul Hoffaeus, mit dem er sich zeitlebens in einer sehr komplizierten Beziehung befand, sah das immer kritischer. Dem Orden wurden durch dieses Unternehmen seiner Meinung nach wertvolle Kräfte entzogen, die woanders viel dringender gebraucht würden. Die Stimmung zwischen den bei-

den verschlechterte sich von Jahr zu Jahr. Im Jänner 1578 beklagte sich Hoffaeus in einem Brief an den jesuitischen Ordensgeneral
Everard Mercurian zum wiederholten Mal über diesen unmöglichen
Petrus Canisius. Dieser sei mit seinen mehr oder weniger sinnlosen
schriftstellerischen Abenteuern „die drückendste Last für diese Provinz durch acht oder neun Jahre"[56] gewesen. Er war mit dieser Einschätzung nicht allein. Sogar Derick Canisius, der als Halbbruder
von Petrus Canisius ebenfalls Jesuit geworden war, stellte fest, es sei
„kaum zu glauben, wie sehr der gute Pater bei dieser Arbeit sich und
zugleich viele andere abplagt und abquält"[57].

Dieser berühmte und einst höchst einflussreiche Jesuit war also
im Laufe der 1570er Jahre nicht nur seinem Provinzial, sondern auch
vielen anderen Mitbrüdern lästig geworden. Ein theologischer Streit
zwischen Petrus Canisius und Hoffaeus um die Frage, ob es erlaubt
sei, Zinsen zu nehmen,[58] brachte dann das Fass zum Überlaufen.[59]
Während Hoffaeus das Zinsennehmen unter gewissen Umständen
für theologisch legitim hielt, vertrat Petrus Canisius den mittelalterlichen Standpunkt, demzufolge Zinsen dem göttlichen Gebot wider-
sprachen. Dieser konservative Standpunkt war in der anbrechenden
Neuzeit kaum noch mehrheitsfähig und vergrämte zudem wichtige
Förderer der Jesuiten wie die Fugger, die als Bankiers auf Zinsen angewiesen waren. Hoffaeus sah in Petrus Canisius dementsprechend
eine endgültig untragbare Belastung für seine Ordensprovinz. Ihm
blieb trotz römischer Protektion bis hinauf zum Papst schließlich
nur noch der Rückzug aus dem innersten Zirkel der Macht in der
oberdeutschen Jesuitenprovinz. Er ergab sich in seiner typischen Art
und Weise in sein Schicksal. Schon Anfang 1578 hatte er an seinen
Ordensgeneral geschrieben: „Ich anerkenne meine Schwäche und
[...] werde daher sehr gern dem Urteil des P. Provinzial beistimmen
und den Rest meiner Tage im Frieden des Gehorsams und religiöser
Einfachheit zubringen."[60] Diese Tage im Frieden des Gehorsams und
der religiösen Einfachheit sollte er nach dem Willen von Provinzial

Hoffaeus in Freiburg im äußersten Westen der oberdeutschen Jesuitenprovinz verbringen und damit so weit entfernt von ihm wie möglich.

Ende 1580 war es dann schließlich so weit. In Begleitung des päpstlichen Nuntius Giovanni Bonomi trat Petrus Canisius seine letzte große Reise an. Er wurde nunmehr zwar im wahrsten Sinn des Wortes an den Rand gedrängt, aber er war auch als Exilant immer noch eine Berühmtheit, und das nicht nur in der katholischen Welt. Als er auf dem Weg nach Freiburg mit dem Nuntius einen Zwischenstopp im tiefprotestantischen Bern machte, wusste man dort sehr genau, mit wem man es zu tun hatte. Die Berner Stadtchronik bezeichnet ihn als „aller Jesuiteren Grossvattern"[61], also als die Wurzel des Jesuitenübels, das die katholische Kirche in weiten Gebieten nördlich der Alpen fatalerweise wieder auf die Beine gebracht hatte. Er und sein Begleiter konnten von Glück sagen, dass die Berner Stadtväter es mindestens verhindern konnten, dass die aufgebrachte Volksmenge die beiden ohne langes Federlesen am Galgen aufknüpfte. Sie retteten sich mit Müh und Not und unter einem Regen aus faulem Gemüse aus der Stadt.

Die Berner hatten in ihrer antikatholischen Erregung nicht Unrecht: Petrus Canisius war wirklich so etwas wie der Großvater der Jesuiten im deutschsprachigen Raum. Er war der Allererste aus dem Gebiet des römisch-deutschen Reiches gewesen, der in die Gesellschaft Jesu eingetreten war. Das war im Jahr 1543 gewesen. Von da an hatte er ohne Pause für die Verbreitung seines Ordens gearbeitet. Er hatte Kollegien gegründet, hatte Bischöfe und Fürsten als Unterstützer der jesuitischen Anliegen gewonnen und sich in Rom bei seinen Ordensoberen stur und nachdrücklich um mehr und immer noch mehr Jesuiten für die Aufgaben im deutschen Norden bemüht. Er hatte das mit solch unerbittlicher Regelmäßigkeit und Penetranz getan, dass seinem Ordensgeneral einmal der Kragen platzte. Francisco de Borja rügte ihn scharf und empfahl ihm mit unmissverständlichen Worten, dass er endlich „mit den Männern, die Ihnen nach Deutschland gesandt wurden, zufrieden sein" sollte, weil ohnehin „keine Provinz freigebiger behandelt wird als die Ihrige"[62]. Aber Petrus Canisius war nicht zufrieden. Er warb auch weiterhin mit unermüdlichem Nachdruck darum, dass die römischen Jesuitenoberen nicht vergessen sollten, dass die Mission im häretischen Deutschland mindestens so wichtig sei wie die Mission im heidnischen Indien. Während die Indienmission im 16. Jahrhundert dank der vielfach gedruckten Briefe seines berühmten Mitbruders und Asienmissionars Franz Xaver eine hervorragende Presse hatte und ganze Heerscharen von jungen Jesuiten davon träumten, dort zu arbeiten,[63] musste Petrus Canisius mit endlosen Briefen nach Rom dafür sorgen, dass darüber Deutschland nicht ins Hintertreffen gerät.[64] Der Erfolg gab ihm recht: 1580 und damit im Jahr seiner Abreise nach Freiburg wurden insgesamt 1111 aktive Jesuiten im Reich gezählt.[65] Nicht nur die protestantischen Berner wussten, dass diese eindrucksvolle Vermehrung der Gesellschaft Jesu im Endeffekt ganz auf ihn und seine Arbeit zurückging.

Seinem Nachfolger als oberdeutscher Provinzial wurde er von der jesuitischen Ordensleitung in Rom auch für die Zukunft als wichtiger Ratgeber nachdrücklich ans Herz gelegt. Er war ja, so die Einschätzung der jesuitischen Leitungszentrale, der „Vater aller, die in Oberdeutschland und den angrenzenden Provinzen zu uns gehören"[66]. Und als die Jesuiten im Jahr 1640 mit einem dickleibigen Prachtband ihr hundertjähriges Bestehen feierten, fiel das Urteil über Petrus Canisius sogar noch enthusiastischer aus: „Niemandem verdankte der Orden und der Katholizismus in Deutschland mehr als ihm."[67] Kein Wunder, dass die Jesuiten im deutschsprachigen Raum zu seinen Lebzeiten nicht selten auch als Canisianer bzw. Canisten bezeichnet wurden.[68]

Aber wie es solchen Übervätern mitunter so geht: Er war den nachfolgenden Generationen in seinem Orden mit seinen Eigenheiten zusehends zur Last geworden und musste sich deshalb nun in sein Ausgedinge nach Freiburg begeben.

Freiburg war damals eine Grenzstadt des Katholizismus, praktisch zur Gänze umschlossen von protestantischem Gebiet. Die Ansiedlung der Jesuiten und der damit verbundene Aufbau eines jesuitischen Bildungswesens vor Ort sollten nach den Plänen des Stadtrats diesen katholischen Vorposten langfristig absichern. Damit war man höchst erfolgreich und das hatte nicht zuletzt mit Petrus Canisius zu tun.

Er hatte zwar schon 1582 und damit keine zwei Jahre nach seiner Ankunft alle Leitungsfunktionen in der hiesigen Jesuitengemeinschaft abgeben müssen, aber er konnte auf andere Möglichkeiten zurückgreifen, um aktiv und einflussreich zu bleiben. Wie an vielen früheren Orten seiner Karriere war er auch in Freiburg ein äußerst beliebter und einnehmender Prediger und geistlicher Begleiter, er war am Ausbau des lokalen Jesuitenkollegs und der damit verbundenen Schule maßgeblich beteiligt und setzte sich auch für die Ansiedlung eines katholischen Buchdruckers in der Stadt ein, die allerdings erst nach einigen Turbulenzen langfristig abgesichert werden konnte. Vor allem profilierte er sich in seiner Freiburger Zeit als der Vorzeigehagiograph der Schweizer. Er schrieb mehrere vielgelesene Lebensbeschreibungen diverser Schweizer Nationalheiliger beginnend beim heiligen Beat, dem berühmten, aber unhistorischen Schüler des Apostels Petrus, bis hin zum heiligen Niklaus von der Flüe aus dem 15. Jahrhundert. Mit diesen frommen Schriften wurde er so etwas wie das katholische Gewissen der in Glaubensfragen uneins gewordenen Eidgenossenschaft – berühmt bei den Katholiken, berüchtigt bei den Protestanten.

Er machte es also auch in Freiburg so, wie er es in seinem Leben im Anschluss an den Völkerapostel Paulus immer getan hatte und wie man es von einem guten Jesuiten auch erwarten durfte: Er passte seine Arbeit und sich selbst ganz an die Bedürfnisse seiner neuen

Wirkungsstätte an.[69] Aus dem Altersbildnis des Petrus Canisius aus den 1590er Jahren blickt uns ein echter Freiburger entgegen.

Die Freiburger liebten ihren Petrus Canisius dementsprechend und verehrten ihn schon zu Lebzeiten wie einen Heiligen. Als einmal das Gerücht die Runde machte, er werde Freiburg auf Befehl seiner Ordensoberen doch wieder verlassen müssen, legten sie mit Nachdruck Widerspruch ein. Sie hätten, stellten sie fest, in ihren Kirchen „nicht einen einzigen Leib eines Heiligen. Wir werden einen haben, wenn dieser heilige Mann sich bei uns zur Ruhe legt."[70] Auf diese einmalige Chance wollten sie keinesfalls verzichten. Aber auch Petrus Canisius liebte seine Freiburger und er tat dies in erster Linie aus religiösen Gründen. Er musste sie zwar immer wieder wegen ihrer unzulänglichen moralischen Anstrengungen tadeln, nicht zuletzt in ihrem Umgang mit den Armen,[71] sie hatten aber, wie er mit sehr großer Anerkennung schreibt, „ihre katholische Frömmigkeit bewahrt mitten unter gewalttätigen und rasenden Häretikern, was man als ein Wunder ansehen mag"[72].

Petrus Canisius hatte also auch in seinem Exil in Freiburg noch so einiges zu tun. Er arbeitete nicht nur wie ein Besessener an der Korrektur seiner früheren Bücher, die er mehrfach neu auflegen ließ. Er hat auch sonst noch unbegreiflich viel Neues geschrieben. Es war die Zeit, in der er sich mehr denn je schriftstellerischen Projekten widmete, die unmittelbar darauf abzielten, die konkrete Frömmigkeit zu beleben. Zu diesem Zweck hatte er beispielsweise noch vor seiner Abreise nach Freiburg im Auftrag des Tiroler Landesfürsten Erzherzog Ferdinand II. ein Buch herausgebracht, das ein mittelalterliches Sakramentswunder in Seefeld nahe bei Innsbruck in den glühendsten Farben schilderte, um so zur Reaktivierung der darniederliegenden Seefelder Wallfahrt beizutragen.

In Fribourg führte er das weiter: Neben den erwähnten populären Schweizer Heiligenleben schrieb er mehrere fromme Schriften. Am bemerkenswertesten ist kurioserweise ein Büchlein, das vorerst

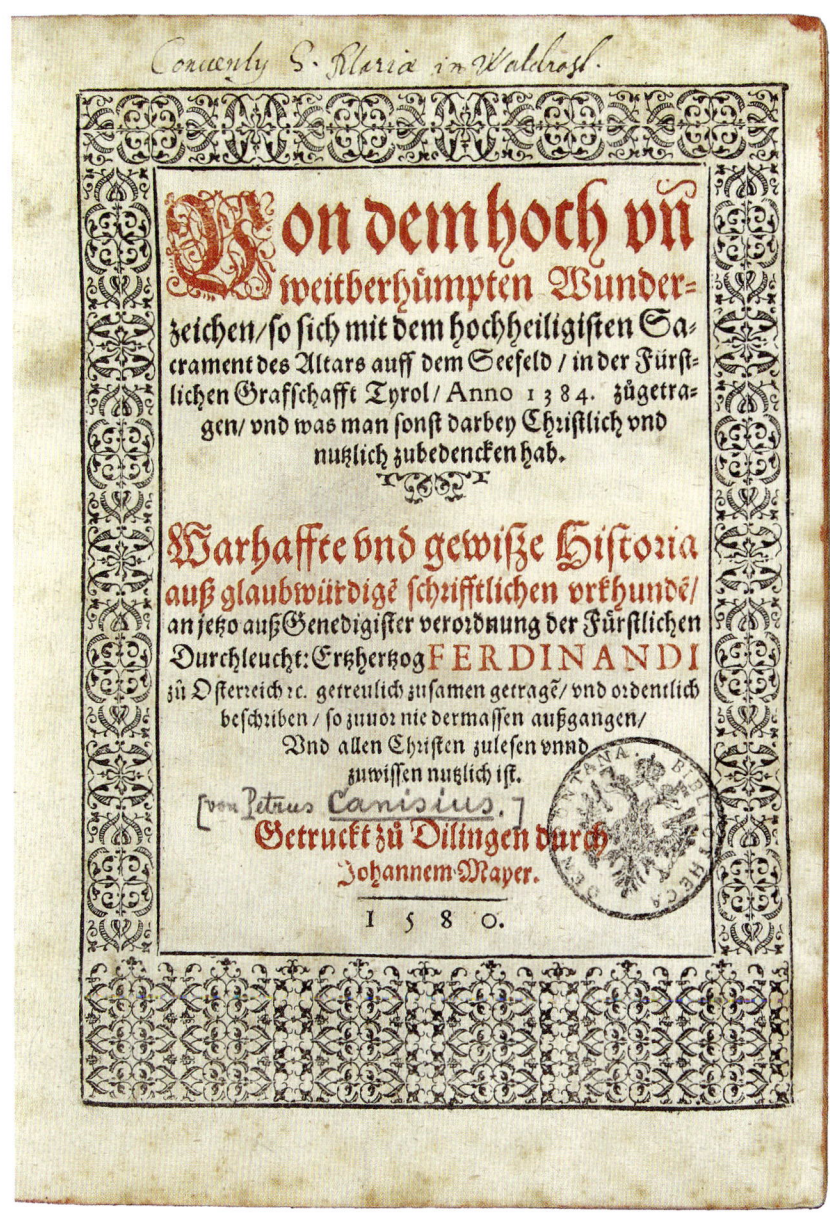

Der Tiroler Landesfürst Ferdinand II. wünschte sich eine Belebung der eingeschlafenen Seefelder Wallfahrt. Zu diesem Zweck brachte Petrus Canisius 1580 ein Buch heraus, in dem er das Sakramentswunder von 1384 und die damit verbundenen Gebetserhörungen bewarb.

nicht gedruckt worden ist, eine Gebetsanleitung für den jungen Jesuitenschüler Ferdinand von Habsburg, der ca. zwanzig Jahre später als Ferdinand II. einer der katholischsten Kaiser des römisch-deutschen Reiches werden sollte. Diese Gebetsanleitung von 1592 wurde auch für König Philipp III. von Spanien und den späteren bayrischen Kurfürsten Maximilian von Hand abgeschrieben. Erst in der Mitte des 18. Jahrhunderts ist es auch im Druck herausgegeben worden.

Nun beherrschte Petrus Canisius zwar ganz nach dem damaligen Zeitgeschmack das Format der kleinen frommen Erbauungsschrift, aber auch im Alter dachte er noch immer in monumentalen Kategorien. Seine umfassende Erklärung bzw. Anleitung zur Lektüre und Meditation der Evangelien aller Sonntage und aller Feiertage des Kirchenjahres, die man als sein eigentliches Alterswerk bezeichnen kann, entsprach diesen monumentalen Kategorien.[73] Sie wurde 1591 und 1593 unter dem Titel *Notae in Evangelicas Lectiones* in zwei Bänden im Umfang von sage und schreibe 1172 und 864 Seiten gedruckt. Dieses Büchergebirge schlug voll ein. Besonders begeistert war der Bischof von Lausanne, der seinem ganzen Klerus vorschrieb, sich diese beiden Bände anzuschaffen und der eigenen Predigttätigkeit zu Grunde zu legen. Wie viele Landpfarrer sich wirklich durch diese über zweitausend Seiten lateinischer Bibelauslegung mit ihrem umfassenden biblischen (und z. T. patristischen) Anmerkungsapparat durchgearbeitet haben, ist zwar fraglich. Viele, die sich ihres Lateins nicht wirklich sicher waren, werden froh gewesen sein, dass immer wieder Ausgaben mit deutschen Übersetzungen auf den Markt kamen. So oder so: Dass Petrus Canisius auf dem Umweg dieser beiden Bände auf vielen Kanzeln in der Schweiz und darüber hinaus direkt oder indirekt zu Wort gekommen ist, ist jedenfalls sicher.

Und doch: Bei all seinen zahlreichen Aktivitäten war der alte Mann in Freiburg, der vom Kupferstich aus den 1590ern herabblickt, genau das: ein alter Mann. Aufgrund eines Schlaganfalls im Jahr 1591 und wegen zunehmender körperlicher Schwäche hatte er schon mit

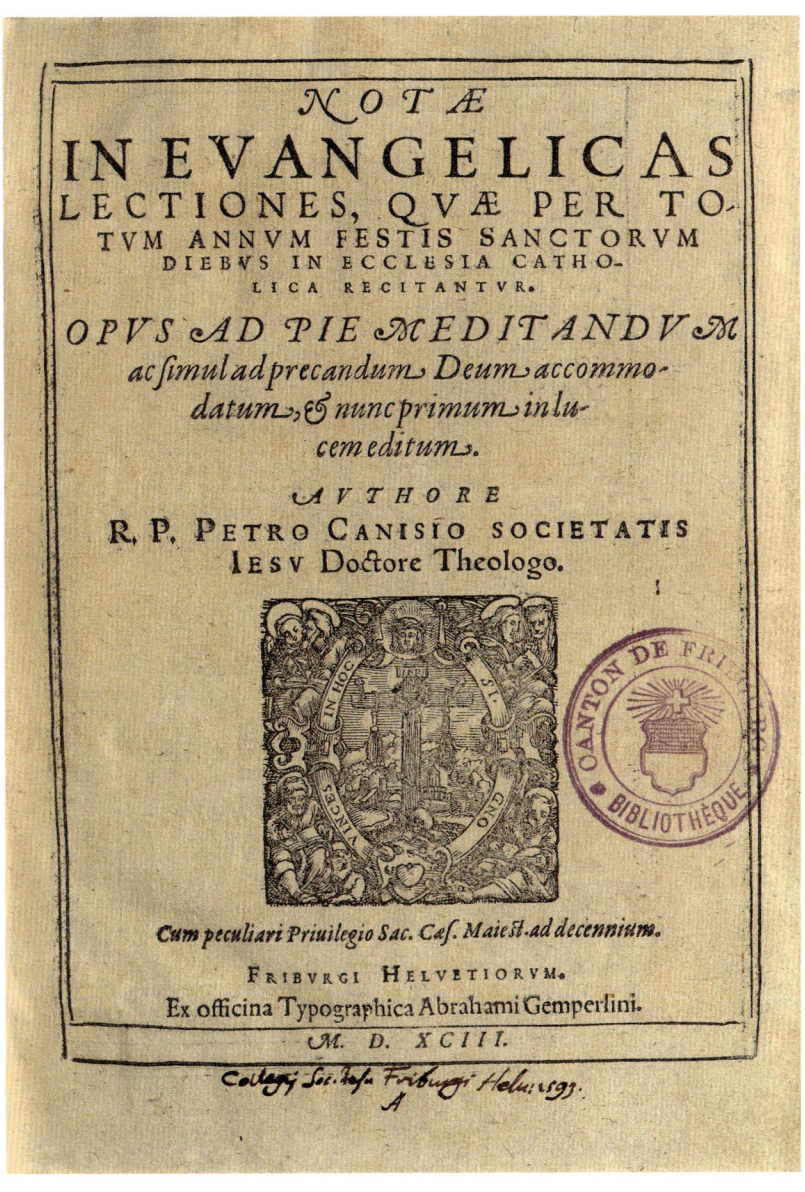

Die zweibändigen *Notae in Evangelicas Lectiones* (Hinweise zu den Lesungen aus den Evangelien) von 1591/93 sind das Alterswerk von Petrus Canisius. Geschrieben hat er es für die katholischen Prediger, die sich oft schwer damit taten, über die biblischen Texte in den Gottesdiensten zu predigen.

Dieses Kästchen von Petrus Canisius zur Aufbewahrung von Schreibutensilien wird im Münchener Jesuiten-archiv bis heute als besonderer Schatz gehütet. Zu Recht: In ihm verkör-pert sich der Vielschrei-ber Petrus Canisius, der zigtausende Seiten ge-schrieben hat – als Buch-autor, als Briefschreiber und als Prediger.

kaum siebzig Jahren das Predigen und damit seine wahrscheinlich größte Leidenschaft aufgeben müssen. Bei seiner letzten öffentlichen Ansprache 1596 anlässlich der feierlichen Eröffnung des neuen Kollegiengebäudes der Jesuiten, zu der die Freiburger Jesuiten ihren großen alten Mitbruder noch einmal hervorgeholt hatten, hatte er sich nur noch mit einem kaum hörbaren Flüstern äußern können. Die Publikation seiner beiden dickleibigen Evangelienerklärungen war in gewisser Weise auch so etwas wie eine Verlegenheitslösung dieses leidenschaftlichen Predigers gewesen, der etwas produzieren wollte, das wenigstens „andern zum Predigen nützlich sein kann"[74], wenn er schon selber nicht mehr predigen konnte.

Petrus Canisius hatte sich in seinem Leben verbraucht und man sah es ihm offenbar auch an. Als ein französischer Gelehrter 1594 auf einer Reise durch die Schweiz in Freiburg Station machte, schätzte er ihn auf weit über 80. Tatsächlich war er gerade einmal 73 Jahre alt.[75]

Dass in dieser letzten Phase seines Lebens von einem unbekannten Maler ohne sein Wissen eine Porträtskizze angefertigt worden war, hatte zweifellos auch damit zu tun, dass man allgemein damit rechnete, dass er nicht mehr lange leben würde. Man wollte die Züge dieses berühmten Mannes noch rechtzeitig für die Nachwelt erhalten.

Aber nicht nur die anderen, auch der alte Petrus Canisius selbst war sich sehr bewusst, dass er vom Leben nicht mehr viel mehr als den Tod erwarten konnte. Das bedeutete für einen frommen Katholiken wie ihn natürlich in erster Linie, sich geistlich auf den Übergang ins Jenseits vorzubereiten. Das Einüben in einen guten Tod gehörte zum Standardrepertoire der frühneuzeitlichen katholischen Frömmigkeit, das man aus dem Spätmittelalter herübergerettet und sogar noch intensiviert hatte. Petrus Canisius dürfte mit diesem Einüben schon früh begonnen haben,[76] besonders intensiv wahrscheinlich ab dem 50. Lebensjahr, denn ab da galt man gemeinhin als Greis. Und tatsächlich sinnierte er 1574 und damit im Alter von 53 in einem Brief darüber, dass er sich nunmehr „dem Tore des Todes"[77] nähert. Er wollte nicht den Fehler seines Vaters machen, der „vom Tod ereilt wurde, ehe er die Kunst gut zu sterben verstand"[78]. In den 1590er Jahren, mit über 70, war die Vorbereitung auf den Tod noch dringlicher geworden. Es war ja, wie er einen Mitbruder wissen ließ, „das besondere Kennzeichen der wahren Diener Gottes, seine Todesstunde immer vor Augen zu haben und sein Leben in Ordnung zu bringen, um dann das Ende dieser Lebenszeit mit bereitem und frohem Herzen anzunehmen"[79]. Es war endgültig an der Zeit, sich „reisefertig zu machen und vor dem Tode meinen letzten Willen aufzusetzen"[80], damit „ich in dieser gegenwärtigen Sterblichkeit ein heilsames Lebensende erreiche"[81]. Ende 1596 oder Anfang 1597 wurde dementsprechend ein jüngerer Mitbruder abkommandiert, dem er sein geistliches *Testament* diktierte. In diesem *Testament* spricht Petrus Canisius am Ende seines Lebens und damit quasi direkt von seinem Altersbildnis herab.

Ähnlich wie schon etwas mehr als ein Vierteljahrhundert zuvor in seinen etwas umfangreicheren *Bekenntnissen*[82] wollte er damit nach dem „Beispiel des großen Bischofs von Hippo und berühmten Kirchenlehrers Augustinus"[83] sein Leben in Form eines geistlich-biographischen Rechenschaftsberichts Revue passieren lassen. Er war nicht zuletzt auch darin ein guter Schüler des Augustinus, dass er seine von außen betrachtet unbedeutend kleinen Jugendsünden besonders grell hervorhob und überhaupt immer wieder darauf hinwies, dass er das Leben eines „Unwürdigen"[84] gelebt habe und er bei aller seiner Arbeit ein „unnützer Knecht"[85] gewesen sei. Wenn ihm in seinem Leben etwas gelang, dann war das immer der göttlichen Barmherzigkeit zuzuschreiben; bei „jedem Unternehmen verdankte ich den glücklichen Ausgang ausschließlich der Gnade Gottes"[86].

Aber das *Testament* ist nicht nur ein eindrucksvolles Zeugnis der tiefen Demut des altgewordenen Petrus Canisius, sondern auch ein Zeugnis seines bemerkenswerten Selbstbewusstseins. Er war sich am Vorabend seines Todes sehr bewusst, dass er in seinem Leben für die Gesellschaft Jesu in Deutschland und darüber hinaus von ganz entscheidender Bedeutung gewesen war, und er wollte dafür sorgen, dass das auch der Nachwelt überliefert wurde. Denen, die „einmal die Geschichte unserer Gesellschaft Jesu erforschen oder darstellen werden", wollte er „über mich und mein bisheriges Leben einen zuverlässigen Bericht" hinterlassen.[87] Seine eigene Lebensgeschichte wollte er nicht einfach den späteren Historikern überlassen; er wollte vorab dafür sorgen, dass diese Lebensgeschichte auch in seinem Sinne geschrieben würde. Immerhin hatte er „in dem von Christus übernommenen Beruf einiges geleistet"[88] und hatte dafür „viel Dank und Anerkennung"[89] gewonnen. Das durfte man der Nachwelt durchaus überliefern. Es war nicht die Karriere geworden, die sich sein ehrgeiziger Vater Jacob Kanis etwa 70 Jahre früher für seinen Erstgeborenen ausgemalt hatte. Es war viel mehr.

Petrus Canisius überlebte die Niederschrift seines geistlichen *Testaments* nicht lange. Am Nachmittag des 21. Dezember 1597 und damit nicht einmal ein Jahr später starb er in einem Zustand völliger Entkräftung. Dass dieser große Marienverehrer mit dem Ave Maria auf den Lippen gestorben ist, ist zwar eine fromme Erfindung seines ersten Biographen Jakob Keller[90]; dass er so fromm gestorben ist, wie er gelebt hat, ist jedoch bestens belegt. Er hat auf seinem Sterbebett bis kurz vor seinem Tod aus einem Notizbuch selbstaufgezeichnete Gebete gelesen. Als ihm das nicht mehr möglich war, hat er sich nach dem Empfang der Sterbesakramente ein Kruzifix und eine geweihte Kerze geben lassen. Unter den unermüdlichen Gebeten seiner anwesenden Mitbrüder gab er dann ohne sichtbaren Todeskampf den Geist auf. Er war 76 Jahre alt geworden.

Wie es sich für einen heiligen Mann gehörte, war sein Tod nicht sein Ende – im Jenseits nicht, aber auch nicht im Diesseits und da vor allem nicht an seiner letzten Wirkungsstätte Freiburg. Die Freiburger, die ihn im Leben geliebt hatten, liebten ihn mindestens so sehr auch im Tod. Er wurde sofort wie ein Heiliger verehrt, dem im Laufe der kommenden Jahre viele Heilungswunder zugeschrieben wurden, vor allem an Müttern und Kindern. Als im Jahr 1625 sein Grab in der städtischen Nikolauskirche – die heutige Kathedralkirche der Diözese – geöffnet wurde, um seine Überreste in die neu errichtete Michaelskirche der Jesuiten zu übertragen, drängten sich die Menschen, um seine Gebeine mit ihren mitgebrachten Rosenkränzen zu berühren.[91] Es war immerhin die letzte Chance, mit ihrem „Patriarchen der schweizerischen Kirche"[92] mehr oder weniger leibhaftig in Kontakt zu kommen. Diese Chance wollten viele nützen, darunter zweifellos viele, die ihn nicht mehr persönlich gekannt hatten. Petrus Canisius hätte das bei aller Demut wahrscheinlich gefreut: Er hatte zu Lebzeiten den Freiburgern den von ihm persönlich äußerst eifrig betriebenen Reliquienkult ja mit Nachdruck ans Herz gelegt. Jetzt war der große Reliquienverehrer selbst zur verehrten Reliquie geworden. Der Traum der Freiburger, endlich einen eigenen Heiligenleib in ihrer Stadt zu haben, hatte sich erfüllt.

Die Jesuiten des Freiburger Kollegs beteiligten sich eifrig an diesem aufkommenden lokalen Kult. Unter anderem gestalteten sie einige Zeit später sein Sterbezimmer in eine Kapelle um. Man erinnerte sich aber nicht nur an den berühmten Mitbruder Petrus Canisius, man wollte auch, dass er sich im Himmel an die erinnerte, die er zurückgelassen hatte. Und man war sich sicher, dass man beweisen konnte, dass er das tatsächlich tat: Wie die Freiburger griffen nämlich auch die Jesuiten auf die spektakuläre Wunderkraft des Petrus Canisius zurück, die er vom Jenseits aus offensichtlich fleißig anwendete und die zahlreich dokumentiert ist. Es ist unter anderem belegt, dass der Rektor des Kollegs einen der Löffel des Verstorbenen per Post verschickte, damit ein Mädchen, das mit einem verkrüppelten Daumen geboren worden war, geheilt würde. Erwartungsgemäß konnte man sich auf ihn verlassen. Nachdem alle Familienmitglieder des Mädchens den Löffel geküsst hatten, wurde der Daumen wieder völlig hergestellt.[93] Die Freiburger Jesuiten zeichneten dieses und viele weitere Wunder auf die Fürsprache von Petrus Canisius in ihren Jahresberichten fleißig auf. Das ging so weit, dass diese Jahresberichte über weite Strecken den „Charakter eigentlicher Mirakelbücher"[94] bekamen. Die Botschaft lautete: So eifrig wie er in seinem Leben für die Kirche gearbeitet hatte, so eifrig arbeitete er auch nach seinem Tod für die Kirche und die Gläubigen, die mit ihr verbunden waren. Petrus Canisius, der zu Lebzeiten auf die verzweifelte schriftliche Bitte einer von Besessenheit geplagten Frau um Heilung mit dem erschrockenen Ausruf „Ich Unglücklicher, für wen hält man mich?"[95] reagiert hatte, war nach seinem Tod zum Wundermann geworden.

Aber nicht nur die Freiburger und die Jesuiten waren daran interessiert, das Vermächtnis dieses großen Mannes zu bewahren und

Trotz eines früh eingeleiteten Seligsprechungsverfahrens wurde Petrus Canisius erst 1864 seliggesprochen, die Heiligsprechung erfolgte 1925. Das hielt die Freiburger Jesuiten nicht davon ab, sein Sterbezimmer bereits 1636 in eine Kapelle umzugestalten.

ihn sich so als Fürbitter im Himmel warmzuhalten. Das überlieferte Altersbildnis selbst ist nichts anderes als der Versuch eines finanzkräftigen Verehrers und Freundes, den Ruhm von Petrus Canisius über seinen Tod hinaus am Leben zu halten. Octavian Secundus Fugger hatte sich trotz des mehr oder weniger sanften Drucks seiner von Petrus Canisius höchstpersönlich zum Katholizismus bekehrten Mutter in mehreren Anläufen nicht dazu durchringen können, selbst Jesuit zu werden. Aber er wollte doch das Andenken an den großen Jesuiten ehren, der seine Familie, die berühmten Fugger, während seiner Zeit in Augsburg (und darüber hinaus) als religiöser Ratgeber und Seelenführer so stark beeinflusst hatte. Er entschloss sich dazu, Dominikus Custos, den besten Kupferstecher, den man damals für Geld kriegen konnte, damit zu beauftragen, einen Kupferstich mit einer lebensnahen Darstellung von Petrus Canisius anzufertigen. Dafür gab es glücklicherweise eine verlässliche Vorlage: Am Grab des Petrus Canisius war als Zeichen der Verehrung ein Bild nach der bereits erwähnten Porträtskizze angebracht, die noch zu seinen Lebzeiten irgendwann in den 1590er Jahren ohne sein Wissen hergestellt worden war. Dieses Bild ist im Laufe der Zeit leider verlorengegangen. Es dürfte entfernt worden sein, weil derartige Darstellungen von Verstorbenen an ihren Gräbern nach kirchlichen Regeln eigentlich verboten waren, zumindest solange es noch nicht zu einer offiziellen Selig- oder Heiligsprechung gekommen war. Diese kirchenamtlichen Akte ließen bei Petrus Canisius ja tatsächlich noch überraschend lange – bis 1864 bzw. 1925 – auf sich warten. Octavian Fugger hat das Bild vom Grab aber glücklicherweise früh genug, nämlich im Jahr 1599, in den sehr schön ausgeführten Kupferstich umarbeiten lassen, der sich in zahlreichen Drucken erhalten hat. Ihm verdanken wir, dass nicht nur die Dutzenden Bücher und die knapp 1500 Briefe aus dem Leben des Petrus Canisius überliefert sind und auch nicht nur die vielen Wunder, die er gemäß den Jahresberichten der Jesuitengemeinschaft von Freiburg nach seinem Tod gewirkt hat, sondern auch dieses eindrucksvolle lebensnahe Porträt. Dieses Bild „von einer außergewöhnlichen Wahrhaftigkeit"[96] ist zur Grundlage sämtlicher späterer Bilder von Petrus Canisius geworden.[97]

Es ist ein sehr schöner Zufall, dass man die Umrisse des Lebens von Petrus Canisius von seinem Geburtsort Nimwegen bis in seine letzte Lebensphase im schweizerischen Freiburg (und mehr als Umrisse waren es bisher nicht) anhand der beiden von ihm überlieferten Porträts entwerfen kann. Man kann dieses Leben mit ihrer Hilfe quasi aus seinem eigenen Blickwinkel ins Auge fassen, und zwar sogar zweimal. Einmal vom Blick nach vorn auf dem Jugendbildnis des Nimwegener Familienaltars aus den späten 1520ern: ein Blick, den der versonnene, noch nicht zehnjährige Peter Kanis mit seiner schon damals kaum zu bändigenden spirituellen Neugier in eine noch weitgehend ungewisse Zukunft wirft. Und dann vom Blick zurück auf dem Freiburger Altersbildnis des Kupferstichs aus den späten 1590ern: ein Blick, den der inzwischen berühmt gewordene alte Petrus Canisius auf ein intensiv gelebtes geistliches Leben auf der Bühne der frühneuzeitlichen Weltgeschichte wirft. Zwischen diesem erwartungsvollen Blick nach vorn und diesem resümierenden Blick zurück hat sich mehr abgespielt, als eigentlich in ein einzelnes Leben hineinpasst. Auf jeden Fall mehr, als man in ein möglichst kurz gefasstes biographisches Porträt über diesen Wanderer zwischen den Welten hineinschreiben kann. Versuchen wir es trotzdem.

2. Kapitel

Zwischen Kartäusern und Jesuiten

Ein Beinahe-Kartäuser:
Petrus Canisius und der mystische Drang nach innen

Aus Petrus Canisius wäre ein ganz ausgezeichneter Kartäusermönch geworden. Sein spiritueller Mentor Nikolaus van Essche, der ihn 1536 unter seine Fittiche genommen hatte, als er als kaum Fünfzehn-jähriger zum Studium nach Köln gekommen war, dürfte schon sehr früh erkannt haben, dass er es mit einem jungen Mann zu tun hatte, dem es mit seinem Entschluss zu einem religiösen Leben blutig ernst war. Und wo hätte so jemand ernsthafter religiös leben können als in einem Kartäuserkloster!

Da war einmal die kompromisslose spirituelle Disziplin der Kar-täuser, die der religiösen Leistungsbereitschaft des jungen Peter Ka-nis sehr entgegenkam. Peter Kanis war zutiefst davon überzeugt, dass zu einem echt religiösen Leben nicht nur das gläubige Vertrau-en in die Gnade Gottes gehörte. Ein religiöses Leben umfasste auch und sogar in erster Linie die mühsame praktische Vorbereitungs-arbeit auf diese Gnade Gottes. Martin Luthers vehement vertretene Option, dass man ganz von der „Leistungsfrömmigkeit" weg- und „zur Glaubens- und Gnadenfrömmigkeit"[98] hinkommen müsse, hat er dementsprechend für eine grundlegende Verirrung gehalten. Re-ligion bedeutete nach seinem Verständnis vor allem unermüdliche harte Arbeit an sich selbst – eine Arbeit, die man nicht einfach durch den Verweis auf die alleinwirksame göttliche Gnade aushebeln durf-te. Noch nicht zwanzigjährig hat er im Jänner 1541 in diesem Sinne an seine Schwester Wendelina geschrieben, „daß Gebete Deine vollkommene Besserung nicht bewirken werden, wenn Du nicht Dein träges Herz auf die Gnade vorbereitest, um die Du Gott bittest". Es waren, wie er sie ermahnte, ernsthafte „geistliche Übungen" notwendig, um „zu verkosten, wie süß und liebenswürdig Gott ist"[99].

Das war nicht nur ein frommer (und etwas altkluger) Ratschlag an seine Schwester, das war auch der Grundsatz seiner eigenen religiösen Praxis. Während seiner Kölner Studienzeit hielt er sich in einem Merksatz dementsprechend immer und immer wieder selbst vor, dass rastloses „Streben und Mühen" notwendig waren, wenn man wie er den Ehrgeiz hatte, „Gott gefallen zu wollen"[100]. Dieses Streben und Mühen beinhaltete dem katholischen Zeitgeschmack entsprechend auch körperliche Selbstdisziplinierung. Peter Kanis war hier ganz ein Kind seiner Zeit: Er griff ganz selbstverständlich auch auf Techniken der körperlichen Selbstdisziplinierung zurück, um in sich Neigungen abzutöten, von denen er vermutete, dass sie ihn von seinen geistlichen Ambitionen ablenken könnten. Sein teilweise exzessives Fasten ist vielfach belegt; schon als Kind hat er freiwillig ein härenes Büßerhemd getragen. Den postmodernen Kult um körperliche Gesundheit und Leistungsfähigkeit als Inbegriff eines gelungenen Lebens hätte er dementsprechend nicht verstanden. Ein gelungenes Leben war nach seiner Überzeugung vielmehr ein unermüdliches geistliches Leben auf der Suche nach Gott – und wenn einen körperliche Bedürfnisse von dieser Suche ablenkten, musste man selbstverständlich mit allen möglichen Mitteln gegen sie ankämpfen. Man konnte dabei eigentlich nicht streng genug sein. Was er 1586 im Alter von 65 Jahren an die adligen Stiftsdamen in Hall in Tirol schrieb, war auch schon in seiner Jugend seine tiefste Überzeugung gewesen: „Je strenger aber der mensch gegen jm selber ist [...], souil mer thailt jme der gütig Got sein barmhertzigkhait, vnd verzeicht jme desto volkhumenlicher seine sind"[101]. Wirklich religiös zu leben, war harte Arbeit.

Die Kartäuser als die religiösen Spitzenathleten ihrer Zeit waren geradezu der Inbegriff dieser religiösen Leistungsbereitschaft des jungen Peter Kanis. Die üblichen Mönchsgelübde von Armut, Keuschheit und Gehorsam allein waren ihnen in ihrer religiösen Praxis seit jeher zu wenig gewesen: Das Leben eines Kartäusermönchs sollte grundsätzlich nichts anderes sein als eine große und unermüdliche geistliche Übung. Er musste sich zu diesem Zweck durch eiserne Selbstdisziplin ganz von der Welt abwenden und in immer neuen Anläufen bereitmachen für das eine große Ziel: die Begegnung mit Gott. Dabei durfte er sich von nichts und niemandem ablenken lassen – nicht von der sündigen und verdorbenen Welt, noch nicht einmal von seinen Mitbrüdern im Orden. Darum lebten, aßen, arbeiteten und beteten die Kartäuser im Wesentlichen allein. Sie waren keine Kirchenfürsten, keine Grundherren und auch keine Hofkapläne; sie waren keine Prediger, keine Seelsorger und auch keine Lehrer. Sie waren einsame Gottsucher, die bereit waren, sich rund um die Uhr nichts anderem zu widmen als einer rigorosen religiösen Praxis in Gebet, Meditation und geistlicher Lektüre. Diesem Programm war der Kartäuserorden, dieser „durch strenge Askese und Schweigegebot strengste Orden überhaupt"[102], seit seiner Gründung am Ende des 11. Jahrhunderts und damit beinahe ein halbes Jahrtausend lang beharrlich treu geblieben, als Peter Kanis ihm in den 1530er Jahren begegnete. Andere Orden mochten regelmäßige und oft sehr schmerzhafte Reformen nötig haben, um immer wieder zu sich selbst und ihrer spirituellen Berufung zurückzukehren, weil sie sich zu sehr auf die Welt und zu wenig auf Gott eingelassen hatten; die Kartäuser nicht. Das wurde sogar sprichwörtlich: „Der Kartäuserorden wurde niemals reformiert, weil er niemals deformiert wurde."[103]

Die Kartäuser waren für Peter Kanis aber nicht nur wegen ihrer außerordentlichen asketischen und spirituellen Disziplin und Leistungsbereitschaft attraktiv. Sie hatten sich in den 1520er und 1530er Jahren unter den Katholiken auch einen ausgezeichneten Ruf wegen ihrer unerschütterlichen Rechtgläubigkeit und Standfestigkeit in ihren katholischen Überzeugungen erworben. Während in anderen

Orden ganze Massen von Mönchen und Nonnen unter dem Eindruck des Mönch-Reformators Martin Luther und seiner Mitstreiter ihre Klöster verlassen hatten, waren die Kartäuser der katholischen Sache im Wesentlichen vorbehaltlos treu geblieben. Besonders berühmt waren in diesem Zusammenhang die Londoner Kartäuser geworden. Sie hatten die Errichtung einer vom Papst getrennten englischen Staatskirche durch König Heinrich VIII. abgelehnt und waren dafür zwischen 1535 und 1537 nach mehreren politischen Schauprozessen hingerichtet worden.

Es war genau die Zeit, in der sich auch der Teenager Peter Kanis immer klarer wurde, dass ihm seine religiösen Überzeugungen ähnlich wichtig waren. Das hatte in seinem Fall zwar nicht das Martyrium bedeutet. Aber er war am Ende der 1530er Jahre doch im Begriff, sein bisheriges Leben als wohlhabender Nimwegener Patriziersohn mit glänzenden Aussichten auf eine erfolgreiche großbürgerliche Zukunft wegen seiner religiösen Überzeugungen aufzugeben. Wie bei den Londoner Kartäusern waren das nicht irgendwelche religiösen Überzeugungen; es war keine jugendliche Aussteigerspiritualität, die ihn zu diesem Schritt motivierte. Er war vielmehr zutiefst von der Überzeugung durchdrungen, dass nur der Glaube der römischen Kirche der wahre christliche Glaube war. Genau für diesen Glauben war er bereit, sein bisheriges Leben vorbehaltlos aufzugeben. Als etliche Jahre später das Gerücht gestreut worden war, dass der katholische Vorkämpfer Petrus Canisius nun doch zur Reformation übergelaufen sei, goss er diese feurige Überzeugung von der Heilsnotwendigkeit der katholischen Kirche, für die sogar der Einsatz des eigenen Lebens kein zu hoher Preis war, in ein entsprechend feuriges Bekenntnis, das er erstmals 1571 und dann immer wieder als Anhang seiner Bücher abdrucken ließ: „Der römischen Kirche, die alle diese Lästerer verachten, [...] gehörte ich an und von ihrer Autorität entferne ich mich nicht eine Hand breit: um für sie Zeugnis abzulegen, bin ich bereit, mein Leben hinzugeben und mein Blut

In Köln hat Petrus Canisius nicht nur studiert und entscheidende spirituelle Impulse aus dem Umfeld der dortigen Kartause erhalten. Er hat dort mit seinem Erbe auch die erste Jesuitenniederlassung im römisch-deutschen Reich errichtet.
Ausschnitt aus der Großen Ansicht von Köln von Anton Woensam, 1531.

zu vergießen", denn „ich habe die völlige Gewißheit, daß nur in der Einheit mit ihr die Verdienste Christi, des Herrn, und die Heilsgaben des Heiligen Geistes sich auf mich und die anderen Menschen verströmen."[104] Dass der unerschütterliche katholische Bekennermut der Kartäuser einen Katholiken von dieser Machart sehr beeindruckt haben dürfte, ist naheliegend.

Die Kartäuser waren für den jungen Peter Kanis aber nicht nur wegen ihrer beinharten asketischen Disziplin und ihrer unerschütterlichen katholischen Rechtgläubigkeit eine naheliegende Option für das vorbehaltlos religiöse Leben, nach dem er sich sehnte. Mehr als von all dem fühlte er sich von der tiefen Innerlichkeit ihrer Ordensspiritualität angezogen. Der Kartäuserorden bestand nämlich keineswegs nur aus Mönchen, die „härter als Stein" waren und „weder mit sich selbst noch mit denen, die mit ihnen leben, Mitleid" hatten.[105] Tatsächlich war das spirituelle Profil der Kartäuser auch und vielleicht sogar in erster Linie geprägt von einer außergewöhnlichen Feinfühligkeit für die Intimität der persönlichen Gotteserfahrung.[106] Schon im Spätmittelalter hatten sich dementsprechend Kartäusergemeinschaften intensiv mit mystischen Strömungen im Umfeld der *Devotio moderna* verbunden.[107] Im Fokus dieser in erster Linie im niederrheinisch-flämischen Raum verbreiteten Frömmigkeitsbewegung standen spirituelle Praktiken, die vor allem auf die unmittelbare Begegnung des einzelnen Gläubigen mit Gott abzielten und ursprünglich besonders intensiv von Laien kultiviert worden waren. Das war zwar keine religiöse Biedermeierei, die Religion aus dem öffentlichen Raum herauslösen und auf den privaten Raum beschränken wollte; die Ordens- und Kirchenreform war ganz im Gegenteil ein großes Anliegen der *Devotio moderna*. Aber es ging doch um eine bewusst ich-zentrierte Religiosität. Die individuelle Begegnung mit dem geheimnisvollen Gott im Inneren der eigenen Erfahrungswelt ohne gesellschaftliche, ja in gewisser Weise sogar ohne kirchliche Hilfsmittel war das eigentliche Ziel.

Diese individuelle Begegnung wurde naheliegenderweise in erster Linie durch religiöse Übungen gesucht, die den Einzelnen zu einer eigenverantwortlichen und höchstpersönlichen Frömmigkeitspraxis herausforderten: Andachtsübungen im Umfeld der Passionsfrömmigkeit sollten das innerliche Mitgefühl für den leidenden Christus anregen; die Praxis des inneren Gebets sollte über auswendig gelernte Gebetsformeln hinausführen und dabei helfen, einen persönlichen spirituellen Stil zu entwickeln; die oft eifrig gepflegte fromme Lektüre sollte dabei unterstützen, sich in einsamer Zurückgezogenheit mit nichts anderem zu beschäftigen als der Bedeutung der christlichen Botschaft für das eigene Leben. Diese stark auf die individuelle Glaubenspraxis bezogenen spirituellen Techniken passten perfekt zum traditionellen kartäusischen Ordensideal der einsamen Gottsuche.[108]

Sie wurden dementsprechend in vielen Kartausen mit Begeisterung aufgenommen und weiterentwickelt. Die Kartäuser wurden so innerhalb der katholischen Kirche zu den wahrscheinlich wichtigsten Trägern eines selbstbewussten mystischen Christentums, das Kirche nicht vor allem als hierarchische Institution oder als sakramentale Vermittlungsinstanz der göttlichen Gnade betrachtete, sondern in erster Linie als eine Gemeinschaft von engagierten Gottsuchern. Diesen Gottsuchern ging es darum, Gott nicht nur in gewissen abgezirkelten Lebensbereichen wie in der Liturgie oder in kirchlichen Ritualen zu begegnen,[109] sondern ihr innerstes und intimstes Seelenleben zu einem Ort dieser Begegnung zu machen.

So ein Gottsucher wollte der junge Peter Kanis mit seinem „zur Mystik hinneigenden kontemplativen Naturell"[110] auch sein – und er hatte Glück: Nicht nur war an seinem Studienort Köln eine Kartäusergemeinschaft angesiedelt, die das Zentrum der letzten großen Blüte der *Devotio moderna* am Niederrhein bildete und sich ganz auf eine solche mystische Form des Christentums eingelassen hatte. Vor allem war sein geistlicher Mentor Nikolaus van Essche dem „Herzen und der Freundschaft nach […] ein wahrer Kartäuser"[111], der nur aus gesundheitlichen Gründen nicht in den Orden hatte eintreten können. Van Essche war bereits von entscheidender Bedeutung gewesen für die Anbindung der frommen Frauengemeinschaft um die berühmte Mystikerin Maria van Oisterwijk an die Kölner Kartause. Jetzt hatte er die Chance, auch ihren offensichtlich spirituell ebenso begabten Großneffen Peter Kanis, dem Maria noch im Kindesalter eine große Zukunft als religiöser Schriftsteller vorausgesagt hatte, ins kartäusische Leben der mystischen Gottsuche einzuführen. Und er war ein bemerkenswert hingebungsvoller spiritueller Begleiter. Er leitete Peter nicht nur durch ein striktes Programm aus täglicher Lektüre und Meditation der Bibel und durch regelmäßige geistliche Gespräche zu einem religiösen Leben an. Er warf sich selbst mit seiner ganzen Persönlichkeit in die Waagschale. Er „betete und weinte um mich, segnete und warnte mich, ermahnte mich in Wort und Schrift"[112], erinnerte sich Petrus Canisius Jahrzehnte später an ihn zurück. Einmal nahm van Essche sogar die Mühe einer längeren Reise nach Nimwegen auf sich, um seinen Schützling auch in den Ferien mit Nachdruck daran zu erinnern, dass Schulferien nicht auch religiöse Ferien sein durften. Die Suche nach Gott duldete keine Pausen.

Dieses persönliche große Engagement verfehlte seinen Eindruck auf Peter nicht. Er war ja, wie er viele Jahre später im Rückblick feststellte, bereits mit der tiefen Sehnsucht nach Köln gekommen, endlich „eine bestimmte Lebensweise" jenseits seiner großbürgerlichen Herkunft zu finden, „die mir zum Heil gereicht"[113]. Dass er sich in Köln bald immer stärker „zu dem frommen Leben der Ruhe und Beschauung, wie es die Kartäuser führen"[114], hingezogen fühlte, war kein Zufall. Nikolaus van Essche, dieser Kartäuser ehrenhalber, hatte ganze Arbeit geleistet.

Als van Essche 1538 und damit nach nur etwa zwei Jahren als Peters spiritueller Ratgeber ins heute belgische Diest ging, um dort Pfarrer zu werden, war die Frage für ihn dementsprechend eigentlich nicht mehr, ob, sondern nur noch wann sein Protegé Peter den Schritt in den Kartäuserorden machen würde. Van Essche wusste ihn in Köln auch weiterhin in guten kartäusischen Händen, die das vollenden würden, was er begonnen hatte. Er hatte Peter mit den führenden Köpfen der Kölner Kartause bekanntgemacht. Hier fand dieser religiös hochbegabte Jugendliche Gesprächspartner, die ihn in persönlichen Begegnungen und besonders auch in ihren Schriften immer noch tiefer in die mystische Spiritualität der niederrheinischen Kartäuser einführten. Petrus Canisius bezeichnete sie später als „aufrichtige Freunde [...], denen das Heil meiner Seele sehr am Herzen lag"[115]. Zu diesen Freunden gehörte der berühmte Prior Gerhard Kalckbrenner, der als Zentrum eines literarisch eifrig tätigen Zirkels von katholischen Widerständlern gegen die Reformation fungierte. Wohl noch bedeutender für die weitere spirituelle Entwicklung von

Peter Kanis dürfte allerdings Kalckbrenners Vikar Johannes Justus von Landsberg gewesen sein. In seinen Schriften wurde vieles von dem vertieft, was Peter bei van Essche bereits gelernt hatte. Wie van Essche pflegte auch Landsberg eine mitunter geradezu grell anmutende Begeisterung für die Andacht zum leidenden und gekreuzigten Christus. Diese Begeisterung gehörte zum Grundbestand der kartäusischen Spiritualität in dieser Zeit. Versatzstücke dieser schon im Spätmittelalter äußerst beliebten Frömmigkeitsform haben Petrus Canisius wenig überraschend langfristig geprägt. Dass er im Oktober 1560 einem körperlich und geistig angeschlagenen Freund den Rat gab, er solle „sich eine Wohnung in den Wunden Christi"[116] bauen, ist genauso auf diesem Hintergrund zu verstehen wie seine spätere Gewohnheit, jede seiner täglichen Gebetszeiten aus dem Brevier in Beziehung zu einer Dimension des Leidens Jesu zu bringen.[117] Als seine leiblichen Brüder am Ende der 1570er Jahre wegen ihres katholischen Glaubens für eine kurze Zeit aus Nimwegen vertrieben worden waren, ermunterte er sie dazu,, „Trost in der Betrachtung des bittern Leidens Christi" zu finden.[118] Das war nach seiner Erfahrung der Königsweg, mit eigenem Leid umzugehen.

Am augenscheinlichsten wird Landsbergs bedeutender Einfluss auf die geistliche Biographie von Petrus Canisius an einem ganz speziellen Punkt: Im September 1549 hatte Canisius im römischen Petersdom eine mystische Gotteserfahrung gemacht, die er später in Worte gefasst hat, die die tiefgreifende Prägung durch Landsberg geradezu handgreiflich klar machen. Gott hatte ihm damals, wie er im Gebetsstil der persönlichen Anrede schreibt, „das Herz Deines heiligsten Leibes" geöffnet und ihn dazu aufgefordert, daraus „die Wasser meines Heiles" zu schöpfen. Daraufhin wagte er es, „Dein süßestes Herz zu berühren und mein sehnendes Verlagen in ihm zu stillen"[119]. Das ist Landsberg pur. Landsberg hatte auf dem Hintergrund seiner umfassenden Kirchenväterlektüre und seiner intensiven Andacht zum leidenden Jesus das geöffnete Herz Jesu als den eigentlichen Ort der

Der Kartäusermystiker Johannes Justus von Landsberg (um 1490–1539) hat Petrus Canisius während seiner Kölner Zeit sehr stark beeinflusst. Vor allem vermittelte er ihm eine innige Herz-Jesu-Frömmigkeit, die im katholischen Milieu eigentlich erst viel später populär wurde.

Begegnung des mystischen Gottsuchers mit dem lebendigen Gott verstanden. Dementsprechend hatte er seinen Lesern folgenden Rat-schlag mitgegeben: „Gebt euch Mühe, in euren Seelen die Andacht zum liebenswürdigsten Herzen Jesu zu entzünden, das so überreich an Liebe und Erbarmungen ist. […] Es ist die Schatzkammer aller himmlischen Gnaden, das Tor, durch das wir Gott nahen und Gott zu uns herabkommt."[120] Auch wenn es schon im Mittelalter teilweise bedeutende Vorformen dieser Frömmigkeitsform gegeben hat, auf die Landsberg auch ausdrücklich zurückgegriffen hat, war eine solche Andacht zum Herzen Jesu damals alles andere als allgemein üblich. Die Herz-Jesu-Frömmigkeit ist erst viel später und unter etwas anderen Vorzeichen in der gefühlsbetonten barocken Frömmigkeit des 17. und 18. Jahrhunderts wirklich populär geworden. Petrus Canisius hat seine mystische Gotteserfahrung von 1549 damit nahezu eineinhalb Jahrhunderte zuvor mit Begriffen beschrieben, die er bei

Johannes Justus von Landsberg gelernt hatte. Dass er heute als ein wichtiger früher Vertreter der typisch katholischen Herz-Jesu-Frömmigkeit der Neuzeit betrachtet wird, hat er der theologischen und spirituellen Vermittlungsarbeit dieses großen Kartäusermystikers zu verdanken.

Es steht also fest: Petrus Canisius wäre ein ganz ausgezeichneter Kartäusermönch geworden. Er besaß die kartäusische Leistungsbereitschaft in religiösen Angelegenheiten; er besaß die kartäusische Standfestigkeit in seinen katholischen Überzeugungen. Vor allem aber besaß er die kartäusische Begeisterung für den mystischen Weg der höchstpersönlichen innerlichen Gotteserfahrung. Noch dazu war er in seiner Studienstadt Köln von kartäusischen Lehrmeistern umgeben, die seine Eignung und Neigung erkannten und mit großem Einsatz förderten. Das, was er von ihnen gelernt hat, hat seine spirituelle Biographie bleibend geprägt. Immer wieder spürt man in seinen normalerweise sehr spröden Briefen und seinen oft stark formalisierten geistlichen Lebenserinnerungen durch, dass die spirituelle Grundhaltung seines Lebens in wesentlichen Teilen jene kartäusische Grundhaltung geblieben ist, wie er sie als Jugendlicher in Köln kennengelernt hatte. Er ist zu Recht ein „Meister des innern Gebetes"[121] genannt worden, wie es für die kartäusisch-mystische Frömmigkeit typisch war. Sein mehrfach aufgelegtes kleines *Betbuch* von 1563 gilt unter Kennern als eine „Nachblüte der mittelalterlichen deutschen Mystik"[122], die quasi zur DNA der Kartäuserspiritualität gehörte. Und nur jemand, der wie er von der Kartäusermystik gelernt hatte, dass der unermesslich große Gott sich vorzugsweise in der mystischen Erfahrungswelt des unermesslich kleinen Menschen offenbart, konnte Gott mit spürbarem Gefühl als den bezeichnen, „der meinetwegen das Weltall gebildet hat und erhält"[123]. Wie herausfordernd nahe ihm dieser Gott in seiner innersten Erfahrungswelt gekommen ist, deutet sich in einer späteren Erinnerung eines ziemlich

REVERENDVS PATER FR. LAVRENTIVS SVRIVS
CARTHVSIAE COLONIENSIS PROFESSVS
OBIIT ANNO DOMINI M. D. LXXVIII. DIE XXIII. MAII.

Est aliquid Surij spectare in imagine vultus,   At Surij libros, magna quos texuit arte
Quos spatio exiguo sculpta tabella refert.   Qui legit, ingenium cum pietate videt.

Laurentius Surius (1522–1578) war ein Jugendfreund von Petrus
Canisius. Eigentlich hatten die beiden verabredet, gemeinsam
Kartäuser zu werden – aber nur Surius machte 1540 diesen Schritt.
Er wurde ein bedeutender geistlicher Schriftsteller und Herausgeber.

indiskreten Mitbruders an, der den in seiner Kammer betenden Petrus Canisius durch das Schlüsselloch beobachtet hatte: „Er betete inbrünstig und mit kräftiger Stimme, er rief, er argumentierte. Es war, als ringe er mit Gott wie einst Jakob mit dem Engel."[124]

Als im Alter von knapp 20 Jahren schließlich für ihn der Zeitpunkt der hochoffiziellen Entscheidung für das Leben als Kartäusermönch gekommen war, schien das eigentlich nur noch Formsache zu sein.

Und dann war es plötzlich, als hätte jemand die Notbremse gezogen. Das hatte nichts damit zu tun, dass Peter 1539 auf Druck seines Vaters für kurze Zeit zum Kirchenrechtsstudium an die Universität Löwen gegangen und er damit aus seiner geistlichen Heimat im Umfeld der Kölner Kartause herausgerissen worden war. Der 18-jährige Peter hatte schon in Köln über seinen väterlich verordneten juristischen Studien die Lust an einem Leben der radikalen Gottsuche nicht verloren und er verlor sie auch während dieses Löwener Intermezzos nicht. Aber es schien, als sei er mit einem Mal im Sprung gehemmt. Er hatte mit seinem Studienfreund Laurentius Surius eigentlich eine gegenseitige Übereinkunft gehabt, dass demjenigen, der sich zuerst zum Ordenseintritt entschließen würde, der jeweils andere folgen würde.[125] Als Surius allerdings im Februar 1540 erwartungsgemäß der Kölner Kartäusergemeinschaft beitrat, konnte sich Peter nicht dazu durchringen, wie ausgemacht den gleichen Schritt zu machen. Zwar legte er nur zwei Tage später am Mathiastag ein privates Keuschheitsgelübde ab, wie um sich selbst und seiner Umgebung mit allem Nachdruck zu beweisen, dass es ihm nicht plötzlich an religiösem Eifer fehlte. Und kurz darauf hängte er die von seinem Vater forcierte Juristerei endgültig an den Nagel und begann das Theologiestudium. Aber wohin genau ihn dieses Studium und sein geistlicher Weg insgesamt führen sollten, war unklarer denn je; er geriet in einen unerwarteten existenziellen „Wartezustand"[126].

Im Rückblick hat er sein Zögern, die Schwelle ins offizielle Kartäuserleben zu überschreiten, damit erklärt, dass ihm seine fromme

Großtante Reinalda van Eymeren Mitte der 1530er Jahre noch vor seiner Abreise aus Nimwegen Richtung Köln prophezeit hatte, er werde sich eines Tages einem noch unbekannten Priesterorden anschließen.[127] Auf diesen Priesterorden habe er warten wollen. Aus dem Blickwinkel des altgewordenen Petrus Canisius, der diese Erklärung kurz vor seinem Tod 1597 in sein geistliches *Testament* hineingeschrieben hat, lag diese Deutung nahe. Man muss aber kein Gedächtnisforscher sein, um zu wissen, dass auch scheinbar verlässliche Erinnerungen trügerisch sein können, gerade dann, wenn man wie der alte Petrus Canisius daran arbeitete, das eigene Leben als eine von der göttlichen Vorsehung geleitete Geschichte zu erzählen.[128] Ob der Gedanke an die Worte von Reinalda van Eymeren schon den jungen Peter Kanis im Blick auf seine Zukunft tatsächlich so stark beschäftigt und motiviert hat, wie das *Testament* es behauptet, ist nämlich zumindest fraglich. So hoch er mystische Visionen und Prophezeiungen auch schon als junger Mann geschätzt hat, dürfte eine solche einzelne Bemerkung wie die seiner Großtante wohl doch eher nicht der Grund für ihn gewesen sein, sich gegen ein Leben als Kartäuser zu entscheiden. Zu sehr hatte er sich über Jahre hinweg mit Begeisterung auf alles Kartäusische eingelassen, als dass man bei ihm einen seit Jahren schwelenden Vorbehalt zu Gunsten eines ominösen unbekannten Priesterordens annehmen dürfte. Zu klar und zu konkret hatte er sich auf ein Leben als Kartäuser vorbereitet. Die banale Wahrheit dürfte sein: Er wollte wirklich kartäusisch leben – aber als es ernst damit wurde, merkte er mit einem Mal, dass ihm in diesem Lebensmodell unerwarteterweise doch etwas fehlte. Das Frustrierende: Er wusste offenbar vorläufig selbst nicht, was genau das war. Man kann darüber spekulieren, ob ihm schon in dieser Zeit die Erinnerung an Reinaldas Prophezeiung geholfen hat, mit seiner Entscheidung gegen das Kartäuserleben psychologisch fertig zu werden. Der eigentliche Grund für die unerwartete Vollbremsung auf seinem geistlichen Weg wird diese Prophezeiung aber wohl nicht gewesen sein.

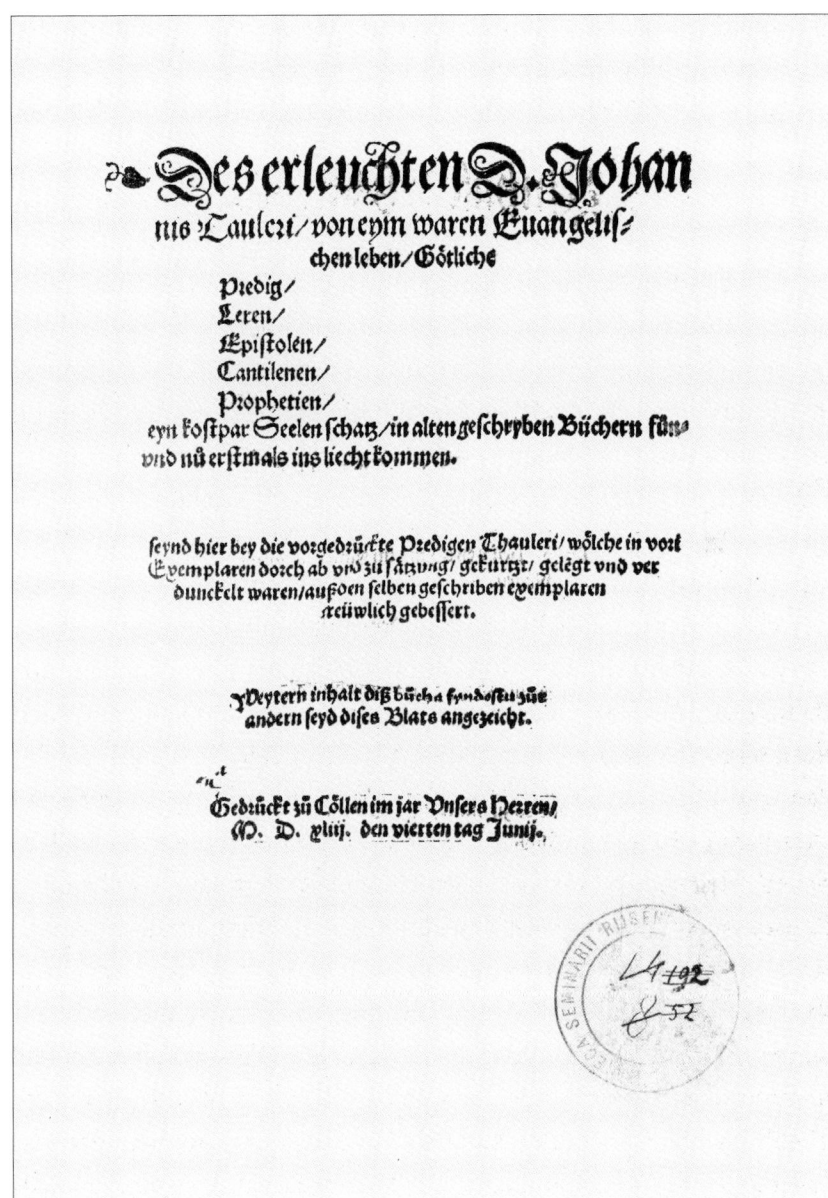

1543 veröffentlichte Petrus Canisius eine Ausgabe des spätmittelalterlichen deutschen Mystikers Johannes Tauler. Vorbereitet hat er es noch als Beinahe-Kartäuser, erschienen ist es unmittelbar nach seinem Eintritt in die Gesellschaft Jesu. Es ist das erste Buch eines Jesuiten.

Sicher ist: Er hat die Jahre ab dieser Vollbremsung in seiner geistlichen Entwicklung im Jahr 1540 sehr intensiv seinem Theologiestudium gewidmet und sich dabei ein breites biblisches und theologisches Wissen angeeignet, von dem er später massiv profitiert hat. Einzelheiten sind über weite Strecken zwar unbekannt. Dass er sich in dieser Zeit besonders intensiv mit einem der großen Klassiker der spätmittelalterlichen deutschen Mystik beschäftigt hat, ist allerdings klar. Im Juni 1543 brachte er nämlich im Alter von gerade einmal 22 Jahren einen beinahe siebenhundert Seiten starken Band mit deutschen Schriften des bekannten Mystikers Johannes Tauler aus dem 14. Jahrhundert heraus.[129] Mit seinen dominikanischen Mitbrüdern Meister Eckhart und Heinrich Seuse bildete Tauler das berühmte Dreigestirn der spätmittelalterlichen deutschen Mystik. Während die scholastische Theologie Gott mit den Mitteln der Philosophie erfassen wollte und die sakramentale Frömmigkeit mit rituellen Vollzügen, waren sie davon ausgegangen, dass Gott, der jenseits aller menschlichen Vorstellungskraft ist, nur in der mystischen Versenkung erahnt werden kann. Das faszinierte Peter Kanis; auf der Titelseite seines Bandes nennt er Tauler „eyn kostpar Seelenschatz". Eine solche Ausgabe, die noch dazu den Ehrgeiz hatte, einen verlässlicheren Text als frühere Tauler-Ausgaben zu bieten, fällt nicht einfach vom Himmel. Er muss diesem Buch sehr viel Zeit gewidmet haben. Diese eingehende Beschäftigung mit Tauler beweist aber nicht nur sein herausgeberisches Sitzfleisch. Sie zeigt auch so deutlich wie nur möglich, dass er in seiner spirituellen Suche immer noch auf einer dezidiert kartäusischen Spur geblieben war.

Tatsächlich war Tauler nämlich ein Lieblingsautor der *Devotio moderna* und von daher auch bei seinen kartäusischen Freunden sehr beliebt. Das von seiner Großtante Reinalda van Eymeren herausgebrachte Buch *Die Evangelische Perle*, das als das letzte große Werk der flämisch-rheinländischen Mystik gilt, war beispielsweise so stark von Taulers Gedankengut geprägt, dass dessen Übersetzer ins Niederländische feststellte, er werde keine eigene niederländische Tauler-Übersetzung herausbringen. *Die Evangelische Perle* enthalte ohnehin schon den ganzen Tauler.[130] Die Kölner Kartause ihrerseits war ein pulsierendes Zentrum der Taulerbegeisterung: Gerhard Kalckbrenner förderte die Veröffentlichung von Schriften Taulers auf vielfältige Weise; Laurentius Surius, dem Petrus Canisius im Februar 1540 beinahe in den Orden gefolgt wäre, sollte 1553 eine lateinische Tauler-Übersetzung herausbringen.[131]

Über seiner eigenen herausgeberischen Arbeit an Tauler hat sich dementsprechend das kartäusische Element im geistlichen Profil von Petrus Canisius noch einmal verstärkt – und zwar langfristig. Tauler hatte seinen Lesern Folgendes über die angemessene Haltung des Gottsuchers ins spirituelle Stammbuch geschrieben: „So baue einzig auf dieses reine Nichts. Laß dich auf dein Nichtsein fallen und ergreife dein Nichtsein und halt dich daran fest und an sonst nichts weiter."[132] Diese spirituelle Lektion Taulers hat Petrus Canisius offensichtlich tief und nachhaltig beeindruckt. Was er dazu in Ansätzen schon bei Nikolaus van Essche gelernt hatte, ist durch seine herausgeberische Arbeit an Tauler selbst zweifellos noch einmal massiv verstärkt worden. Dass er sich beim Rückblick auf seine beiden großen mystischen Gotteserfahrungen, die uns bekannt sind, einer Sprache bedient hat, die spürbar von diesem mystischen Pessimismus Taulers im Angesicht der Überfülle Gottes geprägt ist, zeigt das sehr deutlich. Schon bei seiner ersten mystischen Vision vom September 1549 in Rom war er, wie er später schreibt, von der Selbsterkenntnis seiner Nichtswürdigkeit tief erschüttert worden: „Meine Seele lag darnieder in ihrer Mißgestalt, Unreinheit, Schlaffheit und mit vielen Fehlern und bösen Neigungen behaftet"[133]. Ein Engel war ihm damals an seine Seite gestellt worden, dessen einzige Funktion darin bestand, mit allem Nachdruck auf die „Größe und Vielfältigkeit meiner Unwürdigkeit und Schwachheit"[134] hinzuweisen. Auch nachdem der der Verzweiflung nahe Petrus Canisius doch noch Trost am Herzen Jesu gefunden hatte, mahnte ihn dieser Engel, sich seiner Gegenwart auch in Zukunft immer bewusst zu sein. Die Botschaft, die sich Petrus Canisius mit diesem Bericht von der Seele schrieb, war klar: Die durch diesen Engel verkörperte mystische Erkenntnis der eigenen Nichtswürdigkeit und Nichtigkeit vor Gott durfte ihn auch in Zukunft nie mehr verlassen, weil sie die Grundlage jeder echten Gottesbegegnung war.

Sogar noch deutlicher wird die Prägung durch die deutsche Mystik à la Tauler bei seiner zweiten mystischen Gotteserfahrung in der Kathedrale des italienischen Ancona im Juni 1568. Auf der Durchreise hatte er sich dorthin zum Gebet zurückgezogen, als ihm mit einem Mal „die Augen meiner Seele eröffnet" worden waren. Ihm wurde bewusst, dass er „all meine Absichten und Handlungen auf das einzig wahre und feste Fundament gründen sollte". Dieses Fundament war aber „die Erkenntnis des eigenen Ich, meiner Armseligkeit und des eigenen Nichts"[135]. Nur aus diesem „Abgrund meiner eigenen Nichtigkeit" heraus konnte er sich dann, wie er festhält, doch noch Gott nähern und sich in den „Abgrund Deiner überpreiswürdigen Erhabenheit" hineinfallen lassen[136]. Wenn man es nicht besser wüsste, könnte man diese Fragmente aus seinem Bericht über die Erfahrung von Ancona auch für Zitate von Johannes Tauler halten; sogar die Auswahl der biblischen Zitate in diesem Bericht ist an eine Predigt Taulers angelehnt.[137]

Diese Selbstwahrnehmung war nicht auf diese beiden eindrucksvollen mystischen Erfahrungen beschränkt. Auch seine briefliche Korrespondenz ist geprägt von einer tiefen Spur des Selbstzweifels angesichts seiner realen oder eingebildeten Unzulänglichkeit in religiösen Angelegenheiten. Es ist deshalb vom religiösen „Insuffizienzkomplex"[138] des Petrus Canisius gesprochen worden. Das dürfte wahrscheinlich doch etwas zu psychologisierend sein und spirituell zu kurz greifen. Auf der Grundlage seiner spirituellen Biographie dürfte man ihm wohl doch eher gerecht werden, wenn man ihm eine

　　　　　　　　Zwischen Kartäusern und Jesuiten

im kartäusischen Milieu angesiedelte geistliche Grundhaltung attestiert, die besonders aus einer Mystik der Gottesbegegnung gespeist war, wie sie Johannes Tauler vertreten hat. Diese Mystik pochte zwar in nahezu nihilistischer Weise auf die Nichtigkeit des Menschen vor Gott. Zugleich sah sie in der spirituellen Annahme dieser Nichtigkeit den Hebel für Gott, aus dieser Nichtigkeit heraus eine Neuschöpfung in die Wege zu leiten. Der Mystiker, der sich seiner Nichtigkeit bewusst ist, glaubt also zugleich, dass genau diese Nichtigkeit für Gott das bevorzugte Instrument für sein Wirken ist. Der tatsächlich massive spirituelle Selbstzweifel, der sich durch sein Leben zieht, war dementsprechend für Petrus Canisius zu keinem Zeitpunkt ein Anlass zur Verzweiflung, sondern hat ihn im Gegenteil angetrieben, im Einsatz für seine religiösen Anliegen nie aufzugeben: Auch seine Nichtigkeit konnte für Gott der Ansatzpunkt werden, in seinem Leben wirksam zu werden. Biographisch umgelegt: Er hat sich bei all seinem für heutige Begriffe teilweise verstörenden Pessimismus angesichts seiner persönlichen Unzulänglichkeit stets das zu Herzen genommen, was er sich als Kölner Student in einem Buch unter eine Kreuzesdarstellung als Merksatz notiert hatte: „An niemandem darf man verzweifeln!"[139] Auch nicht an sich selbst.

Eines ist nach all dem klar: 1543 und damit drei Jahre nach seiner Entscheidung gegen das Kartäuserleben war Peter Kanis in seiner spirituellen Grundhaltung kartäusischer geworden denn je. Aber etwas in ihm sperrte sich auch weiterhin unnachgiebig dagegen, trotz der wachsenden Faszination für den Weg der mystisch-innerlichen Gotteserfahrung den Schritt in den Kartäuserorden zu machen, wo er sich dieser mystisch-innerlichen Gotteserfahrung jenseits des Weltgetriebes ganz und gar hätte widmen können. Das Theologiestudium hatte ihm bei diesem Problem nicht geholfen und auch Johannes Tauler nicht. Es brauchte einen Heiligen, um ihm klarzumachen, warum das so war – und wo die geistliche Heimat lag, nach der er sich seit vielen Jahren gesehnt hatte. Dieser Heilige war der Savoyarde Peter Faber. Er sorgte im Frühling 1543 für den lang ersehnten spirituellen Dammbruch.

Der altgewordene Petrus Canisius hat am Vorabend seines Todes 1597 in seinem *Testament* mit spürbarem Gefühl geschrieben, dass ihm dank der Anleitung von Peter Faber endlich aufgegangen sei, wie er „zu einem guten, gottseligen Leben und zum Dienste Gottes"[140] kommen könne. Das Zusammentreffen mit Faber hat aber nicht erst der alte Petrus Canisius rückblickend als göttliche Vorsehung interpretiert. Schon der junge Peter Kanis war wie vom Donner gerührt worden. Er schrieb direkt nach der Begegnung mit Faber an einen seiner Freunde in Köln, er könne nach dem, was er bei ihm erlebt hatte, kaum sagen, ob dieser Peter Faber „überhaupt ein Mensch ist und nicht vielmehr ein Engel des Herrn"[141]. Durch ihn war er „zu einem ganz anderen Menschen umgewandelt"[142] worden. Als er kurz vor seinem Tod auf sein Leben zurückschaute, wollte er die Nachwelt wissen lassen, dass er durch Peter Faber „die größte aller Wohltaten, deren ich auf Erden teilhaftig wurde"[143], empfangen habe.

Was war geschehen?

Ein ganzer Jesuit:
Petrus Canisius und der aktivistische Drang nach außen

Peter Faber gehörte als einer der Gründerväter zu einem sehr seltsamen neuen Orden, der erst drei Jahre zuvor im September 1540 offiziell päpstlich anerkannt worden war. Diese Gründerväter bezeichneten ihre Gemeinschaft mit großem Selbstbewusstsein als Gesellschaft Jesu, was ihnen schon sehr bald den Vorwurf der Arroganz und Überheblichkeit eintrug. Zuerst waren es ihre zahlreichen Gegner, die sie abschätzig als „Jesuiten" – Heuchler und religiös Größenwahnsinnige – bezeichneten. Schon sehr bald allerdings haben die Mitglieder der Gesellschaft Jesu dieses Schimpfwort selbst verwendet und zu der ehrenvollen Selbstbezeichnung uminterpretiert, unter der sie bis heute bekannt sind.[144]

Diese Jesuiten waren auf den ersten Blick das genaue Gegenteil der Kartäuser: Sie hatten sich einem dezidiert missionarischen Lebensweg verschrieben, der keine klösterliche Klausur kannte, sondern auf ständige Bewegung setzte. Sie trugen kein Ordensgewand und waren dementsprechend von anderen Priestern nicht zu unterscheiden. Sie verzichteten nicht nur mit Nachdruck auf das regelmäßige gemeinsame Gebet, sondern hatten auch ihre individuellen Gebetsverpflichtungen so weit wie möglich eingeschränkt, um möglichst viel freie Zeit für ihre vielfältigen Aufgaben innerhalb und außerhalb ihres Ordens zur Verfügung zu haben. Sie engagierten sich kirchlich und kirchenpolitisch und nahmen mit großem Selbstbewusstsein Einfluss auf Päpste, Kardinäle und Bischöfe; es dauerte nicht lange, und sie wurden Beichtväter und religionspolitische Ratgeber von Kaisern, Königen und Herzögen. Sie mischten sich ohne Berührungsängste unter die breite Bevölkerung und predigten mit Begeisterung auf Plätzen, Straßen und Kanzeln – als Missionare in Europa und außerhalb. Sie wurden nur wenige Jahre nach ihrer Gründung zu passionierten Schulmeistern, die ihren Schülern nicht nur Frömmigkeit und Theologie vermittelten, sondern auch das ganze damals gängige Spektrum weltlicher Bildung von der Philosophie bis zur Mathematik. Sie engagierten sich sehr bald auch als Universitätsprofessoren, Bildungsreformer und Gelehrte in verschiedensten wissenschaftlichen Disziplinen. Sie wurden zudem zu kaum zu überschätzenden Förderern der frühneuzeitlichen katholischen Kunst und Theaterkultur.[145] Kurz: Diese Ordensmänner zogen sich ganz bewusst *nicht* aus der Welt zurück, sondern sahen ihre höchste Berufung ganz im Gegenteil darin, sich so weit wie möglich in das Treiben der Welt hineinzubegeben. Damit waren sie ein Orden, wie es ihn im großen katholischen Universum bislang nicht gegeben hatte.[146]

Die Frage drängt sich auf: Was hatte ein derartig extrovertierter und weltzugewandter Orden wie die Gesellschaft Jesu jemandem wie dem Kartäuserschüler Peter Kanis zu bieten, der über Jahre hinweg gelernt hatte, dass der einzig wahre Weg der Gottsuche der Weg des radikalen Rückzugs aus der Welt war? Noch Ende 1541 hatte er ja seiner Schwester Wendelina im Brustton der Überzeugung geschrieben, man müsse wegen Gott „alles verlassen, was nicht Gott ist"[147]. Das war auch nach seiner Entscheidung gegen den Eintritt in den Kartäuserorden noch immer seine tiefste Überzeugung.

Eine erste Antwort auf diese Frage fällt leicht: Die Gesellschaft Jesu hatte ihm einen Peter Faber zu bieten, der eine außergewöhnlich eindrucksvolle Persönlichkeit gewesen sein muss. Peter Kanis, der „ein geborener Heldenverehrer"[148] war, war offensichtlich geradezu überwältigt vom Eindruck, den dieser Peter Faber auf ihn gemacht hat.[149] Er war nicht der Erste. Simão Rodrigues, ein früher Gefährte

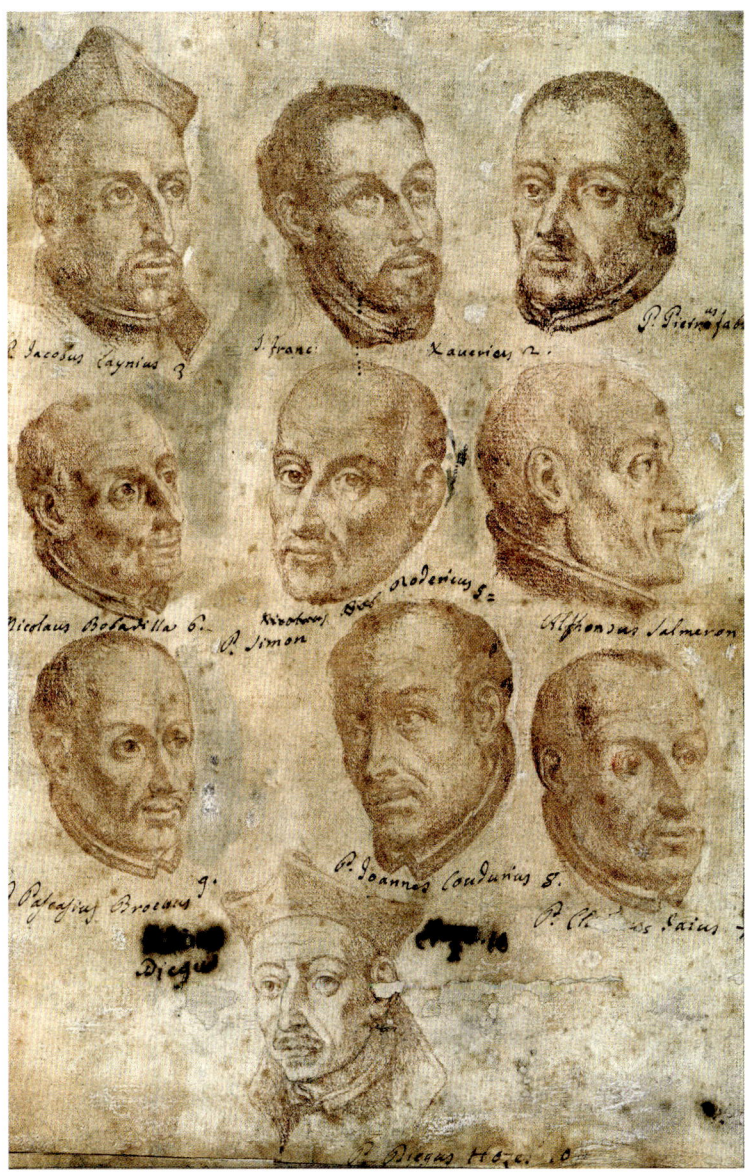

Die Gesellschaft Jesu ging aus einem Freundeskreis um Ignatius von Loyola hervor. Zu diesen hier abgebildeten Gründervätern gehörten unter anderem Peter Faber, der Petrus Canisius in den neuen Orden einge-führt hat, und Alfonso Salmerón und Claude Jay, mit denen er 1549 nach Deutschland geschickt wurde.

aus dem innersten Kreis der jungen Gesellschaft Jesu, hat die Ausstrahlung seines Mitbruders schlichtweg als „umwerfend"[150] bezeichnet. Ein später Bewunderer Peter Fabers hat seine Anziehungskraft damit erklärt, dass er eine geradezu „erlösende Aufmerksamkeit"[151] für seine Mitmenschen gehabt habe, der sich kaum jemand entziehen konnte – oder wollte. Klar ist: Egal wo er predigte, lehrte oder auch nur Gespräche mit Einzelnen führte, immer hinterließ er Begeisterte und Jünger, die religiös ganz neu Feuer gefangen hatten. Es überrascht auf diesem Hintergrund nicht, dass Ignatius von Loyola, der eigentliche Gründer und erste Generalobere der Gesellschaft Jesu, geurteilt hatte, dass niemand so gut darin war, Menschen durch die von ihm konzipierten *Geistlichen Übungen* (Exerzitien) zu begleiten, wie sein ehemaliger Zimmergenosse Peter Faber. Die eindrucksvolle Persönlichkeit Fabers dürfte tatsächlich so etwas wie ein menschliches Megaphon für das eigentliche Anliegen dieser *Geistlichen Übungen* gewesen sein, nämlich, das „Grundverständnis des christlichen Glaubens zu entfalten und weiterzugeben"[152]. Darin war er ein Meister.

Damit sind wir auch schon bei der zweiten, etwas komplexeren Antwort: Die Gesellschaft Jesu hatte dem jungen Peter Kanis mit Peter Faber nicht nur eine charismatische Figur erster Güte zu bieten, die seine religiöse Leidenschaft neu entzündete. Sie verfügte mit den methodisch ausgefeilten *Geistlichen Übungen* auch über eine einzigartige Anleitung, „in bezug auf die Einrichtung des eigenen Lebens und das Heil der Seele den Willen Gottes zu suchen und zu finden"[153]. Genau das war es, was Peter Kanis seit Jahren gesucht hatte, vor allem, seit er sich im Februar 1540 unerwarteterweise gegen das Kartäuserleben entschieden hatte: Er wollte mehr denn je herausfinden, was Gottes Wille für ihn war und wie er sein Leben dementsprechend einrichten konnte. Wenn es überhaupt möglich war, haben diese *Geistlichen Übungen* von Ignatius von Loyola auf ihn sogar einen noch größeren Eindruck gemacht als Peter Faber selbst. Genau

Als der Kölner Erzbischof Hermann von Wied (1477–1552) in den 1540ern immer stärkere Sympathien für die Reformation zeigte, wurde er nach dramatischen Konflikten schließlich abgesetzt. Petrus Canisius war als Gesandter des Kölner Klerus an Karl V. daran mitbeteiligt.

das, was sie versprochen hatten, haben sie in seinem Fall nämlich erfüllt. Sie gaben ihm die Lebensorientierung, die er Jahre zuvor verloren hatte.

Dass er sie überhaupt kennengelernt hat, verdankte er einem Zufall, den er selbst im Rückblick typischerweise als eine göttliche Fügung interpretiert hat:[154] Als er Anfang April 1543 von Köln nach Mainz kam, wo Faber im Auftrag des päpstlichen Nuntius Giovanni Morone als erster Jesuit im deutschsprachigen Raum Seelsorge betrieb,[155] hatte er von einem Jesuitenzögling, der nach Köln gekommen war, zwar schon gehört, dass dieser Faber ein außergewöhnlicher Mann war. Aber eigentlich war er nur als Briefträger für den Kartäuserprior Kalckbrenner unterwegs, der in Faber einen wertvollen Verbündeten gegen den Kölner Erzbischof Hermann von Wied sah, der damals gerade im Begriff war, zur Reformation überzulaufen. Kalckbrenner schrieb dem in katholischen Kreisen bereits berühmten Faber einen Brief, um ihn nach Köln zu holen, und schickte den jungen Peter Kanis damit Richtung Mainz. – Peter Faber muss allerdings sofort erkannt haben, dass er nicht nur einen einfachen Briefträger vor sich hatte, sondern einen jungen Mann mit Potenzial. An Kalckbrenner schrieb er am 12. April, wie sehr er sich über die Anwesenheit von Peter Kanis freute, der von Gott und seinen geistlichen Lehrern offensichtlich so hervorragend erzogen worden war und sich deshalb entschlossen hatte, „es nicht den jungen Leuten dieser Zeit gleichzutun"[156]. Er bot sich Peter Kanis als geistlicher Begleiter an, der sich ohne langes Federlesen dazu „überreden ließ, sofort die Geistlichen Übungen zu machen"[157]. Peter Fabers Überredungskunst sollte weltgeschichtliche Folgen haben.

Zunächst aber hatte sie massive persönliche Folgen für Peter Kanis selbst. Etwa vier Wochen lang – und damit in der idealtypischen Langform – ließ er sich von Peter Faber durch die *Geistlichen Übungen* führen. Was er in diesen vier Wochen innerlich durchgemacht hat, muss ihn in seinem Innersten erschüttert haben. Als er Anfang Mai mit der Betrachtung der Himmelfahrt Christi ans Ende dieses vielleicht wichtigsten Monats seines Lebens gekommen war, wurde er geradezu körperlich überwältigt. Die Tränen flossen und er „fühlte die Ergriffenheit am ganzen Leibe. Mein Geist glühte vor Andacht."[158] Unmittelbar danach schrieb er in einem Brief an einen Freund, es sei „kaum mit Worten zu beschreiben, wie sehr in den Geistlichen Übungen bei ihm [Faber] mein Herz und meine Seele sich geändert haben"[159]. Jetzt endlich wusste er nach so vielen Jahren der Unsicherheit und Ziellosigkeit, wohin seine spirituelle Reise in Zukunft gehen sollte.

An den Punkt zu kommen, wo er diese Entscheidung über die weitere Ausrichtung seines Lebens auch wirklich vorbehaltlos treffen konnte, war allerdings nicht nur ein Kampf von Peter Kanis mit sich selbst gewesen. Auch Peter Faber hatte sich offenbar mit voller Kraft dafür einsetzen müssen, dass sich der intensive geistliche Prozess sei-

Peter Faber (1506–1546) gehörte zu den Gründungsmitgliedern der Gesellschaft Jesu und ist bis heute für seine feinfühlige, tiefinnerliche Spiritualität berühmt. Er hat Petrus Canisius im Frühling 1543 die Exerzitien gegeben und dadurch seine jesuitische Berufung geweckt. Petrus Canisius hat ihn bis an sein Lebensende hoch verehrt.

nes Schützlings im Verlauf der *Geistlichen Übungen* im April 1543 nicht (ähnlich wie im Februar 1540) ins spirituell und biographisch Folgenlose verlief. In seinem Tagebuch von 1543 machte sich Faber nämlich Ende April und damit genau zu der Zeit, als er Peter Kanis durch die *Geistlichen Übungen* begleitete, eine Notiz, die man kaum anders lesen kann, als einen Kommentar zu den Herausforderungen, mit denen er gerade konfrontiert war.[160] Es gab Menschen, so stellte Faber darin fest, die im Verlauf der *Geistlichen Übungen* „stets von ein und demselben Geist angeregt scheinen"[161]. Das Problem dieser Menschen war nach seiner Einschätzung Folgendes: Sie konnten sich nie wirklich zu einer Entscheidung über die grundsätzliche Richtung ihres spirituellen Lebens durchringen, weil sie bewusst oder unbewusst der Überzeugung waren, ohnehin von einem guten Geist angetrieben zu sein. Eine wirklich verantwortete Grundsatzentscheidung über die Ausrichtung des eigenen Lebens konnte allerdings nicht einfach aus einer allgegenwärtigen Begeisterung für einen spirituellen Stil – für einen bestimmten Geist – heraus gefällt werden. Es war geradezu ein Grundprinzip der *Geistlichen Übungen*, dass eine solche Grundsatzentscheidung nur aus einem Abwägen und Auswählen zwischen verschiedenen Alternativen für die eigene geistliche Entwicklung entspringen kann – mit einer theologischen Lieblingsformel der Jesuiten gesprochen: aus einer Unterscheidung der Geister.[162] Wo solche Alternativen fehlten, gab es ein Problem: Es konnte nicht zu einer existenziell tragfähigen Entscheidung kommen.

Diese Problembeschreibung passt perfekt auf den spirituellen Zustand von Peter Kanis vor den *Geistlichen Übungen*. Er war ja seit vielen Jahren vom kartäusischen Geist geradezu durchdrungen und hatte sich nach seinem Entschluss gegen das Leben als Kartäuser im Februar 1540 sogar noch tiefer in diesen Geist vergraben. Das bedeutete aber auch, dass er trotz seiner äußerlichen Entscheidung gegen das kartäusische Leben innerlich nicht für einen anderen Geist frei war und damit für die Möglichkeit, dass Gott vielleicht etwas anderes mit ihm vorhatte. Peter Faber wusste aber, wie er in seinem Tagebucheintrag von Ende April weiter festhielt, ein „höchst wirksames Mittel, die erstrebte Scheidung der Geister herbeizuführen"[163]. Es sei erfahrungsgemäß hilfreich, demjenigen, der in den *Geistlichen Übungen* nicht aus eigenem Antrieb in die wichtige kritische Situation der Scheidung der Geister kommt, „die Lebens- und Standeswahl vorzulegen und nachher die verschiedenen Grade des Vollkommenheitsstrebens in dem erwählten Lebensstand"[164]. Anders ausgedrückt: Man musste ihm Möglichkeiten aufzeigen, wie er als der Gottsucher, der er sein wollte, über sich und seine kühnsten Träume und Wünsche für sich selbst – den Geist, der ihn momentan innerlich ausschließlich bewegte – hinauswachsen konnte. Denn, so Faber in seinem Tagebucheintrag weiter: „Je Größeres du einem zu unternehmen, zu hoffen, zu glauben oder liebzugewinnen vorlegst, daß er sich ihm mit Herz und Tat widme, um so leichter gibst du ihm einen Stoff, der die Scheidung zwischen dem guten und dem bösen Geist herausfordert."[165]

Wir wissen zwar leider nicht, wie Faber bei dieser offenbar so erfolgversprechenden Strategie im Detail vorgegangen ist. Wir wissen nur, dass er damit tatsächlich Erfolg hatte und Peter Kanis endlich dafür reif machte, eine Entscheidung darüber zu fällen, wie sein zukünftiges Leben konkret aussehen sollte. Aus dem neuen Horizont an Möglichkeiten, der ihm durch seinen gewieften geistlichen Begleiter Peter Faber offensichtlich aufgerissen worden war, zog er folgenden Schluss: Das Größte, was er aus seinem Leben machen konnte, war so zu leben wie Peter Faber: als Mitglied der Gesellschaft Jesu, als Jesuit. Er hatte erkannt, „dass die Einrichtung der Gesellschaft Jesu […] wohl geeignet sei, mich zu einem guten, gottseligen Leben und zum Dienste Gottes anzuleiten und mir großen Segen zu bringen"[166].

Kaum war er zu dieser Erkenntnis gekommen, ging es auch schon Schlag auf Schlag. Während er im Februar 1540 nach intensiven Jahren der Vorbereitung dann doch vor dem Eintritt in die Kölner Kartause intuitiv zurückgeschreckt war, hatte sich im Frühling 1543 nach nur einem knappen Monat an *Geistlichen Übungen* bei ihm der Knoten endlich gelöst. Er trat praktisch unmittelbar danach in die Gesellschaft Jesu ein. Am 8. Mai und damit genau an seinem 22. Geburtstag legte er seinem geistlichen Geburtshelfer Peter Faber gegenüber das Gelübde ab, dass er sich „von jetzt an unter den Gehorsam der Gesellschaft, die den Namen Jesu Christi trägt, stellen will"[167].

Dieser Schritt änderte in seinem spirituellen Haushalt alles – und dann doch wieder nicht. Tatsächlich hatte vieles von dem, was er im Umfeld der Kartäuser gelernt hatte, auch im jesuitischen Leben bestens Platz. Die religiöse Leistungsbereitschaft gehörte genauso dazu wie die dezidiert katholische Rechtgläubigkeit und die damit verbundene Ablehnung der Reformation in allen ihren Ausprägungen. Auch die betonte Individualität der religiösen Praxis verband die kartäusische und die jesuitische Spiritualität. So wie die Kartäuser mit Nachdruck „ein individuelles religiöses Leben"[168] führen wollten, so hatte auch Ignatius von Loyola seine Jesuiten auf den „Primat der persönlichen spirituellen Erfahrung"[169] verpflichtet. Dass auch Ignatius von Loyola am Beginn seiner religiösen Biographie ernsthaft darüber nachgedacht hatte, Kartäuser zu werden, hatte also seine guten Gründe; es gab eine tiefe Verwandtschaft zwischen dem ignatianischen und dem kartäusischen Geist. Noch dazu war Peter Kanis mit Peter Faber genau an denjenigen Jesuiten geraten, der wie kein anderer in der frühen Gesellschaft Jesu für die Tendenz zur individuellen Verinnerlichung und Mystik stand und deshalb sogar als „Retter dieser Innigkeit, die sonst sich verflüchtigte"[170], bezeichnet worden ist. Es zeigt sich dementsprechend gerade in den seltenen Momenten seiner tiefsten mystischen Erfahrungen – 1549 in Rom und 1568 in Ancona –, dass Petrus Canisius auch als Jesuit weiterhin tief vom kartäusischen Geist geprägt war.

Dass ihm die Versöhnung seiner kartäusischen Vergangenheit mit seiner jesuitischen Zukunft wichtig war, kann man übrigens auch an einem anderen Vorfall sehr schön erkennen: Nikolaus van Essche war alles andere als erfreut gewesen, als Peter in die Gesellschaft Jesu eingetreten war. Zu neu, zu ungewohnt war ihm dieser seltsame neue Orden, der so anders funktionierte als das, was er unter einem echten Ordensleben verstand. Dass gerade sein wahrscheinlich begabtester Schützling sich dieser ominösen Truppe angeschlossen hatte, konnte er nur schwer verwinden. Im Jänner 1545 reiste Peter zu ihm, um eine Versöhnung zustande zu bringen – mit Erfolg. An Peter Faber schrieb er, dass sie sich nicht nur auf einer persönlichen Ebene miteinander versöhnt hatten, sondern van Essche auch programmatisch „jetzt ganz auf unserer Seite"[171] sei. Man hört die Erleichterung durch, dass auch sein alter kartäusischer Lehrmeister seinem neuen jesuitischen Leben seinen Segen erteilt hat.

Die Gemeinsamkeiten zwischen dem kartäusischen und dem jesuitischen Geist waren also durchaus bemerkenswert; das dürfte dem jungen Peter Kanis seinen Eintritt in die Gesellschaft Jesu erleichtert haben. Diese geistige Nähe hat sehr bald konkrete Auswirkungen nach sich gezogen, für die Peter Kanis zu einem nicht unerheblichen Teil mitverantwortlich war. Gerade seine Freunde in der Kölner Kartause betrachteten die Jesuiten schon früh als wertvolle Verbünde-

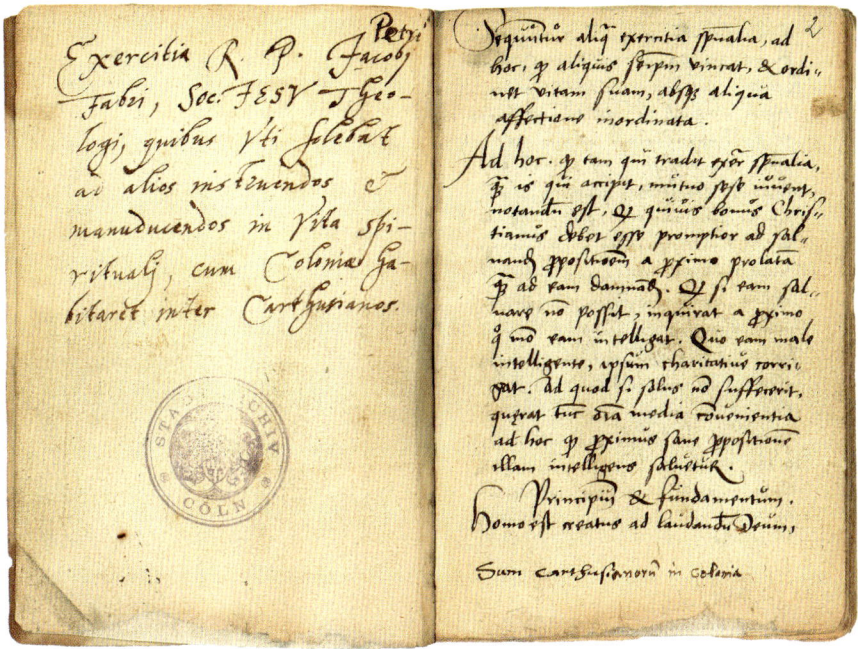

Als Peter Faber den jungen Petrus Canisius im Frühling 1543 durch die ignatianischen *Geistlichen Übungen* (Exerzitien) führte, benutzte er dieses handschriftliche Exemplar des damals noch nicht gedruckten Exerzitienbuches von Ignatius von Loyola. Es befindet sich heute im Stadtarchiv Köln.

te – für ihre eigene geistliche Entwicklung, vor allem aber für ihren Kampf gegen die Reformation, den sie selbst bevorzugt literarisch führten. Sie ließen sich schon im Sommer 1543 von Peter Faber die *Geistlichen Übungen* geben und erwarteten von ihm auch Schützenhilfe gegen ihren beunruhigend reformationsfreudigen Erzbischof Hermann von Wied. Es ist kein Zufall, dass das zweitälteste erhaltene handschriftliche Exemplar des Exerzitienbuches gerade in Köln aufbewahrt worden ist.[172] Es handelt sich noch dazu mit größter Wahrscheinlichkeit um das Exemplar, das Peter Faber dabei verwendet hat, um Peter Kanis durch die *Geistlichen Übungen* zu begleiten. Als diese ausgefeilte Anleitung für die Begleiter der *Geistlichen Übungen* im Jahr 1548 schließlich in ihrer verbindlichen Form gedruckt wurde, übersandte Ignatius ein Jahr später wie selbstverständlich auch ein Exemplar an die Kölner Kartause.[173] Und als es Mitte der 1550er Jahre mit der Errichtung eines Jesuitenkollegs in Köln konkret wurde, wies die römische Ordensleitung die Kölner Jesuiten an, sie sollten bei ihren Vorbereitungen „vor allem dem Urteil des hochwürdigen Pater Prior der Kartause"[174] folgen. Bereits 1544 war es zu einem Grundsatzbeschluss des kartäusischen Generalkapitels gekommen, wonach alle geistlichen Verdienste der Kartäuser in Zukunft auch den Jesuiten zugutekommen sollten. Wie nachhaltig die auffallend enge geistliche Verbundenheit zwischen den Kartäusern und der Gesellschaft Jesu war, zeigte sich noch nahezu ein halbes Jahrhundert später, als die Jesuiten im Jahr 1593 zu ihrer fünften Generalkongregation zusammenkamen. Zu diesem Anlass proklamierten sie eine „Gemeinschaft der Brüderlichkeit" mit dem Kartäuserorden.[175] Darüber dürfte sich der altgewordene Petrus Canisius in seinem Exil im schweizerischen Freiburg gefreut haben. Nur vier Jahre vor seinem Tod erhielt er damit so etwas wie eine hochoffizielle Bestätigung, dass sein Leben als Vollblutjesuit mit einer zugleich stark kartäusisch geprägten Geistigkeit dem Profil der Gesellschaft Jesu geradezu beispielhaft entsprach.

Und trotzdem: Es war nicht erst dem alten, sondern auch schon dem jungen Petrus Canisius sonnenklar, dass ein Jesuit kein verkappter Kartäuser war, im Gegenteil. Die bemerkenswerten Ähnlichkeiten, die es in ihren Lebensentwürfen gibt, machen den einen kapitalen Unterschied letztlich umso greller deutlich: Dass die Jesuiten nämlich eine kaum zu überblickende Bandbreite an Aufgaben in der Kirche und in der Welt übernommen haben, liegt nicht einfach an der Tatsache, dass sie von außen – von Päpsten, Bischöfen, Fürsten und Stadträten – immer wieder dazu gedrängt worden sind. Der eigentliche Grund liegt tiefer, nämlich in ihrem spirituellen Selbstverständnis. Diesem zufolge besteht ihre Berufung nicht in der Selbstheiligung im Rückzug aus der Welt, sondern darin, anderen Menschen dort zu Hilfe zu kommen, wo sie Hilfe nötig hatten. Dieses Grundanliegen ist von Jerónimo Nadal schon sehr früh mit der berühmtgewordenen lateinischen Kurzformel „iuvare animas" – *den Seelen helfen* – auf den Begriff gebracht worden. Dem Jesuiten durfte es demnach gerade als Ordensmann nicht primär darum gehen, seine eigene Seele zu retten; es musste ihm immer zuerst um die Seelen der anderen gehen. Dafür musste er im Zweifelsfall sogar bereit sein, seine eigene Innerlichkeit im Gebet, in der Betrachtung und in anderen religiösen Praktiken der Selbstvervollkommnung zu Gunsten seiner äußeren Aufgaben bei der Hilfe anderer zu opfern. Was sich in Jahrhunderten des katholischen Ordenslebens bewährt hatte, musste er ohne Zögern aufgeben, wo das Prinzip des „iuvare animas" das verlangte – also dann, wenn es mitten in der Welt Probleme gab. Und Probleme gibt es erfahrungsgemäß immer. Ein Jesuit war nach diesem Selbstverständnis dort am meisten ein Jesuit, wo er „im Gedränge äußerer Arbeit und nicht in abgeschiedener Stille der Beschauung nach christlicher Vollkommenheit"[176] strebte. Er musste geographisch beweglich sein, um dorthin zu gehen, wo seine Arbeit gerade nötig war; vor allem aber musste er geistig beweglich sein, um in den oft rasch wechselnden Aufgabenfeldern – im Krankenhaus, in der Schule, an Fürstenhöfen, bei Diözesansynoden, bei der Volksmission, auf Reichstagen – möglichst erfolgreich zu wirken.

Und damit sind wir bei der dritten und entscheidenden Antwort auf die Frage, was die Gesellschaft Jesu dem jungen Peter Kanis zu bieten hatte: Nicht nur eine charismatische Lichtgestalt in Peter Faber und auch nicht nur eine methodische Entscheidungshilfe für die effektive Neuausrichtung seines religiösen Lebens in den *Geistlichen Übungen*. Sie hatte ihm die ganze Welt zu bieten – im wahrsten Sinn des Wortes. „Die Welt ist unser Haus", hatte Jerónimo Nadal seinen Mitbrüdern als Motto mit auf den Weg gegeben.[177] Die Welt – und nicht der Rückzug aus der Welt – war die Lebensform des Jesuiten.

Im Frühling 1543 fiel es Peter Kanis wie Schuppen von den Augen: Sie war auch seine Lebensform.

Die zweite Bibel der *Devotio moderna*, die spätmittelalterliche Erbauungsschrift *Nachfolge Christi* von Thomas von Kempen, hatte noch die klare Parole ausgegeben, dass diejenigen, die häufig reisen, nur sehr selten die Heiligkeit erreichen.[178] Die Kartäuser lasen eifrig in diesem Buch und nickten dazu in ihren Zellen, die sie kaum einmal verließen. Die ersten Jesuiten lasen dieses Buch ebenso eifrig und ließen sich davon nicht weiter stören. Sie reisten wie selbstverständlich in der ganzen Welt herum, denn es galt ja nicht in erster Linie, für sich selbst Heiligkeit zu erreichen, sondern anderen zu helfen, die an allen möglichen und unmöglichen Orten der Welt Hilfe nötig hatten. Franz Xaver, nach Ignatius seinerzeit der berühmteste Jesuit, war schon 1541 nach Osten gegangen und hatte als Missionar weite Teile Asiens bereist. Es waren ja die Seelen der heidnischen Inder und Japaner zu retten, die vom Evangelium bisher nichts gehört hatten. Peter Faber wiederum hatte im Auftrag seines Ordens und des Papstes in wenigen Jahren eine geradezu unmenschlich umfangreiche Reisetätigkeit zwischen Italien, dem römisch-deutschen Reich und Spanien bzw. Portugal absolviert. Er wurde davon so ausgezehrt, dass er im August 1546 im Alter von gerade einmal 40 Jahren starb. Aber er hatte seine jesuitische Berufung erfüllt und ungezählten Menschen in ihren religiösen Nöten geholfen. Die beiden sind nur zwei besonders prominente Beispiele von zahlreichen anderen aus der Frühzeit der Gesellschaft Jesu.

Peter Kanis, der so lange von sich gemeint hatte, er müsste es in dieser Sache mit den Kartäusern halten und im Kloster ein Leben des Rückzugs von der Welt führen, dem scheinbar einzigen Ort, wo man wirklich ernsthaft religiös leben konnte, kam drauf, dass er in seinem tiefsten Inneren doch ganz anders, nämlich wie diese Männer aus der Gesellschaft Jesu war. Er war „extrem peripatetisch"[179] – extrem wanderlustig – veranlagt und für ein klösterliches Leben offensichtlich

„von Natur aus zu unruhig"[180]. Und er war vorbehaltlos dazu bereit, als religiöse Feuerwehr zu fungieren und dorthin zu gehen, wo es gerade brannte. Dass er sich mit dem Eintritt in den Jesuitenorden für eine „von Unrast gezeichnete Laufbahn"[181] entschied, entsprach seinem Temperament. Oder biographisch umgelegt: Er war ein Macher – und hatte damit das Temperament seines politisch umtriebigen Vaters Jacob Kanis geerbt, von dem er sich zu Gunsten des kartäusischen Lebens doch eigentlich abgenabelt hatte. Das hatte ihn 1540 nach Jahren der Vorbereitung vom Eintritt in den beschaulichen Kartäuserorden abgehalten – und 1543 nach nur einem Monat Probezeit in den *Geistlichen Übungen* in die von aktivistischer Energie durchpulste Gesellschaft Jesu getrieben. In diesen *Geistlichen Übungen* war ihm nämlich aufgegangen, dass sein vom Vater ererbtes Macher-Temperament und sein Wunsch nach einem vorbehaltlos religiösen Leben wider Erwarten doch miteinander vereinbar waren – und zwar eben in der jungen Gesellschaft Jesu, die ein Orden von religiösen Machern war und die nicht das Kloster, sondern die Welt in all ihrer Weltlichkeit als den Ort sah, wo sich ihre religiöse Berufung zu bewähren hatte. Das war für Peter Kanis die umwälzende existenzielle Offenbarung des Frühlings 1543, die sein ganzes zukünftiges Leben unter ein völlig neues Vorzeichen stellte.

Dass er ab der zweiten Hälfte der 1540er Jahre in jesuitischem Auftrag Zehntausende von Kilometern von Sizilien bis Polen größteils zu Fuß zurückgelegt hat und dass er dabei Gärtner, Küchengehilfe, Lehrer, Uni-Professor, Rektor, Konzilstheologe, Domprediger, Exorzist, Hofprediger, Provinzial, Schriftsteller, Übersetzer, Herausgeber, bischöflicher Intimus, kaiserlicher Berater, päpstlicher Agent, Kontroverstheologe, Geistlicher Begleiter, Wiener Diözesanadministrator, Gefangenenseelsorger und Volksmissionar gewesen ist, erklärt sich aus dieser unbedingten jesuitischen Berufung in die Welt hinein. Egal, was sich an Aufgaben in der Welt auftat, er übernahm sie. Er wurde schon bald so etwas wie das Ass im Ärmel seiner Ordensoberen, die ihn immer dort eingesetzt haben, wo gerade Not am Mann war. Dieser jesuitischen Berufung hat er sich ganz und gar hingegeben.

Das erklärt übrigens auch seinen für heutige Begriffe nur schwer nachvollziehbaren Enthusiasmus für den Ordensgehorsam. Dieser Enthusiasmus hat zwar zweifellos auch etwas mit seinem Naturell und dem damaligen katholischen Zeitgeschmack zu tun. Gehorsam galt traditionell als gottgefällige asketische Übung, um seine eigenen Schwächen abzutöten, und das spielte auch bei Petrus Canisius immer wieder eine große Rolle; dazu war er zu stark vom asketischen Geist der Kartäuser geprägt. Vor allem aber war der Gehorsam für ihn die spirituelle Innenseite seiner aktivistischen Außenseite. Erst diese spirituelle Innenseite ermöglichte ihm seinen vollen Einsatz für die Welt. Wenn er davon sprach, dass der „heilige Gehorsam [...] jeden Ort zu einem Paradies"[182] macht, oder dass „die rückhaltlose Hingabe im Gehorsam"[183] sein größter Trost sei, dann meinte er damit einen Gehorsam, der es ihm ermöglichte, „losgelöst von allem sein"[184] zu können. Er band sich nicht an einen Ort, an eine Aufgabe oder an eine innere Vorliebe. Der Gehorsam war für ihn das spirituelle Hilfsmittel, um innerlich frei und beweglich zu bleiben, um im Dienst seines Ordens dorthin zu gehen, wo seine Hilfe gerade am dringendsten nötig war.[185] Der von seiner unermüdlichen Arbeit beeindruckte Papst Pius IV. schrieb ihm in einem persönlichen Brief vom März 1561: „Eile voran, Sohn, wie du begonnen, und bemühe dich weiter, daß du den größten Gewinn an Seelen machst"[186]. Er hat damit ein zentrales Anliegen von Petrus Canisius – und der Gesellschaft Jesu insgesamt[187] – auf den Punkt gebracht.

Es ist zu Recht darauf hingewiesen worden, dass man zur Charakterisierung des geistlichen Lebens von Petrus Canisius darauf angewiesen ist, „die Quellen des geistlichen Lebens zu untersuchen, die er selbst für andere geschaffen hat"[188]. Das heißt aber nicht, dass man keinen Zugang zu seinem geistlichen Innenleben hat und deshalb notgedrungen auf seine seelsorgliche Arbeit bei anderen schauen muss. Geistliche Quellen für andere zu schaffen, war nämlich für ihn als Jesuit nicht nur eine äußerliche Arbeit, sondern tatsächlich auch die Quelle seines persönlichen geistlichen Innenlebens.

Petrus Canisius hat sich im Laufe seines Lebens bei etlichen Gelegenheiten in diesem Sinne darüber geäußert, dass seine jesuitische Berufung für ihn in erster Linie eine Berufung zur Arbeit für andere mitten in der Welt war. Im Februar 1545 erklärte er einem seiner brieflichen Gesprächspartner die Eigenart der noch weitgehend unbekannten Jesuiten mit der Kurzformel, „wir arbeiten für das Seelenheil der andern Menschen"[189]. Knapp vierzig Jahre später, im Jänner 1583, legte er in einer Denkschrift an den Ordensgeneral Claudio Acquaviva eine Art jesuitisches Glaubensbekenntnis ab, indem er feststellte, „die Aufgabe des Jesuiten ist, nicht bloß für das eigene, sondern auch für das Heil und die Vervollkommnung des Nächsten zu sorgen und zu arbeiten"[190]. Nirgendwo kommt aber eindrucksvoller zum Ausdruck, wie sehr er seine jesuitische Berufung als eine Berufung im Sinne von Nadals „iuvare animas" verstand, als in einem Brief vom Februar 1559. Nach mehreren Monaten in Polen war er gerade im Begriff, das Land wieder zu verlassen, das er als einen Abgrund der religiösen, kulturellen und moralischen Barbarei wahrgenommen hat, gegen den das von der Reformation verwüstete Deutschland wie ein Hort der Zivilisation war. Aber gerade weil die Zustände hier so katastrophal waren, waren Polen und die angrenzenden, sogar noch barbarischeren östlichen Nachbarländer nach seiner Überzeugung ein äußerst vielversprechendes Feld für die zukünftige Arbeit der Gesellschaft Jesu.[191] An seinen Ordensgeneral Diego Laínez schrieb er damals: „Je trauriger, ja je verzweifelter die Dinge nach dem Urteil der Welt sind, um so mehr wird es unsere Pflicht sein, Hilfe zu bringen, wenn die Lage verzweifelt steht, weil wir aus der Gesellschaft Jesu sind."[192]

Das eigentlich Eindrucksvolle bei all dem ist aber: Er hat nicht nur in frommem – manchmal allzu frommem – Ton über das unermüdliche Engagement des Jesuiten in der Welt als Inbegriff ihrer Spiritualität geschrieben. Er hat dieses Engagement in den mehr als fünfzig Jahren seines Lebens in der Gesellschaft Jesu auch rückhaltlos gelebt. Dass die mystisch-innerliche Religiosität seines frühen kartäusisch geprägten Lebens in seinem Leben als Jesuit spürbar zurücktritt und demgegenüber das „Rationale und Voluntaristische der ignatianischen Frömmigkeit"[193] – das rationale Abwägen, wo der Einsatz im Sinne des „iuvare animas" besonders effektiv sein dürfte – vorherrschend wird, ist offensichtlich. Das ist aber keine spirituelle Oberflächlichkeit oder der Ausverkauf der religiösen Innerlichkeit an einen religiösen Aktivismus. Es ist das Resultat des typisch jesuitischen Ethos, demzufolge das Engagement für die anderen ungleich wichtiger ist als die Perfektionierung der eigenen spirituellen Innerlichkeit. Dem Jesuiten ist es gerade in seiner Spiritualität nicht erlaubt, um sich selbst zu kreisen – auch dann nicht, wenn es bei diesem Um-sich-selbst-Kreisen um das Bedenken der eigenen Unwürdigkeit vor Gott geht, das die spätmittelalterliche deutsche Mystik so sehr beschäftigt hat. Sein Ich – auch sein spirituelles Ich – ist für den Jesuiten relativ unwichtig. Aber nicht, weil es im Vergleich zu Gott so unbedeutend und nichtig ist (Mystik), sondern weil es im Vergleich zum Seelenheil der anderen, für das er sich ohne jeden Vorbehalt einsetzen muss, immer zweitrangig ist und das unbedingt bleiben muss (Weltengagement).

Das war die bahnbrechende spirituelle Erkenntnis dieses Frühlings 1543, die mit einem Schlag aus einem Beinahe-Kartäuser einen ganzen Jesuiten gemacht hat. Damit war das spirituelle Koordinatensystem ausgespannt, in dem sich Petrus Canisius in seinem zukünftigen Leben bewegt hat.

3. Kapitel

Zwischen Kollegien und Konzil

Jesuitenkollegien:
Petrus Canisius und die Neuerfindung
der Gesellschaft Jesu

1543 war das Wendejahr im Leben des Petrus Canisius. Nachdem er sich jahrelang eingeredet hatte, dass er in ein weltabgeschiedenes Kloster gehörte (und dann doch vor dem Schritt in ein solches Kloster zurückgeschreckt war), hatte er unter dem Eindruck der *Geistlichen Übungen* bei Peter Faber schlagartig erkannt, dass er für ein anderes Leben gemacht war. Er gehörte in die Welt hinein, und zwar als Jesuit und damit als jemand, der seine religiöse Berufung darin fand, „überall zur Arbeit im Weinberg des Herrn bereit"[194] zu sein. Im Mai 1543 trat er der Gesellschaft Jesu bei.

Paradoxerweise schloss Petrus Canisius seine religiöse Selbstfindungsphase ab, indem er in einen Orden eintrat, der sich gerade mitten in seiner eigenen Selbstfindungsphase befand. Die Frage, die sich der jungen Gesellschaft Jesu mit ihrer überschießenden Lust an der Weltgestaltung in diesen Jahren immer stärker aufdrängte, lautete: Was ist der effektivste Weg, um die Welt wirklich tiefgreifend gestalten zu können?

Die ersten Jesuiten hatten diese Frage bisher je nach Situation höchst unterschiedlich beantwortet und die verschiedensten Missionen und Aufträge übernommen, die ihnen untergekommen waren. Sie waren dabei auch oft sehr erfolgreich gewesen. Allerdings hatten sie keinen umfassenderen Plan vor Augen gehabt, wie sie die Welt am besten und nachhaltigsten gestalten könnten. Die Gefahr, dass die Jesuiten sich in unkoordinierten Einzelaktionen und planlosem

Aktivismus aufzehren würden, war in den ersten Jahren ihres Bestehens massiv.

Fünf Jahre später änderte sich das praktisch über Nacht. So wie 1543 das Wendejahr im Leben von Petrus Canisius gewesen war, so wurde 1548 zum Wendejahr für die Gesellschaft Jesu. In diesem Jahr wurde sie von außen darauf gestoßen, dass ihre Lust am Engagement in der Welt sich nicht in zufälligen einzelnen Aufgaben erschöpfen durfte, so wichtig diese Aufgaben im Einzelfall auch sein mochten. Ihr Engagement in der Welt war nur dann wirklich effektiv, wenn es einen klaren Fokus hatte – und dieser Fokus musste die Erziehungs- und Bildungsarbeit sein: Im Jahr 1548 erkannten die Jesuiten, dass sie Lehrer werden mussten. Petrus Canisius war mittendrin, als diese Erkenntnis den Orden wie im Sturm erfasste und ihn ganz neu ausrichtete. Das kam so:

Als die Stadtväter des sizilianischen Messina im Jahr 1547 Lehrer für ihre städtische Schule suchten, verwies sie der spanische Vizekönig Juan de Vega an Ignatius von Loyola, den Gründer und ersten Ordensgeneral der Gesellschaft Jesu.[195] Das war damals alles andere als naheliegend. Zwar hatten sich die Jesuiten in den gerade einmal sieben Jahren ihres Bestehens bereits einen guten Namen gemacht als schnelle und effiziente Eingreiftruppe in den unterschiedlichsten Situationen. Der Papst, dem sie sich noch dazu in einem besonderen Gelübde eigens verpflichtet hatten, hatte bereits mehrfach dankbar auf sie zurückgegriffen, beispielsweise indem er sie seinen religions- politischen Gesandten als theologische Berater zur Seite stellte. Auf diese Weise war Peter Faber 1540 im Tross des päpstlichen Gesandten Pedro Ortiz ins deutsche Rheinland gekommen. Und als der König von Portugal Missionare für Indien brauchte, hatte sich Franz Xaver ohne zu zögern dafür zur Verfügung gestellt und war 1541 mit einer portugiesischen Flotte nach Asien gesegelt. – Das Aufgabenspektrum der Jesuiten war also von Anfang an äußerst vielfältig: Immerhin hatten sie sich in ihrem Gründungsdokument von 1539/40 ja auch ausdrücklich dazu bereiterklärt, schlichtweg alles zu tun, „das zum Fortschritt der Seelen und zur Verbreitung des Glaubens gehört"[196], und zwar „ohne jede Ausflucht oder Entschuldigung"[197].

Aber die Jesuiten als Lehrer? Konnte auch der Betrieb einer städtischen Schule ohne ausgeprägt religiösen Charakter zum „Fortschritt der Seelen und zur Verbreitung des Glaubens" beitragen? In ihrem Gründungsdokument war wohl davon die Rede, dass auch die „Unterrichtung von Kindern und einfachen Menschen im Christentum"[198] zum Aufgabenprofil der Gesellschaft Jesu gehörte. Aber damit war ursprünglich nur die alters- und vorbildungsangepasste Vermittlung eines elementaren religiösen Wissens – des Glaubensbekenntnisses, des Vaterunsers, der Zehn Gebote – durch Predigt und „spontane Ansprache"[199] gemeint gewesen, bevorzugt auf öffentlichen Straßen und Plätzen.[200] Schulische Bildung und Ausbildung waren eine ganz andere Angelegenheit. Dazu brauchte man ein entsprechend ausgebildetes Lehrerkollegium, das sich langfristig darauf verpflichtete, für eine konsequente und systematische Erziehung der über das Abc hinausgewachsenen Schüler zu sorgen.[201] Einem solchen Lehrerkollegium durfte es auch nicht nur um religiöse Erziehung gehen, sondern um die ganze Breite des damals gängigen Bildungskanons mit seinem Schwerpunkt auf der Kultivierung der sprachlichen und argumentativen Fertigkeiten der Schüler. Ein solches Lehrerkollegium konnte dementsprechend nicht, wie es die Ordenssatzungen für Volljesuiten eigentlich vorsahen, von Almosen leben, sondern war auf eine stabile finanzielle Basis angewiesen: Lehrer mussten Unterricht halten und nicht Almosen sammeln gehen. Lehrer brauchten Lehrbücher und andere Lehrmaterialien. Lehrer brauchten ein adäquates Schulgebäude und eine möglichst nahegelegene Unterkunft. Und Lehrer konnten vor allem nicht so beweglich sein, wie sich das die ersten Jesuiten von ihrer Gemeinschaft eigentlich vorgestellt hatten; mindestens mittelfristig waren sie an ihre Schüler und ihre Schulen gebunden. Kurz: Wenn aus Jesuiten wirklich Lehrer werden sollten,

Der baskische Edelmann Ignatius von Loyola (1491–1556) gründete
1540 mit Studienfreunden den wichtigsten katholischen Orden der
Neuzeit, die Gesellschaft Jesu. Als Ordensgeneral hat er auch auf
die Biographie von Petrus Canisius großen Einfluss ausgeübt.
Gemälde von Peter Paul Rubens, um 1617.

Zwischen Kollegien und Konzil

müssten sie anders leben, als Ignatius und seine ersten Gefährten es ursprünglich für die Mitglieder ihrer Gesellschaft Jesu vorgesehen hatten. Die ursprüngliche „Berufung zum Wanderprediger" müsste zwangsläufig „von der Existenzweise des ortsgebundenen Schulmeisters überlagert" werden.[202]

Mit einer solchen alternativen Lebensform hatte der Orden bereits Mitte der 1540er Jahre im spanischen Gandía und im indischen Goa experimentiert. Dort waren sogenannte Kollegienhäuser errichtet worden, die in erster Linie dem Zweck dienten, den innerjesuitischen Ausbildungsbetrieb mit einem ordenseigenen Lehrerkollegium abzusichern.[203] Aber sollte man auf den Wunsch des spanischen Vizekönigs eingehen und dieses Modell der Jesuitenkollegien auch für den Betrieb einer öffentlichen Schule von halbwüchsigen Buben adaptieren, die für zukünftige Aufgaben in Politik und Gesellschaft ausgebildet wurden? Widersprach die damit verbundene langfristige Verpflichtung auf eine ganz bestimmte, nämlich eine pädagogische Aufgabe, durch die die Ressourcen des Ordens langfristig gebunden wurden, nicht geradezu eklatant dem Gründungsgeist der Jesuiten der unbedingten Mobilität und Verfügbarkeit? Durfte man sich von der Finanzierung durch die öffentliche Hand – im konkreten Fall: den Stadtrat von Messina – abhängig machen? Verfügte man im Orden überhaupt über das Personal, um eine solche Schule sinnvoll betreiben zu können? Und nicht zuletzt: Konnte man dem spanischen Vizekönig von Sizilien sein Anliegen abschlagen, ohne sich bei Spanien und damit bei der wichtigsten katholischen Macht des 16. Jahrhunderts nachhaltig unbeliebt zu machen?

Als Ignatius von Loyola am Beginn des Jahres 1548 diese schwierigen Fragen in seinem kleinen römischen Studierzimmer wälzte, befand sich Petrus Canisius ganz in seiner Nähe. Etwa ein halbes Jahr zuvor war er nach Rom gekommen und Teil der dortigen Jesuitengemeinschaft geworden. Er konnte zwar erst auf knapp fünf Jahre als Jesuit zurückblicken, aber in dieser relativ kurzen Zeit hatte er mehr erlebt und vor allem mehr getan als viele andere in einem ganzen Leben. Man dürfte sich kaum verspekulieren, wenn man annimmt, dass Ignatius nicht zuletzt auch an ihn und seine mittlerweile bis in höchste Ordenskreise bekannte Einsatzbereitschaft und seine offensichtlichen Talente gedacht hat, als er darüber sinnierte, ob die Gesellschaft Jesu die Ressourcen hatte, um auf den kuriosen Wunsch aus Messina einzugehen. Petrus Canisius war ganz offensichtlich ein Macher und falls man sich wirklich auf das schulische Experiment in Messina einlassen würde, dann brauchte man Leute wie ihn.

Der Leistungskatalog von Petrus Canisius aus einem halben Jahrzehnt als Jesuit war tatsächlich eindrucksvoll: Nachdem er Anfang 1544 mit Hilfe seines väterlichen Erbes die erste deutsche Ordensniederlassung in Köln auf die Beine gestellt hatte, war er unmittelbar in die heftigen religionspolitischen Stürme hineingeraten, die damals das römisch-deutsche Reich bis in seine Grundfesten hinein erschütterten: Der Kölner Erzbischof Hermann von Wied war Mitte der 1540er kurz davor, zur Reformation überzulaufen, nachdem er bereits – erfolglos – versucht hatte, die Niederlassung der Jesuiten in Köln zu verhindern. Mit ihm wäre der vierte von sieben Kurfürsten protestantisch geworden; in dem Gremium, das für die Wahl eines zukünftigen Kaisers zuständig war, hätte es also eine nichtkatholische Mehrheit gegeben. Damit wäre der katholischen Sache im Reich nach einem Vierteljahrhundert voller Konflikte mit der reformatorischen Bewegung endgültig das Genick gebrochen worden. Auch die katholische Kölner Geistlichkeit war alarmiert und entschloss sich, Petrus Canisius mit Hilferufen zu Kaiser Karl V. zu schicken. Immerhin stammte er aus einer prominenten und bekannt kaisertreuen Nimwegener Familie und hatte sich zudem als eifriger Vertreter einer Wiederbelebung des Katholizismus bereits stadtbekannt gemacht. Karl V. hatte sich damals nach Jahren der vergeblichen Vermittlungsversuche entschlossen, das Protestantenproblem im Reich mit militärischer Gewalt zu lösen.[204] Die unerwarteten Erfolge, die Karl gegen den protestantischen Schmalkaldischen Bund feierte, waren insgesamt zwar kurzlebig und spätestens mit dem Fürstenaufstand von 1552 auch schon wieder Geschichte. Aber sie ermöglichten es ihm doch, die Kölner Angelegenheit im katholischen Sinne – und damit auch im Sinne von Petrus Canisius – zu lösen. Hermann von Wied wurde zuerst formell abgesetzt und dann aus der Stadt vertrieben, ein neuer Erzbischof wurde installiert; „das heilige Köln"[205] war für den Katholizismus gerettet.

In seiner Kölner Zeit hatte sich Peter Kanis aber nicht nur in solchen religionspolitischen Angelegenheiten auf der großen Bühne der Weltgeschichte verausgabt. Er beherrschte auch das lokale Kammerspiel. Schon vor seiner Priesterweihe hatte er in Köln mit Erfolg damit begonnen, auf öffentlichen Plätzen zu predigen – offenbar mit einem außerordentlich großen Selbstvertrauen ausgestattet, das er sich im Rückblick „selbst nicht mehr erklären"[206] konnte. Er hatte Vorlesungen an der Universität gehalten und zwei dicke Bände mit Kirchenväterschriften vorbereitet, die beide 1546 erschienen.[207] Vor allem aber hatte er sich unermüdlich dafür eingesetzt, die kritisch beäugten Jesuiten nachhaltig vor Ort zu verankern – nicht nur gegen den Erzbischof, sondern auch gegen eine städtische Öffentlichkeit, die diese neue Gemeinschaft regelmäßig verdächtigte, geistige Jugendverführer zu sein und fromme alte Damen um ihr Vermögen bringen zu wollen.

Peter Kanis war in der Kölner Öffentlichkeit dementsprechend schon bald ein bunter Hund geworden. Sein Mitbruder Claude Jay schrieb ihm im Jänner 1546, er sehe mit einiger Besorgnis, wie sehr er im „öffentlichen Leben beschäftigt"[208] war. Sein Rat: Er müsse sich in Demut üben, um nicht vom eigenen Erfolg berauscht zu werden. Diese Gefahr bestand bei Peter Kanis allerdings zu keinem Zeitpunkt; die einzige realistische Gefahr war, dass er ausbrennen würde. Ende der 1540er Jahre stellte er mit Blick auf seine ersten Jahre als Jesuit fest: „Nie in meinem Leben bisher bin ich weniger müßig gewesen als jetzt."[209]

Sein massiver Einsatz für die Wiederbelebung des katholischen Lebens sowohl auf höchster diplomatischer wie auch auf konkreter pastoraler Ebene war nicht unbemerkt geblieben. Der neue Augsburger Bischof und Kardinal Otto von Waldburg, der seit seinen *Geistlichen Übungen* bei Peter Faber eine Vorliebe für die Jesuiten entwickelt hatte, war im Gefolge von Karl V. gewesen, als Peter Kanis beim Kaiser in der heiklen Angelegenheit des Kölner Erzbischofs vorstellig geworden war. 1547 erinnerte er sich an diesen begabten jungen Mann, als er einen Vertreter für die Teilnahme am zwei Jahre zuvor eröffneten Konzil von Trient suchte. Dem konnte sich Peter Kanis nicht entziehen, obwohl er noch kurz zuvor davon gesprochen hatte, dass er sein „ganzes Leben einzig für Köln verwenden"[210] wolle. Daraus wurde nun nichts: Er war noch keine 26 Jahre alt, als er im Frühling 1547 im Auftrag des Augsburger Bischofs nach Trient gehen musste. Von dieser Zeit an latinisierte Peter Kanis konsequent seinen Namen und nannte sich Petrus Canisius.

Mit dieser Reise in den Süden begann ein neuer Lebensabschnitt für ihn – nicht wegen seiner Arbeit am Konzil wohlgemerkt. Das Konzil war gerade zu dem Zeitpunkt, an dem er dort ankam, in eine veritable Krise geraten und praktisch entscheidungsunfähig geworden.[211] Es waren unter dieser Rücksicht mehr oder weniger verschenkte Monate, die er dort verbrachte. Aber sie wurden doch der Auftakt für eine prägende Phase seines Lebens: Schon im Sommer 1547 wurde er nämlich in die römische Ordenszentrale abkommandiert, um in der heiligen Stadt seine jesuitische Ausbildung abzuschließen, die er mit seinem Eintritt in den Orden im Mai 1543 begonnen hatte. Ignatius von Loyola höchstpersönlich wollte sich darum kümmern. Hier sollten die Weichen für das weitere Leben von Petrus Canisius – und für die Gesellschaft Jesu insgesamt – neu gestellt werden.

Petrus Canisius ging also nach Rom. Zwar hasste er den brütend heißen italienischen Sommer und wurde immer wieder von Schüben von
Heimweh geplagt. Er nahm es sich wohl selbst nicht wirklich ab, als er
in einem Brief nach Köln schrieb, er sei im Begriff, „Deutschland und
die ganze übrige Welt vollständig zu vergessen"[212]. Tatsächlich notier-
te die Ordenschronik, dass er wegen seines „Brütens über Deutschland"[213] ermahnt worden war. Aber was machte schon so ein bisschen
Heimweh, wenn man bei Ignatius von Loyola war, „dem besten der
Menschen"[214]. Man darf es ihm angesichts seines geistlichen Temperaments glauben, dass er es geradezu genoss, nicht von irgendwem,
sondern vom Urvater der Gesellschaft Jesu zu einem ganzen Jesuiten
erzogen zu werden. Und Ignatius hatte eine sehr klare Vorstellung,
was ein ganzer Jesuit war. Die Quintessenz dieser Vorstellung hielt er
einige Jahre später in einem berühmten Brief an die portugiesischen
Jesuiten fest. Demnach mussten die Jesuiten zwar nicht unbedingt die
größten Asketen sein, aber sie mussten sich „in der Reinheit und Vollkommenheit des Gehorsams"[215] mehr als alle anderen auszeichnen.
Der Gehorsam war ihr besonderes Ordenscharisma. Ganz in diesem
Sinne wurde Petrus Canisius, der bislang vor allem als Gelehrter, Prediger und Diplomat aufgefallen war, von Ignatius unter anderem zu
Arbeiten in Krankenhäusern und im Garten abgeordnet; er sollte so
konkret wie möglich lernen, dass ein Leben als Jesuit nicht bedeutete,
seine eigenen Talente nach eigenem Gutdünken zu kultivieren. Man
musste bereit sein, diese Talente ganz in den Dienst des Ordens zu
stellen – auch wenn das nicht zu den eigenen Vorstellungen passte.
Erst dann war man ein ganzer Jesuit. Und Petrus Canisius war ein williger Lehrling: Am 20. November 1547 schwärmte er in einem Brief
an einen Freund, er befinde sich in der Jesuitenniederlassung in Rom
„im Haus der Freiheit, in der Werkstatt der Demut, in der Schule des
Gehorsams und aller Tugenden"[216]. Der eigentliche Test seines Gehorsams sollte aber erst noch kommen – und schuld daran waren die
Stadtväter von Messina.

Anfang 1548 hatte Ignatius nämlich die epochemachende Entscheidung gefällt, auf die Bitte aus Messina einzugehen. Die Gesellschaft Jesu sollte die dortige Schule übernehmen und dafür mehrere Jesuiten als Lehrer zur Verfügung stellen, die in einem städtisch finanzierten Jesuitenkolleg leben sollten. Um zu diesen Lehrern zu kommen, rief er alle römischen Jesuiten zusammen und fragte sie, wer von ihnen bereit sei, nach Sizilien zu gehen und dort jedwede Arbeit zu übernehmen, die ihm zufallen sollte.[217] Petrus Canisius reagierte so, wie Ignatius es sich von einem Jesuiten von echtem Schrot und Korn erwartete. Am 5. Februar 1548 reichte er seine schriftliche Antwort ein, in der er sich dem Ordensgeneral gegenüber vorbehaltlos dazu bereiterklärte, „nach Sizilien zu gehen, nach Indien oder wohin immer er mich zu senden für gut halten mag"[218]. Überhaupt wolle er in aller Zukunft die Wahl seines Aufenthaltsortes, seiner Arbeit und „jede andere Sorge meinem Vater in Christus und hochwürdigen Obern"[219] überlassen. Er war ein Jesuit und als Jesuit war er bereit, alles zu tun, was gerade nötig war. Und wenn es gerade nötig war, als Lehrer in den südlichsten Süden der europäischen Christenheit zu gehen, wo die italienische Sonne noch heißer und Deutschland noch weiter entfernt war, dann war das eben so.

Dann ging es Schlag auf Schlag: Zwei Monate später war er schon in Sizilien. Gemeinsam mit neun Mitbrüdern – darunter Jerónimo Nadal, der später der wichtigste Propagandist der jesuitischen Lebensform im rasch wachsenden Orden werden sollte – war er nach einer geradezu alptraumhaften Überfahrt inklusive gebrochenem Schiffsmast am 8. April in Messina angekommen. Das Kolleg wurde bezogen und der Schulbetrieb vor Ort sofort aufgenommen. Da die Jesuiten bislang weder als innovative Bildungstheoretiker noch als erfahrene Schulorganisatoren aufgefallen waren, hatte die Ordensleitung die naheliegende Entscheidung getroffen, den Unterricht in Messina so zu organisieren, wie man ihn aus eigener Erfahrung kannte. Die

Im sizilianischen Messina (hier eine Stadtansicht aus dem Jahr 1572) wurde 1548 das erste Jesuitenkolleg als Träger einer öffentlichen Schule gegründet. Petrus Canisius war daran maßgeblich mitbeteiligt – und hat das Kollegienmodell von Messina ins römisch-deutsche Reich exportiert.

Gründerväter der Jesuiten hatten noch vor der Ordensgründung ihre Studien in Paris absolviert – und der dort gepflegte „modus pariesiensis" (die Pariser Weise des Unterrichtens) sollte auch in Messina zur Anwendung kommen. Das bedeutete: Unterricht in Leistungsklassen; für jede Klasse ein eigens zuständiger Klassenlehrer; Übertrittsprüfungen von einer Klasse zur nächsten; methodischer Aufbau des Unterrichts, der mit den sprachlichen Grundlagenfächern (Grammatik und Rhetorik) zu beginnen und darauf aufbauend in einem zweiten Schritt in die philosophische Denkform (Dialektik) einzuführen hatte; angeleitete didaktische Übungen und Wiederholungen, bis der Stoff beherrscht wird.[220]

Für die pädagogische Oberaufsicht war Petrus Canisius als Studienpräfekt zuständig.[221] Es entbehrt nicht einer gewissen Ironie, dass er zusätzlich dazu auch noch zum Rhetoriklehrer bestimmt wurde. Immerhin hatte er 1546 in einem Brief über sich selbst geschrieben: „Ich, der ich die Kunst der Beredsamkeit nicht erlernt habe, kann den Mund nicht halten."[222] Natürlich kann man diese für ihn typische Tiefstapelei nicht ganz für bare Münze nehmen. Aber man darf doch darüber spekulieren, ob er nicht insgeheim doch ein wenig geschmunzelt hat, dass ausgerechnet er zwei Jahre nach diesem Brief den halbwüchsigen Messiner Schülern die Kunst der Beredsamkeit beibringen sollte. Klar war für ihn auf jeden Fall: Auch das war Teil seines jesuitischen Gehorsams. Er selbst hatte sich in seiner Zusage an Ignatius, nach Messina zu gehen, ja ausdrücklich dazu verpflichtet, im Bedarfsfall auch „als Lehrer irgendeines Faches, auch wenn ich es vielleicht noch nicht kenne"[223], einzuspringen. Er konnte nicht behaupten, er habe nicht gewusst, worauf er sich eingelassen hatte.

Die Übernahme der städtischen Schule von Messina und der damit unmittelbar verbundene Aufbau eines lokalen Jesuitenkollegs als pädagogische und organisatorische Trägerinstitution in diesem Frühling 1548 war eigentlich nur ein jesuitisches Experiment unter vielen gewesen. Man war von außen darum gebeten worden und war aus verschiedenen Gründen eben darauf eingegangen. Niemand – Ignatius von Loyola miteingeschlossen – dürfte auch nur im Entferntesten geahnt haben, was für ein Bombenerfolg gerade dieses sizilianische Experiment werden sollte. Messina wurde für die Gesellschaft Jesu zur Initialzündung für „eine dramatische neue Phase in ihrer Geschichte"[224]. Und das ist noch eine zurückhaltende Einschätzung. Tatsächlich übertreibt man nicht, wenn man feststellt: Wären Petrus Canisius und seine neun Gefährten 1548 nicht nach Messina gereist, um dort auszuprobieren, ob die Jesuiten vielleicht auch als Lehrer und Betreiber einer Schule taugten, wäre nicht nur die weitere Geschichte des Jesuitenordens, sondern die Weltgeschichte insgesamt anders verlaufen.

Das Gerücht, dass die Jesuiten irgendwo in einer Stadt am südlichsten Rand Italiens Lehrer geworden waren – und dass sie noch dazu offenbar außerordentlich gute Lehrer geworden waren –, verbreitete sich innerhalb kürzester Zeit wie ein Lauffeuer. Noch 1548 meldeten sich die Stadträte von Palermo bei der Ordensleitung; auch sie wollten eine Jesuitenschule wie in Messina haben. Die Schulbegeisterung ergriff schon bald den ganzen Orden, auch nördlich der Alpen. Im Oktober 1549 schrieb der Obere der Kölner Jesuiten Leonhard Kessel, der von diesem schulischen Experiment in Messina gehört hatte, mit spürbarer Begeisterung an Ignatius: „Wenn es tatsächlich dazu gekommen ist, dass die Mitbrüder damit begonnen haben, öffentlich zu unterrichten", dann müsse man das auch in Köln tun. Die Tätigkeit an der Schule könnte nämlich, so seine Einschätzung, ein einzigartig effektives Mittel sein, um „die gesamte Jugend für Christus zu gewinnen"[225].

Ignatius schrieb in die Ordenssatzungen, die genau in dieser Zeit in ihre endgültige Form gebracht wurden, zwar noch hinein, dass das ideale Leben eines Volljesuiten das Leben in einem sogenannten Professhaus war, wo er von Almosen leben und zugleich für jedwede gerade anfallende Aufgabe vollkommen frei verfügbar bleiben musste. Mit der Realität hatte das aber schon damals nur noch wenig zu tun. Die Jesuiten waren gerade dabei, sich völlig neu zu orientieren, und sollten schon bald zu einem Schulorden werden, sogar zum ersten wirklichen Schulorden überhaupt, den die katholische Kirche in ihrer langen Geschichte kannte. Die jesuitische Zukunft gehörte dementsprechend nicht den Professhäusern, sondern den Jesuitenkollegien, die sich in kürzester Zeit zu den wichtigsten Trägern katholischer Bildung in Europa und darüber hinaus mausern sollten.[226] Was ein sizilianischer Ausnahmefall hätte sein sollen, wurde zum globalen Standardmodell: Mitte der 1550er Jahre und damit gerade ein halbes Jahrzehnt nach der Gründung von Messina existierten bereits drei Dutzend Jesuitenkollegien; die Mehrheit der Jesuiten lebte mittlerweile in einem Kolleg. 1560 wurde der schulische Unterricht vom Ordensgeneral ausdrücklich als ein typischer Dienst der Jesuiten anerkannt.[227] Und das war erst der Anfang. Wo immer die Jesuiten hinkamen und was immer sie dort sonst noch taten (und tatsächlich taten sie auch noch viel anderes), immer brachten sie auch die Idee für die Gründung eines Kollegs mit Schulbetrieb mit. 1580 zählte man weltweit bereits 144, im Jahr 1599 ganze 245 Kollegien.[228] Anfang des 18. Jahrhunderts wurde mit 612 Kollegien ein Höhepunkt erreicht.[229]

Diese Kollegien sind nicht zuletzt deswegen bemerkenswert, weil sie die humanistischen Anliegen einer ganzheitlichen Erziehungsarbeit nachhaltig in den kirchlichen Raum importierten. Im Unterschied zu den mittelalterlichen Kloster- und Domschulen ging es den Jesuiten in ihren Kollegien nicht primär darum, Gelehrte für den kirchlichen Binnenraum auszubilden. Wie die Humanisten wendeten sie sich bewusst dem dynamischen Bürgertum zu, dessen Bedeutung in Kirche, Staat und Gesellschaft in der frühen Neuzeit immer größer wurde. Die Jesuiten waren vor allem an der Erziehung dieser Gruppe interessiert und passten sich konsequenterweise den humanistisch geprägten Bildungsansprüchen dieser aufstrebenden Gruppe an. In den Kollegien wurde von daher ein entsprechend umfassendes Lehrangebot angeboten, das neben der religiösen Erziehung besonders auch für die Vermittlung von profanen Kompetenzen sorgen sollte, die man nach dem damaligen Zeitgeschmack benötigte, wenn man zu einem Verantwortungsträger in der Gesellschaft werden wollte. Dass sie mit diesem Anliegen regelmäßig mit den jungen, oft städtisch getragenen Bürgerschulen kollidierten, die sich vor allem darüber beklagten, dass die Jesuiten ihren Unterricht gratis anboten und damit unlauteren Bildungswettbewerb betrieben, ist naheliegend. – Jedenfalls: Das Jesuitenkolleg von Messina wurde zum „Beziehungspunkt der nachfolgenden Kollegien"[230] und diente quasi als Blaupause für alle zukünftigen Kollegiengründungen und die ganze schulische und universitäre Arbeit der Gesellschaft Jesu. Und der Messiner Studienpräfekt Petrus Canisius war mittendrin, als dieses neue Kapitel in der Geschichte der Jesuiten und der katholischen Welt aufgeschlagen wurde.

Kein Wunder, dass Petrus Canisius nicht als Lehrer in Sizilien blieb, obwohl ihn die Einwohner von Messina gerne behalten hätten[231] und auch in der römischen Ordenszentrale Pläne geschmiedet worden waren, wie man ihn als Lehrer vor Ort noch effizienter hätte einsetzen können.[232] Das Problem: Er und seine Mitbrüder waren zu erfolgreich gewesen. Man konnte nicht auf diesen talentiertesten deutschsprachigen Jesuiten verzichten, als sich die Ordensleitung dazu entschloss, die boomende Kollegienidee auch ins römisch-deutsche Reich zu exportieren. Ignatius von Loyola hatte sehr rasch verstanden, dass der Umweg über das (hoch-)schulische Engagement seiner Gesellschaft Jesu die Möglichkeit bot, genau dort tätig zu werden, wo die katholische Sache am dringendsten Hilfe brauchte.[233]

Spätestens seit den fassungslosen Berichten des deutschlandreisenden Peter Faber aus der ersten Hälfte der 1540er Jahre war man sich nämlich auch in der römischen Ordenszentrale der Jesuiten überdeutlich bewusst, dass die katholische Sache nirgendwo so bedrängt war wie in Deutschland. An dieser Front brauchte man Petrus Canisius, der sozusagen doppelqualifiziert war: Nicht nur kannte er Deutschland aus jahrelanger Erfahrung, er war noch dazu an der Wiege des Urkollegs in Messina gestanden. Und für die römische Ordensleitung war seit dem Erfolg des Kollegs von Messina klar: Deutschland brauchte nicht nur einfach Jesuiten; Deutschland brauchte Jesuitenkollegien. Nur über den Umweg der Etablierung eines effektiven Schul- und Kollegiensystems hatte die katholische Kirche dort eine Zukunft. Dass Deutschland diese Jesuitenkollegien bekam, dafür sollte ganz besonders Petrus Canisius sorgen.

Und er lieferte: Dass es auch nördlich der Alpen zu einer „regelrechten Gründungswelle" von Jesuitenkollegien gekommen ist, „die in den späten fünfziger Jahren und folgenden sechziger Jahren das Deutsche Reich überschwemmte", war im Wesentlichen das Werk von Petrus Canisius.[234] Ihm können insgesamt achtzehn Kollegiengründungen direkt oder indirekt zugeschrieben werden. Dass ihm Ignatius von Loyola 1554 auf seine Anfrage, wie die Jesuiten dem „dreimal unglücklichen Deutschland"[235] am besten helfen könnten, so kurz wie nur möglich antwortete: durch die Gründung von Kollegien,[236] ließ er sich nicht zweimal sagen. Alle seine vielfältigen anderen Aufgaben in dieser arbeitsintensivsten Zeit seines Lebens – als Prediger, als Seelsorger, als Konzilstheologe, als Berater von Fürsten und Bischöfen, als Provinzial – waren immer diesem einen Ziel zu- und untergeordnet: für die Gründung und Stabilisierung von Jesuitenkollegien zu sorgen. Als er 1559 an Jerónimo Nadal schrieb, dass in Deutschland in religiösen Angelegenheiten „mit militärischen Unternehmungen nichts mehr zu erreichen ist und nur mehr die Möglichkeit zu einem Gegenstoß auf geistigem Gebiet bleibt"[237], war das tatsächlich schon seit Jahren seine Überzeugung gewesen: Genau zu diesem Zweck gründete er mit Feuereifer immer wieder neue Jesuitenkollegien, die definitionsgemäß zu nichts anderem da waren, als die katholische Sache „auf geistigem Gebiet", nämlich in der Bildung, zu forcieren. Ihm gelang es, „die projektierten Kollegien solide zu finanzieren, baulich exzellent auszustatten, sie mit gymnasialen oder akademischen Einrichtungen zu komplettieren und das dafür notwendige Professoren-Personal zu stellen."[238] All das machte für die etwas mehr als zwanzig Jahre zwischen dem Anfang der 1550er und dem Ende der 1560er Jahre seine eigentliche Lebensaufgabe aus.[239] Alles andere waren mehr oder weniger wichtige Nebenschauplätze.

Was im Rückblick wie ein eindrucksvoller Durchmarsch aussieht, war in Wirklichkeit für Petrus Canisius ein oft unbeschreiblich mühsamer Kampf gegen Widerstände aller Art. Ein Grundsatzproblem traf ihn gleich am Anfang mit voller Wucht: Nicht nur musste er im römisch-deutschen Reich mit dem Modell des Jesuitenkollegs eine völlig neue Art von Bildungsinstitution vertreten, die damals dort noch niemand kannte. Vor allem musste er die noch verbliebenen katholischen Fürsten nördlich der Alpen davon überzeugen, das Risiko der Finanzierung zu übernehmen. Für die Jesuiten selbst war das einleuchtend: Sie waren seit Messina zu der Überzeugung gelangt, dass sie so etwas wie den heiligen Gral der Wiederbelebung der katholischen Kirche entdeckt hatten: Ihre – und zwar nur ihre – Art, nach dem „modus pariesiensis" und damit leistungsorientiert und nach einem strikten methodischen Plan zu unterrichten,[240] war offensichtlich der Schlüssel zum Erfolg.[241] Sie vertraten deshalb den Anspruch, bei ihrer Erziehungsarbeit völlig freie Hand zu haben und wie in Messina den Unterricht nach ihren Vorstellungen gestalten zu können. Dazu brauchten sie eigenständige und finanziell unabhängige Kollegien als Träger ihrer schulischen Arbeit. Und dafür hätten die katholischen Fürsten Deutschlands sorgen sollen.

Für die deutschen Fürsten war das weniger einleuchtend. Sie wollten die Jesuiten bei sich haben, natürlich. Ihr Ruf als ein Orden von Männern, die mit ihrem unermüdlichen Engagement Dinge möglich machten, die unmöglich schienen, eilte ihnen bereits voraus. Der darniederliegende deutsche Katholizismus brauchte ganz offensichtlich solche Leute, das wussten die katholischen Adeligen nach Jahrzehnten der weitgehend erfolglosen Eindämmungsversuche der protestantischen Bewegung zur Genüge. Aber sie wollten die Jesuiten nicht als eigenständige Generalunternehmer im Schul- und Hochschulbereich bei sich haben, die sie zwar kräftig zu subventionieren hatten, auf die sie aber keinen unmittelbaren Einfluss nehmen konnten. Davon hatten sie ihrer Einschätzung nach nichts. Die Jesuiten sollten ihrer Meinung nach keine teuren neuen Kollegien mit eigener Bildungsagenda errichten, sondern an den bereits etablierten deutschen Hochschulen vor Ort die sprachlichen und philosophischen Grundlagenfächer und die Theologie unterrichten. Dort bestand akuter Bedarf. Dort konnten sie sich dem widmen, wozu sie nach Meinung der Landesfürsten am dringendsten benötigt wurden: „einen brauchbaren Diözesanklerus zu erziehen"[242].

Damit war der Grundkonflikt vorprogrammiert: Die Jesuiten wehrten sich mit Händen und Füßen dagegen, auf diese fürstlichen Wünsche einzugehen und sich in alte Institutionen zu integrieren, die oft nach völlig anderen pädagogischen und inhaltlichen Kriterien funktionierten als die, die sie für entscheidend hielten. Sie wollten vielmehr neue Institutionen aufbauen, die den pädagogischen und inhaltlichen Grundsätzen folgten, die sie sich seit Messina zurechtgelegt hatten. Konkret: Sie wollten dort, wo sie sich engagierten, ihre eigenen Jesuitenkollegien haben. Dieses Anliegen brachte Petrus Canisius mit, als er aus Italien aufbrach, um die Kollegienidee erstmals ins römisch-deutsche Reich zu bringen. Das war keine leichte Aufgabe. Er und seine Mitbrüder mussten erst eine kapitale Niederlage einstecken, um mit diesem Anliegen schließlich doch durchzudringen.

Der Hintergrund war folgender: 1549 hatte sich der bayerische Herzog Wilhelm IV. an Ignatius von Loyola gewandt, weil er seine am Boden liegende Universität in Ingolstadt wieder auf die Beine bringen wollte. Vor allem die dortige Theologische Fakultät war seit dem Tod des profilierten Luthergegners Johannes Eck praktisch in die Bedeutungslosigkeit abgesunken. Um diesen Missstand zu beheben, wünschte er sich die Jesuiten als Theologieprofessoren und hochschulische Entwicklungshelfer.[243] Diesem Anliegen des zweitmächtigsten katholischen Fürsten Deutschlands konnte und wollte sich Ignatius von Loyola nicht entziehen. Das war der Anlass, Petrus Canisius nach nur wenig mehr als einem Jahr aus Messina abzuziehen: Er wurde nun woanders gebraucht. Im Sommer 1549 bereitete er sich in Rom auf seinen Einsatz in Bayern vor. Etwa drei Wochen vor dem Aufbruch nach Norden wurde er schließlich am 4. September als überhaupt erst achter Jesuit zu den vollen Gelübden

Catalogus Professionum
4. Votorum quas glibet professo=
rum manu propria in hunc
librum scripsit ad Dei gloriam.

R. P. D. Petrus Canisius.

EGO Petrus Canisius professione facio
et promitto omnipotenti DEO coram eius
Virgine matre, et universa coelesti
curia, ac omnibus circumstantibus,
et tibi Patri reverendo praeposito gene=
rali Societatis IESU locum DEI
tenenti, et successoribus tuis, perpetuam
paupertatem, castitatem et obedientiam,
et secundum eam, peculiarem curam
circa puerorum eruditionem, iuxta
formam vivendi in literis Apostolicis
Societatis eius IESU, et in eius Con=
stitutionibus contentam. Insuper
promitto specialem obedientiam summo
Pontifici circa missiones, prout in
eisdem literis Apostolicis et Constitu=
tionibus continetur. Romae IIII Septeb.
anno M.D.XLIX in ecclesia Societatis, e
in ipsis manibus R.P.N. Jgnatij primi praepositi societatis.

1549 wurde Petrus Canisius von Ignatius von Loyola als achter Jesuit
zu allen vier Gelübden seines Ordens zugelassen. Seine lateinische
Gelübdeformel hat er später handschriftlich in das Gelübdebuch der
oberdeutschen Provinz eingetragen.

zugelassen, die er in der römischen Jesuitenkirche Maria della Strada gegenüber „dem allmächtigen Gott [...] und dem hochwürdigen Pater General der Gesellschaft Jesu, der den Platz Gottes einnimmt"[244], ablegte. Er war damit nicht nur ein Vollmitglied der Gesellschaft Jesu geworden; nach seiner eigenen Einschätzung war er mit seinen Gelübden zugleich auch noch „gleichsam zum Apostel für Deutschland bestellt"[245] worden. Schon bald sollte klar werden, dass er für das, was auf ihn in Deutschland zukam, wirklich apostolische Kräfte brauchte.

Als Ignatius von Loyola auf die Bitte von Wilhelm IV. eingegangen war, ihm Theologieprofessoren für Ingolstadt zu schicken, war er davon ausgegangen, dass das nur der Türöffner sein würde für seinen eigentlichen Plan, dort das erste Jesuitenkolleg im römisch-deutschen Reich zu etablieren. Er schickte eine entsprechend hochkarätige Mannschaft nach Norden. Neben Petrus Canisius waren für diese Mission auch noch Claude Jay und Alfonso Salmerón ausgewählt worden, die zur prominenten Gründungsgruppe der Gesellschaft Jesu gehört hatten. Das zeigt, für wie wichtig der Orden diese Mission hielt. Um die nötige akademische Reputation vorweisen zu könne, ließen sich die drei Deutschlandreisenden auf ihrer Reise in Bologna noch prüfen und zu Doktoren der Theologie promovieren. Aber es ging bei ihrer Mission um mehr als akademische Reputation. Sie hatten klare Anweisungen, in Ingolstadt mehr zu sein als nur Universitätsprofessoren: Ihre Aufgabe war es, wie ihre offizielle Instruktion der Ordensleitung feststellte, „der Ingolstädter Universität und, soweit es möglich ist, Deutschland in dem zu helfen, was die Richtigkeit des Glaubens, den Gehorsam gegenüber der Kirche und schließlich die solide und gesunde Lehre und Lebensweise betrifft"[246]. Zu diesem Zweck hatten sie „die Dinge der Gesellschaft [Jesu] in Deutschland zu fördern, indem vor allem dafür gesorgt wird, daß in Ingolstadt und an anderen Orten Kollegien der Gesellschaft [Jesu] zum gemeinsamen Wohl und zu Gottes Ehre errichtet werden"[247]. Dem Herzog war subtil, aber deutlich zu vermitteln, „daß die Ingolstädter Universität nicht geringe Hilfe davon haben kann, wenn es dort, wie es in Messina und Gandía geschieht, ein Kolleg gäbe, wo auch die Sprachen und die Philosophie […] nach der Pariser Weise behandelt würden"[248]. Mit diesem Auftrag kamen sie im November 1549 in Ingolstadt an.

Claude Jay als Anführer der Gruppe drängte den bayerischen Herzog dementsprechend, sobald wie möglich für die Dotierung und Errichtung des versprochenen Jesuitenkollegs vor Ort zu sorgen. Er argumentierte geschickt: Wenn sie als Jesuiten an einem Kolleg einen eigenen effizienten Ausbildungsgang in den sprachlichen und philosophischen Grundlagenfächern anbieten würden (quasi eine gymnasiale Vorstufe zu den höheren Studien), könnten sie die Universität von Ingolstadt „bald mit einer großen Anzahl von Studenten versorgen"[249]. Es käme der bayerischen Landesuniversität also sehr zugute, wenn die Jesuiten ein eigenes Kolleg mit Schulbetrieb bekämen – und das müsste ja im Interesse des Herzogs sein. Tatsächlich war nicht nur die Quantität, sondern auch die Qualität der Ingolstädter Studenten ernüchternd; Vorbildung war hier das Gebot der Stunde. Es gab kaum mehr als ein Dutzend Studenten, von denen noch dazu gerade einmal eine Handvoll über eine halbwegs ausreichende Vorbildung für das Theologiestudium verfügte.[250] Es wirkt geradezu symptomatisch, dass Petrus Canisius ein dickes Notizbuch, das er für seine Ingolstädter Lehrtätigkeit angelegt und mit einem geometrisch kunstvoll gestalteten Christushymnus begonnen hatte, schließlich unvollendet liegen ließ.[251] Für diese heruntergekommene Universität mit ihren drittklassigen Studenten lohnte sich der Aufwand schlicht und ergreifend nicht.

Der Ernüchterung über die Studenten folgte bald die Ernüchterung über den Herzog. Wilhelm IV., der die Jesuiten nach Bayern gerufen hatte, starb schon im März 1550. Sein Sohn und Nachfolger Albrecht V. konnte sich genauso wenig zur Gründung eines Kollegs

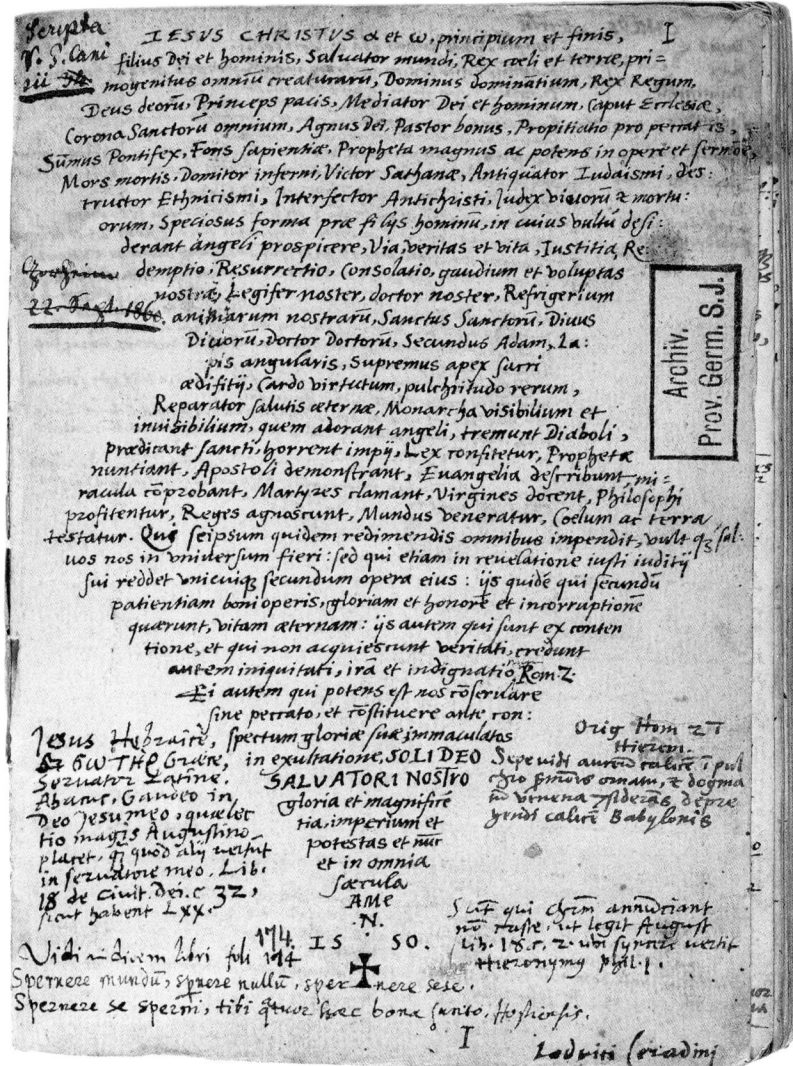

Diesen graphisch und inhaltlich aufwändig gestalteten Christus-Hymnus hat Petrus Canisius an den Anfang eines Notizbuches gestellt, das er für den Unterricht an der Universität Ingolstadt (ab 1549) verwendete.

entschließen wie sein Vater; die hohen bayerischen Schulden waren nur ein Grund dafür. Es ging um Grundsätzlicheres: Wozu ein Ingolstädter Jesuitenkolleg, wenn es doch schon eine Ingolstädter Universität gab? Die Jesuiten sollten sich lieber ganz in diese Universität integrieren, statt auf einer eigenständigen schulischen Bildungsarbeit in einem noch dazu finanziell aufwändigen Kolleg zu beharren. Der Druck auf die Jesuiten zur möglichst vollständigen universitären Integration war dementsprechend beträchtlich: Im Oktober 1550 wurde Petrus Canisius für ein halbes Jahr zum Rektor der Universität Ingolstadt gewählt, obwohl ihm ein solches Amt von seinen Ordenssatzungen her eigentlich verboten war. Vom Oktober 1551 bis zum Februar 1552 wurde er dann sogar zum universitären Vizekanzler bestellt. Sein Ordensgeneral Ignatius von Loyola hatte dem zähneknirschend zugestimmt, weil er offenbar gemeint hatte, dieses Zugeständnis eines vertieften Engagements an der Ingolstädter Universität würde bei Herzog Albrecht V. Eindruck machen und ihn dazu bringen, doch noch ein Kolleg zu finanzieren.[252] Ohne Erfolg. In Ingolstadt, „diesem unfruchtbaren Acker voll Dornengestrüpp"[253], konnte nichts aufkommen – ganz sicher jedenfalls kein Jesuitenkolleg. Ingolstadt war offensichtlich eine Sackgasse für den großen Plan der Jesuiten, das vom Protestantismus verwüstete Deutschland mit Hilfe von Kollegien im Sturm für die katholische Kirche zurückzuerobern. Ignatius musste schleunigst die Reißleine ziehen: Schon 1550 wurden Jay und Salmerón aus Bayern abgezogen; im Frühling 1552 dann auch noch Petrus Canisius. Der Plan des ersten Jesuitenkollegs im römisch-deutschen Reich war damit vorerst grandios gescheitert.[254]

Der nächste Versuchsballon wurde in Wien gestartet. Petrus Canisius bekam eine zweite Chance, als er am 9. März 1552 etwa eine Woche nach seiner Abreise aus Ingolstadt hier eintraf. Eingefädelt hatte das neue Projekt sein Kompagnon Claude Jay, der mit seinen Predig-

Herzog Albrecht V. von Bayern (1528–1579) war nach anfänglichem Zögern einer der wichtigsten Förderer der Gesellschaft Jesu im Allgemeinen und von Petrus Canisius im Speziellen geworden. Seine Nachfolger führten die Förderung der Jesuiten in Bayern weiter. Gemälde von Hans Mülich, 1545.

ten auf dem Wormser Reichstag von 1545 großen Eindruck auf den römisch-deutschen König Ferdinand I. gemacht hatte – so großen Eindruck, dass Ferdinand ihn beinahe zum Bischof ernannt hätte, obwohl das einem Jesuiten von seinen Ordenssatzungen verboten war. Das hatte Jay damals erfolgreich abgewehrt und gemeint, viel besser als ein Jesuitenbischof wäre doch ein Jesuitenkolleg.[255] Anfang der 1550er Jahre schien in Wien endlich die Zeit dafür gekommen.[256] – Die Gefahr, in eine ähnliche Sackgasse wie in Ingolstadt zu geraten, war groß, denn die Ausgangslage war durchaus ähnlich. Ferdinand I. hatte in Wien nämlich ein ähnliches Problem, wie sein Schwiegersohn Albrecht V. es in Ingolstadt gehabt hatte: Die Wiener Universität war nur noch ein Schatten ihrer selbst; die Theologische Fakultät war sogar für kurze Zeit ganz verschwunden gewesen. Es brauchte ein gründliches akademisches Großreinemachen an dieser ältesten Universität des deutschen Sprachraums und dafür wollte Ferdinand die Jesuiten haben. Sie sollten als Professoren kommen und für die dringend notwendige Hebung des Standards in der theologischen Ausbildung sorgen. Der kapitale Unterschied war: Ferdinand setzte schon 1551 das in die Tat um, was Wilhelm IV. und Albrecht V. in Ingolstadt zwar versprochen, aber nie realisiert hatten: Er legte die finanziellen und infrastrukturellen Grundlagen für ein eigenständiges Jesuitenkolleg, das das erste Jesuitenkolleg im römisch-deutschen Reich werden sollte. In Wien wurden die Jesuiten also zwar auch als Professoren an einer bereits bestehenden Universität verpflichtet, aber sie konnten zugleich endlich das tun, wofür sie eigentlich ins römisch-deutsche Reich gekommen waren. Sie konnten eine Schule in völliger Eigenverantwortung errichten und waren dort für ihren Unterricht nicht auf die universitären Strukturen angewiesen. Der Schulbetrieb wurde im September 1553 gestartet, obwohl sich die Universität Wien massiv dagegen gesträubt hatte.[257] Zu diesem Zeitpunkt war Claude Jay bereits über ein Jahr tot; die Verantwortung für das Wiener Kolleg war an Petrus Canisius gefallen.

Mit dieser Wiener Gründung war der Bann gebrochen. Das Jesuitenkolleg war im römisch-deutschen Reich plötzlich nicht mehr nur eine nebulöse (und teure) Idee einer Handvoll übereifriger Ordensmänner mit neuentdeckter Schulbegeisterung. Es war eine handfeste Realität – und noch dazu eine sehr erfolgreiche. Die pädagogischen und akademischen Grundsätze der Jesuiten erwiesen sich als außerordentlich effizient – viel effizienter als die der bereits bestehenden Universitäten, die noch dazu oft protestantisch unterwandert waren. Das machte Eindruck auf die katholischen Fürsten. Darüber hinaus zeigte die Wiener Gründung, dass die Jesuiten offensichtlich bereit waren, sich in allen möglichen Feldern zu engagieren, wenn ihnen im Gegenzug das Zugeständnis gemacht und ein Jesuitenkolleg finanziert wurde; auch das machte Eindruck auf die katholischen Fürsten. Im Wiener Fall war Petrus Canisius selbst das beste Beispiel dafür. Er wurde 1553 in Wien Hofprediger von Ferdinand I.; er organisierte eine umfassende Reform der Universität Wien, durch die nicht zuletzt auch eine Rekatholisierung dieser altehrwürdigen Hochschule eingeleitet wurde;[258] er engagierte sich, ähnlich wie schon in Messina, in der städtischen Pastoral, vor allem in Gefängnissen und in Krankenhäusern;[259] er predigte im Umland der Stadt, wo teilweise seit Jahren kein katholischer Priester mehr hingekommen war. Im November 1554 übernahm er auf Druck von Ferdinand I. sogar für ein Jahr die Administration der Diözese Wien, nachdem er es mit der Hilfe von Ignatius von Loyola wenigstens hatte abwehren können, dort Bischof zu werden. Seinen weltberühmten Katechismus von 1555 als gymnasiales Religionsbuch schrieb er im Auftrag von Ferdinand, der vom Ergebnis so begeistert war, dass er den Befehl ausgab, dieser Katechismus solle „in allen lateinischen und deutschen Schulen öffentlich vorgetragen werden, und man soll keinen andren Katechismus lehren, bei strengster Strafe"[260]. 1557 sollte er sogar „Seiner Majestät erster Theologe" werden; Ferdinand brauchte jemanden wie ihn zu seiner ständigen Verfügung, „wenn den Gegnern eine Antwort zu

Petrus Canisius war ein passionierter Prediger und hat im Laufe seines
Lebens zigtausende Predigten gehalten, nicht selten mehrere Stunden
lang. Besonders erfolgreich war er als Augsburger Domprediger, aber
auch als Wiener und Innsbrucker Hofprediger.
Gemälde von Pierre Wuilleret, um 1635

geben ist"[261]. In diesem Jahr wurde er von Ferdinand zum letzten der großen Religionsgespräche des Reformationszeitalters nach Worms geschickt und trat dabei unter anderem dem legendären lutherischen Theologen Philipp Melanchthon gegenüber. Zusammengefasst: Peter Canisius mauserte sich in den 1550er Jahren immer mehr zu einer theologischen Allzweckwaffe Ferdinands. Man hört bei dem notorisch demütigen Petrus Canisius sogar einen gewissen Stolz heraus, als er an Diego Laínez in Rom schrieb, Ferdinand I. „versenkte die verborgensten Dinge seines Herzens in meine Brust"[262].

Es ist zu Recht vom „Modellcharakter des Wiener Kollegs"[263] gesprochen worden. Das Wiener Jesuitenkolleg war quasi das Schaufenster der Gesellschaft Jesu im römisch-deutschen Reich geworden, wo sich andere katholische Fürsten anschauen konnten, ob es sich nicht vielleicht doch lohnte, in dieses neue Modell des jesuitischen Kollegiensystems zu investieren. Viele kamen sehr schnell zum Schluss: Ja, es lohnte sich! Man bekam erstens ein hocheffizientes Ausbildungssystem, an dem es in den katholischen Gebieten in der Regel massiv mangelte; zweitens hatte man in den Jesuiten Männer zur Verfügung, die offensichtlich bereit waren, sich über ihre schulische Arbeit hinaus bei der Wiederbelebung der katholischen Kirche vor Ort zu engagieren. Dass mit Ferdinand I. der wichtigste katholische Fürst im Reich die Werbetrommel für die Jesuiten und ihre Kollegien rührte, dürfte auch Eindruck hinterlassen haben. Schon im Oktober 1551 hatte er seinen Schwiegersohn, den Herzog von Bayern, zur Gründung eines Jesuitenkollegs „zur erhalltung vnnserer heiligen cristlichen religion vnnd deiner lieb vnnderthannen"[264] aufgefordert. 1558 gab er Petrus Canisius anlässlich seiner Reise nach Polen einen Brief an den polnischen König mit, in dem er festhielt, was es für „ein großes Hilfsmittel zur Erhaltung der katholischen Religion im Königreich Polen" wäre, „wenn Sie dort ein Kolleg der Gesellschaft vom Namen Jesus errichten wollten". Er wisse nämlich aus eigener Erfahrung, so Ferdinand weiter, „welch großen Nutzen

In Wien gelang den Jesuiten 1551 die erste Gründung eines Kollegs im deutschsprachigen Raum; hier ist der spätere Kollegienneubau abgebildet. Ab 1552 hat Petrus Canisius vor Ort mehrere Jahre als enger Vertrauter von Ferdinand I. gewirkt; sein berühmter Katechismus ist hier entstanden. Kupferstich von H. Sperl nach einer Zeichnung von Salomon Kleiner, 1724.

Unsere eigenen Königreiche und Länder aus solchen Gründungen gezogen haben"[265].

Die Frage war dementsprechend nach der Wiener Gründung für die katholischen Fürsten in der Regel nicht mehr, ob sie die Jesuiten und ihre Kollegien in Deutschland haben wollten bzw. ob sich die Jesuiten nicht besser in die bereits bestehenden Hochschulen integrieren sollten. Die Frage lautete schon bald umgekehrt, ob man den Jesuiten und ihren Kollegien nicht am besten die Hochschulen inklusive des vorbereitenden gymnasialen Unterrichts an den sogenannten Artistenfakultäten zur Gänze anvertrauen sollte. Die Kollegien wurden von Trägern voruniversitärer Lehre immer stärker auch zu Trägern universitärer Lehre.

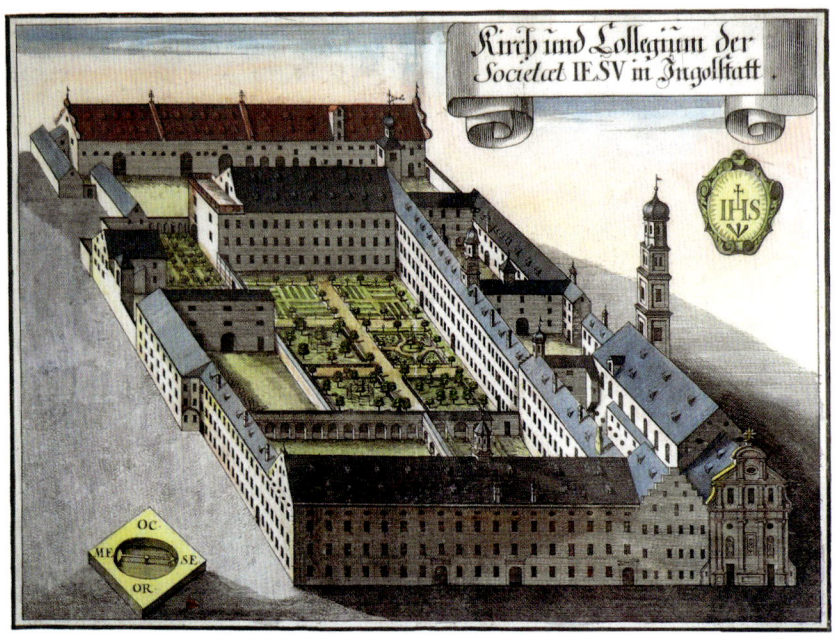

1549 wurde Petrus Canisius mit zwei Gefährten nach Ingolstadt geschickt, um dort das erste deutsche Jesuitenkolleg zu errichten. Die Mission scheiterte zuerst, aber 1556 kam es doch noch zur Gründung; Ingolstadt wurde zu einer der wichtigsten katholischen Hochschulen im Reich. Stich von Michael Wening (1645–1718).

Schon im Dezember 1555 schrieb der Sekretär der Ordensleitung Juan de Polanco an Petrus Canisius, die Jesuiten vor Ort sollten „jede Vermischung der Unseren mit der Theologischen Fakultät" in Wien vermeiden und darauf hinarbeiten, in ihrem Kolleg „Vorlesungen der Logik und Natur- und Moralphilosophie" anzubieten.[266] Besser als sich in die universitären Strukturen zu integrieren wäre es sogar überhaupt, wenn die Jesuiten „die Sorge für die ganze Universität Wien"[267] übernehmen würden. Das war nicht nur ein innerjesuitischer Traum: Nach den offensichtlichen Erfolgen in Wien entschloss sich der zuvor allzu phlegmatische Herzog Albrecht V. von Bayern dazu, nun doch auch in Ingolstadt ein Kolleg zu errichten; die Eröffnung fand 1556

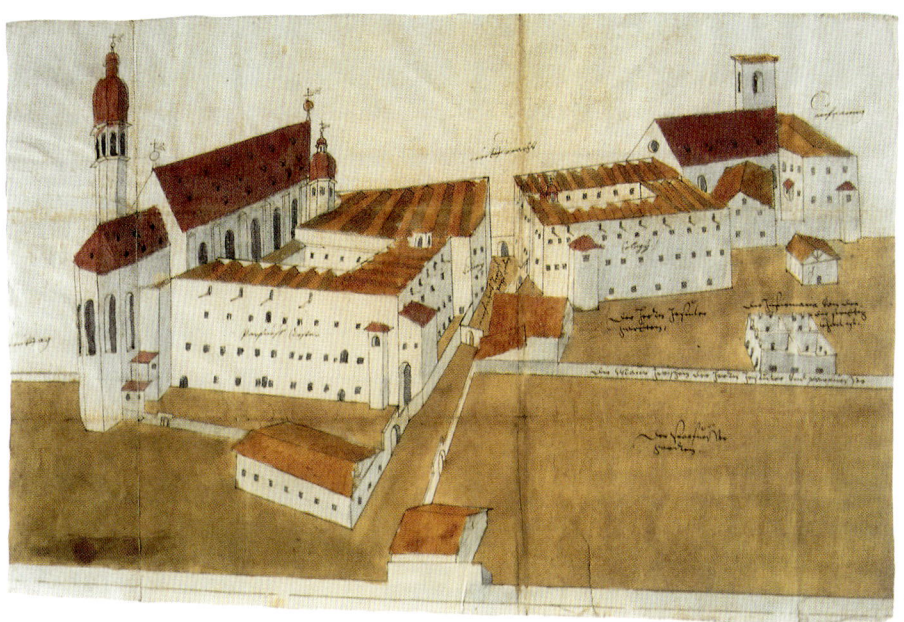

Das Innsbrucker Jesuitenkolleg wurde nach langwierigen Verhandlungen mit Ferdinand I. schließlich im Jahr 1562 gegründet. Das Kolleg und die damit verbundene Schule wurden zur Keimzelle der 1669 errichteten Innsbrucker Universität. – Links sind die Hofkirche und das Franziskanerkloster zu sehen.

statt.[268] Die Ingolstädter Theologische Fakultät wurde den Jesuiten im Jahr 1576 übergeben,[269] 1585 wurde auch die universitäre Artistenfakultät mit den dort angesiedelten Grundlagenfächern dem Jesuitenkolleg offiziell einverleibt.[270] Ähnliches spielte sich auch im Fürstbistum Augsburg ab: Im August 1564 übernahm Petrus Canisius im Namen der Gesellschaft Jesu nach langjährigen zähen Verhandlungen offiziell die Universität Dillingen. An anderen Orten wurden Jesuitenkollegien über mehrere Stationen zu eigenständigen Universitäten ausgebaut. Die „Gründungswelle" von Jesuitenkollegien, „die in den späten fünfziger Jahren und folgenden sechziger Jahren das Deutsche Reich überschwemmte", war schon bald nicht mehr aufzuhalten.[271]

Das heißt natürlich nicht, dass es nicht auch weiterhin sehr viele Widerstände und Probleme für den umtriebigen Kollegiengründer Petrus Canisius gegeben hat. Bis zu seiner letzten mitverantworteten Gründung Anfang der 1580er Jahre im schweizerischen Freiburg musste er sich jedes Mal ohne Ausnahme mit teils langwierigen Widrigkeiten aller Art herumschlagen: In Innsbruck beispielsweise wollte Ferdinand I. die Jesuiten Mitte der 1550er Jahre an seine im Bau befindliche Stiftskirche holen und dort zum regelmäßigen Chorgebet verpflichten, obwohl die Satzungen der Gesellschaft Jesu solche Gebetsverpflichtungen ausdrücklich verboten. Die Jesuiten hätten unter der Hand zu Chormönchen gemacht werden sollen, trotz ihrer mit großem Selbstbewusstsein vertretenen Devise: „Wir sind keine Mönche!"[272] Petrus Canisius musste das Undenkbare tun und dem römisch-deutschen König höchstpersönlich absagen. Erst 1562 konnte nach äußerst langwierigen und komplizierten Verhandlungen dann doch noch ein Jesuitenkolleg mit Schulbetrieb aus der Taufe gehoben werden, was über langwierige Umwege in weiterer Folge zur Gründung einer Innsbrucker Universität geführt hat.[273]

Wenn es nicht die lokalen Machthaber waren, die beim Aufbau der Jesuitenkollegien Probleme verursachten, dann konnte sich Petrus Canisius darauf verlassen, dass Rom dafür sorgte. Auch dafür bietet Innsbruck ein gutes Beispiel: Die Qualität des Personals, das seit der Gründung des dortigen Kollegs von der Ordensleitung aus Rom dorthin geschickt wurde, war nämlich – freundlich ausgedrückt – unzureichend. Petrus Canisius hatte keine Skrupel, seinen Unmut darüber in einem Brief an Francisco de Borja klar und eindeutig zum Ausdruck zu bringen. Borja reagierte ungehalten und schrieb ihm im Mai 1562, „daß Sie mit den Männern, die Ihnen nach Deutschland gesandt wurden, zufrieden sein sollten, da sie geeignet sind, und weil keine Provinz freigebiger behandelt wird als die Ihrige"[274]. Von Zufriedenheit konnte bei Petrus Canisius aber auch weiterhin keine Rede sein. In einem Brief vom Jänner 1564 schrieb er über den Oberen des Innsbrucker Kollegs: „Der Rektor in Innsbruck verursacht mehr Umstände als fast alle anderen Rektoren zusammengenommen."[275] Und der Rektor war nur die Spitze eines ganzen Eisbergs an Innsbrucker Problemen.

Ein Problemfall eigener Art war für Petrus Canisius dann auch das nahegelegene Kolleg in Hall in Tirol. Entstanden war es 1569–1571 nur deshalb, weil sich die frommen Töchter von Ferdinand I. (die sogenannten „Königinnen") für ihr Damenstift vor Ort eine Jesuitenniederlassung gewünscht hatten, damit sie von dort aus beseelsorgt werden konnten.[276] Das war ja nun wirklich nicht Sinn und Zweck eines Jesuitenkollegs und Petrus Canisius konnte sich nie so wirklich damit abfinden, dass der Orden dem massiven Druck dieser hochwohlgeborenen Damen nachgegeben und keine zwei Stunden Fußmarsch vom Innsbrucker Kolleg entfernt ein Haller Kolleg errichtet hatte. Dass die Haller Jesuiten oft mehr fürstliche Beichtväter und Hofkapläne als Lehrer waren, löste immer wieder große Probleme aus.[277] Die beiden Tiroler Jesuitenkollegien in Innsbruck und Hall sind als die „Kollegien vieler Trübsale"[278] im Leben von Petrus Canisius bezeichnet worden. Das war keine Übertreibung.

Wenn Petrus Canisius schon in Tirol, das nach seiner (etwas blauäugigen) Einschätzung „noch besser katholisch ist als irgendein anderes Gebiet Deutschlands"[279] war, Probleme mit seinen Jesuitenkollegien hatte, ist es kaum verwunderlich, dass er sie in umso größerem Maße auch in Böhmen hatte, wo ihn die Gründung eines Kollegs jahrelang in Beschlag genommen hat. Böhmen war seit dem Aufkommen der Hussiten in der ersten Hälfte des 15. Jahrhunderts und damit seit über einem Jahrhundert nur noch rudimentär katholisch. Ferdinand I. wollte als König von Böhmen nach über hundert Jahren endlich für die Rekatholisierung dieses mehrheitlich hussitischen Königreichs sorgen, das noch dazu in jüngster Zeit immer stärker auch von protestantischen Kräften unterwandert worden war. Dafür brauchte er die Jesuiten.

Nachdem für das dafür notwendige Jesuitenkolleg zuerst das Provinznest Zittau ins Auge gefasst worden war, fiel 1556 dann doch die naheliegende Entscheidung, die Jesuiten in die Hauptstadt Prag und damit in die Höhle des Löwen zu holen. Es dauerte sechs lange Jahre mit Bauverzögerungen und unzähligen anderen Missständen, bis dort das Kolleg eröffnet werden konnte; die Ausstattung und finanzielle Basis dieses Kollegs waren eine einzige Katastrophe. Dann lief auch noch der Schulbetrieb nach einem kurzen Anfangshoch nur äußerst schleppend. Obwohl das Kolleg aufgrund kaiserlicher und päpstlicher Privilegien akademische Grade verleihen konnte, konnte es nur sehr schwer neben der ungleich berühmteren hussitisch-protestantischen Prager Universität bestehen.[280] Bis auf einige wenige katholische Adelige wollte ohnehin niemand die Jesuiten in Prag haben. Dass bei einer von Petrus Canisius gelesenen Messe einer der vielen Jesuitenhasser einen Stein durch das Kirchenfenster warf, war in Prag noch sein kleinstes Problem.[281] Immerhin wurde das Prager Jesuitenkolleg für ihn zum Anlass, 1560/61 die ersten jesuitischen Schulregeln abzufassen. Über Umwege haben diese Schulregeln auch auf die berühmte *Ratio studiorum* von 1599, das offizielle Regelwerk der Gesellschaft Jesu für ihren Unterricht bis ins 20. Jahrhundert, eingewirkt.[282]

Solche und ähnliche Probleme beanspruchten einen großen Teil der Arbeitszeit von Petrus Canisius in den 1550er und 1560er Jahren, als die Sorge um die Errichtung von Jesuitenkollegien seine hauptsächliche Beschäftigung war. Aber diese Probleme in Innsbruck, Hall und Prag, die man durch einen ganzen Katalog von weiteren Problemen in den anderen entstehenden Kollegien in Dillingen, Freiburg im Breisgau, Freiburg in der Schweiz, Ingolstadt, Köln, Landsberg, Landshut, Molsheim, München, Speyer, Straßburg, Trier, Würzburg und Zabern[283] ergänzen könnte, waren Probleme in einer Maschine, die seit der Wiener Gründung im Wesentlichen bereits ins Laufen gekommen war. Den Jesuiten und ihren Kollegien gehörte allen kleineren und größeren Problemen zum Trotz auch im römisch-deutschen Reich die Zukunft. Das wurde bald auch institutionalisiert: Petrus Canisius wurde von Ignatius von Loyola am 7. Juni 1556 in einem seiner letzten Akte vor seinem Tod am 31. Juli zum Provinzial der neuerrichteten Oberdeutschen Ordensprovinz ernannt. Das Argument, das Ignatius dem widerstrebenden Petrus Canisius nachreichte, nämlich dass „er ja bereits in Wirklichkeit Provinzial sei"[284], traf zu. Er war mit seinem unermüdlichen Einsatz für die Kollegienidee tatsächlich zum eigentlichen Schwungrad der Installierung der Gesellschaft Jesu im römisch-deutschen Reich geworden. Und man kann sogar noch weiter gehen: Als Veteran des erfolgreichen Kollegienexperiments in Messina gehörte er in die erste Reihe derjenigen, die die Neuerfindung der Gesellschaft Jesu als Schulorden in die Wege geleitet und so für den „unermeßlichen Einfluß des Schulwesens der Jesuiten auf die Jugenderziehung in den katholischen Ländern Europas"[285] gesorgt haben. Nicht nur die Gesellschaft Jesu war nach dieser Neuorientierung eine andere, sondern die ganze Welt – mindestens die katholische.

Konzil von Trient:
Petrus Canisius und die Neuerfindung
der katholischen Kirche

Die Augsburger Domherren waren aufgewühlt und ihr Chef, der Dekan des Domkapitels, bemühte sich nicht, das zu verbergen. In einem Brief vom Februar 1561 an seinen Bischof, den Kardinal Otto von Waldburg, fand er entsprechend klare Worte: Sollte ihr berühmter Domprediger, wie zu befürchten war, aus Augsburg abgezogen werden, um als Theologe beim Konzil von Trient mitzuarbeiten, „so kann der Schaden, den unsere Kirche durch seine Abwesenheit erleiden wird, nicht mit Worten ausgedrückt werden"[286]. Der Kardinal müsse sich in Rom mit aller Kraft dafür einsetzen, dass es nicht so weit komme.

Der Domprediger, um den es hier ging, war Petrus Canisius. In seinen noch nicht einmal zwei Jahren in der Stadt hatte er, wie der Domdekan feststellte, unermüdlich daran gearbeitet, vor Ort „die katholische Wahrheit [...] wieder von Grund auf neu aufzubauen"[287] und war damit überraschenderweise höchst erfolgreich gewesen: Augsburg, die Stadt des berühmten lutherischen Augsburger Bekenntnisses von 1530, die so protestantisch geworden war, dass nicht einmal mehr der Augsburger Bischof vor Ort residieren konnte, sondern ins nahe Dillingen hatte ausweichen müssen; diese Stadt, wo die schwerreichen Fugger bis auf ihren sterbenskranken Chef Anton Fugger entweder bereits vollends protestantisch geworden waren oder kurz davor standen, es zu werden; diese Stadt des Augsburger Religionsfriedens von 1555, durch die der Protestantismus[288] endgültig reichsrechtlich verankert und auch in der Stadt offiziell festgeschrieben worden war: genau diese Stadt hatte dank ihm ein völlig unerwartetes katholisches Revival erlebt. Mit seinen mitreißenden Predigten und seiner tiefen persönlichen Frömmigkeit hatte er gleich in seinem ersten Jahr 1559/60 für eine regelrechte Konversionswelle gesorgt. Durch intensives seelsorgliches Engagement konnte er sehr bald auch die Fugger und ihre Frauen zu geradezu fanatisch begeisterten Katholiken machen.[289] Im Augsburger Bürgertum war es auf einmal wieder eine ernsthafte Option, katholisch zu sein bzw. zu werden. Dank Petrus Canisius gab es wieder so etwas wie ein katholisches Augsburg – und die Augsburger Domherren dachten noch nicht einmal daran, ihn nach Trient zu diesem ominösen Konzil gehen zu lassen, von dem ohnehin niemand so genau wusste, wozu es überhaupt gut sein sollte.

Dass Petrus Canisius zu seinem Posten als Augsburger Domprediger gekommen war, hatte sich einem Zufall verdankt. Im März 1559 war er im Auftrag Kaiser Ferdinands I. als theologischer Berater zum Reichstag in Augsburg gekommen und hatte dort in der Karwoche einige Predigten gehalten. Der Eindruck, den er dabei auf seine Zuhörer gemacht hat, muss geradezu umwerfend gewesen sein.[290] Feurige und überzeugende evangelische Prediger war man in Augsburg seit vielen Jahren gewohnt; aber einen überzeugenden katholischen Prediger hatte man dort offenbar schon lange nicht mehr erlebt. Katholische Priester galten – nicht nur bei den Protestanten – grundsätzlich als Pfründenjäger, als ungebildet und uninspiriert, rhetorisch unbegabt, überheblich und weder fromm noch glaubwürdig. Petrus Canisius war in allem das Gegenteil. Die begeisterten Domherren entschlossen sich rasch, alles daranzusetzen, ihn langfristig an ihre Stadt zu binden – und tatsächlich gelang ihnen das Unerwartete: Mit Unterstützung ihres Bischofs, der seit Jahren enge Kontakte zur Gesellschaft Jesu pflegte und auch in Rom gut vernetzt war, machten sie diesen mittlerweile deutschlandweit bekannten Star der katholischen

Lojolæ jungis Lutherum Augusta quid hoc est?
Quam dispar paritas in paritate tua est

Das Augsburger Jesuitenkolleg wurde erst 1582 gegründet, obwohl Petrus Canisius dort bereits in den 1560er Jahren als Domprediger umfangreich gewirkt hatte. Die Wiederbelebung der katholischen Kirche im zuvor mehrheitlich protestantischen Augsburg ist nicht zuletzt das Werk von Petrus Canisius.

Erneuerung im Juni 1559 zu ihrem Domprediger. Die Zustimmung der jesuitischen Ordensleitung hatte man überraschend schnell erhalten, wohl weil man in Rom auf eine Kollegiengründung in dieser ökonomisch und reichspolitisch bedeutenden Stadt hoffte.[291] Petrus Canisius war ebenfalls sehr angetan. Er ging von Wien nach Augsburg – und er hatte nicht vor, dort einfach nur Domprediger zu sein. Dieses neue Amt sollte für ihn in erster Linie ein Türöffner sein. Als Provinzial der jungen Oberdeutschen Provinz der Gesellschaft Jesu sah er in Augsburg, wie er am 22. April 1559 an seinen Ordensgeneral schrieb,

„eine herausragende Burg, von der aus wir ganz Deutschland überblicken und unterstützen können unter Mithilfe Gottes"[292]. Von hier aus wollte er seine Lebensmission weiterführen und die Erneuerung der katholischen Kirche in Deutschland aus dem Geist des Jesuitenkollegs betreiben.

Dann allerdings kam ihm – und dem Augsburger Domkapitel – die Weltgeschichte dazwischen: Es ging damals nämlich natürlich nicht nur um die Rekatholisierung Augsburgs durch mitreißende Predigten und auch nicht nur um die Erneuerung der katholischen Kirche in Deutschland durch die Gründung von Jesuitenkollegien. Es ging um das Überleben der katholischen Kirche insgesamt. Was aus ihr werden sollte angesichts der unaufhaltsamen Dynamik der Reformation, die Mitte des 16. Jahrhunderts im Begriff war, sich institutionell nachhaltig zu verfestigen, war seit Jahrzehnten eine offene Frage. Gerade zu dem Zeitpunkt, als Petrus Canisius Domprediger in Augsburg wurde, zeichnete sich – nicht zum ersten Mal – ab, dass die katholische Großwetterlage wieder zur Überzeugung neigte, dass ein Konzil hier die zukunftsträchtigen Antworten geben könnte, die man so dringend brauchte. Und Trient sollte – ebenfalls nicht zum ersten Mal – der Ort sein, wo dieses Konzil stattfinden sollte. Tatsächlich sollte dieses Konzil von Trient eine maßgebliche Rolle bei der dringend notwendigen Neuerfindung der katholischen Kirche in der frühen Neuzeit spielen; so maßgeblich, dass man ihm rückblickend sogar zugesprochen hat, quasi im Alleingang eine neue – eine tridentinische – Ära der Kirchengeschichte eingeleitet zu haben.[293] Die Geschichte, wie sich dieses Konzil in den 1560er Jahren wider Erwarten doch zu einem großen Erfolg entwickelt hat, lässt sich (zum Leidwesen der Augsburger Domherren) ohne Petrus Canisius nicht erzählen.

Die Vorgeschichte war einigermaßen kompliziert: Die Idee eines Konzils war schon relativ bald nach Beginn der Reformation als Heilmittel für die Kirchenspaltung ventiliert worden, vor allem vom

Das Konzil von Trient tagte in drei Perioden, die sich über 18 Jahre verteilten (1545–1563). Petrus Canisius nahm zweimal am Konzil teil, 1547 und 1562, und war mitbeteiligt daran, dass das Konzil nicht aufgrund des Konflikts zwischen Kaiser und Papst gesprengt wurde.
Abbildung aus dem „Tyrolischen Adler" von Matthias Burglechner aus dem Jahr 1619.

strengkatholischen Kaiser Karl V. Der hatte geglaubt, durch eine umfassende Reform von Papst, Kurie und Kirche auf einem solchen Konzil könnte er seine deutschen protestantischen Fürsten wieder mit der katholischen Kirche versöhnen und so auch seine Position im Reich und in Europa absichern und ausbauen.[294] Dass sich die Protestanten auf dieses Experiment einlassen und zu einem solchen Konzil gehen würden, war von Anfang an sehr fraglich gewesen. Fatalerweise verhielten sich aber auch die Päpste dieser Idee gegenüber nicht nur deshalb zurückhaltend bzw. direkt ablehnend, weil sie sich ihre innerkirchliche Autorität nicht von einem Konzil unterminie-

PAVLVS · IV · PAPA · NEAPOLITANVS ·

Paul IV. führte als Papst (1555–1559) geradezu ein Schreckensregiment;
er galt auch als eingeschworener Gegner der Jesuiten. Petrus Canisius
hatte mehrfach mit ihm zu tun und hat besonders seine eisenharte
Indexpolitik kritisiert.

ren lassen wollten. Sie fürchteten sich auch davor, dass das Konzil den kaiserlichen Plänen allzu sehr in die Hände spielen könnte und der Papst im Gegenzug im europäischen Mächtespiel noch mehr an Boden verlieren würde, als er ohnehin schon verloren hatte. Absurderweise wollte man in Rom kein Wiedererstarken des Katholizismus durch ein Konzil, wenn sich der Kaiser diesen Triumph auf die Fahnen hätte schreiben können.[295]

Als Papst Paul III. nach zermürbenden Verhandlungen und mehreren Fehlstarts dann schließlich doch im Jahr 1545 ein Konzil in Trient eröffnet hat, war das nicht nur eine lächerlich kleine Veranstaltung geworden, die nach zwei wenig eindrucksvollen Jahren angesichts des päpstlich-kaiserlichen Gegensatzes bereits wieder zum Erliegen kam. Auch die Hoffnung auf eine Versöhnung mit den Protestanten hatte sich schon bei dieser ersten Sitzungsperiode als Illusion erwiesen. Das Konzil war von Beginn an eine praktisch rein innerkatholische Angelegenheit gewesen; eine nennenswerte Beteiligung von protestantischen Vertretern hat es nie gegeben. Das änderte sich auch auf der mühsam in Gang gebrachten zweiten Sitzungsperiode von 1551/52 nicht. Als angesichts der militärischen Konflikte zwischen Karl V. und den protestantischen Adeligen Deutschlands auch diese zweite Sitzungsperiode des Konzils innerhalb kürzester Zeit einging und dann noch dazu 1555 mit Paul IV. ein in der Wolle gefärbter Konzilshasser zum Papst gewählt wurde, schien das Projekt Konzil endgültig und mit Pauken und Trompeten gescheitert zu sein. Und zwar nicht nur im Blick auf die Versöhnung mit den Protestanten, sondern auch im Blick auf die dringend notwendige Neuerfindung der katholischen Kirche in diesem turbulenten Reformationsjahrhundert.

Als 1560, im Jahr nach dem Ende des katastrophalen Pontifikats von Paul IV., das Konzil wider Erwarten doch wieder auf die Tagesordnung zurückkehrte, war die Begeisterung nicht nur bei den Augsburger Domherren enden wollend, die um ihren städtischen Starprediger bangten. Auch Petrus Canisius selbst hatte – vielleicht auch aufgrund seiner ernüchternden Erfahrungen als Kurzzeittheologe im Frühling 1547 bei der ersten Konzilsperiode, wo er mitten in die Spaltung der Konzilsväter in eine päpstliche und eine kaiserliche Versammlung hineingeraten war,[296] – keine besondere Lust, nach Trient zu gehen. Dass er einen seiner Mitarbeiter ermahnt hatte, Italien und Spanien müssten sie vergessen und sich „Deutschland allein hingeben, nicht auf einige Zeit, sondern für das ganze Leben"[297], meinte er auch so. Warum ins italienische Trient gehen, wenn in Deutschland so viel Arbeit auf ihn wartete! Und überhaupt dürfte er mit seinem 1556 verstorbenen Ordensvater Ignatius von Loyola der Überzeugung gewesen sein, dass seine Arbeit für ein jesuitisches Schul- und Kollegiensystem und damit für die Erziehung der Jugend ohnehin viel effektiver war für das Wiedererstarken des Katholizismus als ein Konzil.[298]

Anderer Meinung war allerdings Kardinal Stanislaus Hosius, der seit Anfang 1560 als päpstlicher Legat in Wien war, um mit dem Kaiser – seit Abdankung und Tod Karls V. war das dessen Bruder Ferdinand I. – über die baldige Wiedereröffnung des Konzils zu verhandeln. Gegen den Widerstand der Augsburger Domherren zitierte er Petrus Canisius nach Wien, damit der deutschlanderfahrene und beim Kaiser gut angeschriebene Jesuit ihm dort als Berater zur Seite stehen konnte. Kein Wunder also, dass mindestens im katholischen Teil Augsburgs die Angst umging, dass es nur noch eine Frage der Zeit war, bis ihnen ihr berühmter Domprediger nicht nur für eine solche Beratertätigkeit, sondern längerfristig abhandenkommen würde. Man wusste, dass Petrus Canisius nicht nur bei ihnen in Augsburg, sondern bis hinauf in höchste kirchliche Kreise eine Berühmtheit war – und Berühmtheiten haben es fatalerweise so an sich, dass jeder sie haben will.

Kurzzeitig schien es allerdings, dass man sich in Augsburg zu früh Sorgen gemacht hatte. Auch bei der jesuitischen Ordensleitung

STANISLAVS HOSIVS CARDINALIS EPISCOPVS
VARMIENSIS CONC TRIDET PRÆSES
Austrus patria, pugnat, pietate, gerit
Pratia sunt monstis Hosius, & superat. 34
Artibus hic cunctis dexterrimus, omnibus armis
Queis valet hostis atrox, Hosius exuperat

Der polnische Bischof und Kardinal Stanislaus Hosius war ein wichtiger
geistlicher Autor und zugleich eine wichtige Gestalt in der päpstlichen
Kurie. Er hat Petrus Canisius sehr gefördert; Petrus Canisius hat seinerseits
Schriften von ihm übersetzt.
Kupferstich von Philipp Galle, 1572–1612.

war man nämlich dafür, Petrus Canisius in Augsburg zu halten und nicht nach Trient zu schicken; man hatte andere Jesuitentheologen zur Verfügung, die den Einfluss des Ordens beim Konzil sicherstellen konnten.[299] Diese jesuitische Unterstützung schien den Wind zu drehen, sodass sich Petrus Canisius von Augsburg aus im Oktober 1561 bei Alfonso Salmerón, einem der Jesuitentheologen für Trient, dafür bedankte, dass er ihm die Erlaubnis verschafft hatte, „als Prediger, wenn auch armer und kalter, weiter hier zu bleiben, statt abzureisen und in Trient die Rolle eines inkompetenten Theologen zu spielen"[300]. Aber er hatte die Rechnung ohne den Wirt gemacht. Je konkreter in den kommenden Wochen die Einberufung des Konzils wurde, umso konkreter wurde es schließlich auch, dass man nicht darum herumkommen würde, ihn doch nach Trient gehen lassen zu müssen. Kardinal Hosius hatte ihn nämlich in Wien mehr denn je schätzen gelernt und drängte immer stärker darauf, ihn auch auf dem Konzil um sich zu haben. Dass ihm Petrus Canisius im Dezember 1561 schrieb, er wäre wegen seiner intellektuellen Unzulänglichkeiten angesichts der geballten theologischen Kompetenz vor Ort „wie eine Gans unter Schwänen"[301], zog ebenso wenig wie der geradezu verzweifelte Appell der Augsburger, ihr Domprediger, der bei ihnen „mit seinen täglichen Predigten und Ermahnungen Wunder gewirkt" habe, könne „unmöglich in Trient mehr Gutes bewirken als er hier in Augsburg tut"[302]. Kardinal Hosius war und blieb anderer Meinung. Nachdem er im März 1562 zu einem der fünf päpstlichen Legaten und damit ins Leitungsteam des im Jänner feierlich wiedereröffneten Konzils bestellt worden war,[303] berief er sich schon im Mai Petrus Canisius gegenüber auf die päpstliche Autorität. So sollte ihm jede weitere Ausflucht, warum er in Augsburg doch besser als in Trient aufgehoben wäre, unmöglich gemacht werden. Das zog. Der päpstlichen Autorität konnte und wollte Petrus Canisius nichts mehr entgegensetzen und reiste stante pede Richtung Trient ab. Schon Mitte Mai kam er dort an.

Angesichts dieses langen und intensiven Tauziehens um Petrus Canisius zwischen Augsburg und Trient fällt auf, was für eine höchst bescheidene Rolle er bei den Konzilsberatungen selbst dann tatsächlich gespielt hat. Zwar dürfte er in der Konzilsöffentlichkeit als Informant über die deutschen Zustände eine gewisse Bedeutung gehabt haben. Und er war auch in die Kommission zur Revision des Index gewählt worden – ein Thema, das ihm seit Jahren am Herzen lag. Aber eine besonders aktive Rolle scheint er dort nicht gespielt zu haben. Seine Bedeutung für die unmittelbare Konzilsarbeit ist insgesamt sehr überschaubar geblieben: In den fünf Wochen, die er im Mai und Juni 1562 in Trient verbracht hat, hat er sich genau einmal in der Diskussion zu Wort gemeldet – allerdings zu einem Thema, das die Gemüter damals mächtig erhitzte: Es ging um die Frage, ob es erlaubt und möglicherweise sogar notwendig war, auch den Laien die Kelchkommunion zu spenden, wie es die böhmischen Hussiten seit der ersten Hälfte des 15. Jahrhunderts und die Protestanten seit einigen Jahrzehnten taten.[304]

Petrus Canisius optierte in Trient mit Blick auf reformkatholische Initiativen im süddeutschen Raum[305] dafür, dass der Kelch mindestens in gewissen Regionen und unter gewissen Umständen auch für Katholiken zugänglich gemacht werden sollte, um sie nicht in die Arme der Protestanten zu treiben. Als einer von insgesamt 63 Theologen in der entsprechenden Diskussionsrunde hat er mit dieser Einschätzung den unmittelbaren Gang der Konzilsdiskussion zwar kaum beeinflusst. Aber spannenderweise sollte seine Wortmeldung außerhalb des Konzils unerwartete Folgewirkungen nach sich ziehen. Diesen außerkonziliaren Folgewirkungen hatte er es schon sehr bald zu verdanken, dass er über Umwege in den engsten Kreis derjenigen Theologen hineingeriet, die in der letzten großen Krise des Konzils mit darüber zu entscheiden hatten, ob das Konzil von Trient erfolgreich abgeschlossen werden konnte oder kurz vor dem Ende doch noch kolossal scheitern würde.

Vorläufig allerdings war Mitte Juni 1562 seine Zeit am Konzil auch schon wieder vorbei.[306] Der Augsburger Kardinal Otto von Waldburg hatte bereits am 6. Juni an Kardinal Hosius geschrieben, sein Domprediger habe auf dem Konzil mittlerweile doch wohl „erfüllt, was unter Euch von ihm gefordert wurde". Mit jedem Tag seiner Abwesenheit werde der „Schaden für Augsburg [...] durchaus größer als der Gewinn für Trient" und es sei geradezu „ein Vergehen gegen die Religion", wenn man ihn nicht bald zurückkommen lasse.[307] Hosius sperrte sich nicht länger. Nur wenige Tage, nachdem Petrus Canisius seine Wortmeldung zur Kelchdiskussion abgegeben hatte, war er nach Norden aufgebrochen, um nach einem Zwischenstopp in Innsbruck zur Eröffnung des dortigen Kollegs weiter Richtung Augsburg zu reisen. Er kam endlich wieder an den Ort zurück, wohin er nach der Einschätzung von Otto von Waldburg „von Gott gesandt worden [war], wie die unglaublichen Erfolge seiner Arbeit beweisen"[308]. Wenn es nach Petrus Canisius gegangen wäre, wäre sein Abenteuer als Konzilstheologe damit zu Ende gewesen. Aber wieder einmal ging es nicht nach ihm.

Verantwortlich dafür war Kaiser Ferdinand, der ihn seit der Gründung des Wiener Jesuitenkollegs Anfang der 1550er Jahre als kraftvollen Prediger und Organisator der katholischen Erneuerung in Österreich kennen und schätzen gelernt hatte. Offenbar hatte Ferdinand aber nie daran gedacht, ihn auch als kaiserlichen Theologen nach Trient zu schicken, was auf den ersten Blick naheliegend gewesen wäre.[309] Das Problem war: So effektiv und verlässlich sich Petrus Canisius und die Jesuiten vor Ort für den katholischen Wiederaufbau in Bildung und Seelsorge erwiesen hatten, so sehr standen sie bei Ferdinand und bei vielen anderen im nicht unbegründeten Verdacht, in theologischen Grundsatzfragen, wie sie auf einem Konzil verhandelt wurden, radikale Papalisten zu sein und deshalb im Zweifelsfall immer zum Papst zu halten. Als römisch-deutscher Kaiser brauchte er aber Theologen, die am Konzil seine Anliegen auch dann mit

Nachdruck vertreten konnten, wenn der Papst und seine Vertreter andere Anliegen verfolgten. Was seine Anliegen für das Konzil waren, hatte Ferdinand im Frühling 1562 in einem umfassenden Reformlibell zusammenstellen lassen. Dieses Reformlibell enthielt alle damals gängigen Dauerbrenner der katholischen Reformkräfte vom Rückbau der kurialen und päpstlichen Befugnisse über die Residenzpflicht für Bischöfe und die Abschaffung des Pflichtzölibats bis hin zur Reform der Priesterausbildung.[310] Und hier zeichnete sich bald ein massiver Konflikt ab.

Der Papst hatte es dem Kaiser sehr übel genommen, dass er das Konzil dazu gedrängt hatte, diese und zahlreiche andere Reformpunkte notfalls auch gegen den Papst durchzusetzen und sogar die Reform des Papstamtes und der römischen Kurie zur Konzilssache zu machen. In Rom schrillten sofort alle Alarmglocken; das Schreckgespenst eines antipäpstlichen Konzils, das man seit den Erfahrungen auf den Reformkonzilien des 15. Jahrhunderts in Konstanz und Basel so sehr fürchtete, schien wieder umzugehen. Bevor es dazu kommen sollte, so die römische Haltung, wäre es besser, das Konzil aufzulösen. – Die Jesuiten standen in dieser Sache ganz auf der Seite des Papstes: Ein Konzil konnte nach ihrer Meinung nie über dem Papst stehen und hatte schon gar nicht das Recht, an einer Reform des Papstamtes zu arbeiten; nur der Papst selbst konnte als oberster Hirte der Kirche das Papstamt reformieren. Ein weltlicher Herrscher wie der Kaiser konnte dem Konzil und dem Papst zwar Vorschläge für die Reform der Kurie und der Kirche insgesamt machen; aber das Konzil gegen den Papst der Kirche auszuspielen, das ging zu weit.

Petrus Canisius war in diesem Sinn tatsächlich ein „streng papalistischer"[311] Jesuit und deshalb keine Option für den Kaiser mit seinen Reformanliegen gewesen, als der seine Gesandten nach Trient geschickt hatte. Dass Petrus Canisius sich dann aber plötzlich doch als theologischer Berater des bei Bedarf durchaus papstkritischen Kaisers wiederfand, dürfte ihn selbst am meisten überrascht haben. Diese unerwartete Wendung hatte er seiner Wortmeldung zur Kelchkommunion auf dem Konzil von Trient zu verdanken, die in der dortigen Theologenversammlung zuerst mehr oder weniger wirkungslos verpufft war. Nun gehörte aber der Laienkelch als zentrale Forderung auch zum Reformlibell Ferdinands. Dass Petrus Canisius sich in Trient gegen die jesuitische Linie einer unbedingten Ablehnung des Laienkelchs gestellt und damit eine deutlich andere Meinung als die anderen anwesenden Jesuitentheologen – darunter kein geringerer als sein Ordensgeneral Diego Laínez – vertreten hatte,[312] hatte auf den Kaiser Eindruck gemacht. Erfahren hatte er davon von seinem Vertreter am Konzil Bischof Georg Drašković, der ihm am Tag nach der Wortmeldung von Petrus Canisius geschrieben hatte: „Nur Canisius hat gestern sehr zweckmäßig gesprochen und die Väter günstiger gestimmt für die Kelchgestattung."[313] Ferdinands Schlussfolgerung: Mit diesem Jesuiten konnte man offenbar vernünftig reden, ohne dass man wie bei anderen Jesuitentheologen von vornherein damit rechnen musste, dass sie allen Reformwünschen aus dem deutschen Norden „mit höhnischen Worten" entgegentraten, obwohl sie tatsächlich nur „mit sehr schwachen Beweisen" dagegen argumentieren konnten.[314]

Kaiser Ferdinand war natürlich klar, dass Petrus Canisius auch weiterhin ein Jesuit war, der mit Herz und Hirn am Papst hing. Immerhin hatte er schon im Herbst 1562 in einem Gutachten für den Kaiser dafür plädiert, die Kelchkommunion für Laien keinesfalls gegen den päpstlichen Willen auf die Tagesordnung des Konzils zu bringen.[315] Aber er hatte durch sein Trienter Votum für die grundsätzliche Möglichkeit des Laienkelchs doch gezeigt, dass er erstens für die großen Probleme in Deutschland sensibel war und zweitens bereit, ernsthaft (und im Zweifelsfall auch anders als die anderen Jesuitentheologen) darüber nachzudenken, wie man die deutschen Reformanliegen mit den römischen Anliegen zusammenbringen könnte. Das war Anfang 1563 nötiger geworden denn je; es stand Spitz auf Knopf, ob wegen der Unvereinbarkeit der Anliegen der kaiserlichen Reformpartei mit den Anliegen der päpstlichen Partei in Trient das Konzil gesprengt werden würde. In dieser Situation wurde Petrus Canisius zum Konzilsberater des Kaisers ernannt.

Der Hintergrund war folgender: Im November 1562 waren nach langem Zögern die französischen Bischöfe zum Konzil gekommen, die durch die Bank eifrige Vertreter einer Kirchenreform waren und in alter französischer Tradition auch sehr selbstbewusst gegenüber Rom und dem Papst auftraten. Es zeichnete sich für Ferdinand I. also eine Koalitionsmöglichkeit seiner Konzilsbischöfe mit den französischen Bischöfen ab, um von Trient aus gemeinsam den Druck auf den Papst zu verstärken und endlich die lange geforderte Reform an Haupt und Gliedern – vom Papst bis hinunter zum letzten Dorfkaplan – durchzuführen. Das Konzil hätte endlich zu seiner Kraft finden und die dringend nötige katholische Erneuerung angehen können, ohne sich noch länger von römischen Verzögerungstaktiken beeindrucken zu lassen. Dass Rom da nicht einfach mitspielen und das Konzil lieber platzen lassen würde, als sich vom Konzil Reformen vorschreiben zu lassen, war allerdings von vornherein klar. Ferdinand, der seit einiger Zeit in Innsbruck residierte, um näher am Trienter Geschehen zu sein, war in einem Dilemma: Er wollte das Konzil und er wollte, dass es sich bei der dringenden Reform der Kirche stärker von den päpstlichen Vorgaben emanzipierte; aber er wollte den Papst nicht heillos in eine Ecke drängen und dafür verantwortlich sein, dass der keinen anderen Ausweg mehr sah, als das Konzil zu beenden. Damit wäre nicht nur das Konzil gescheitert, sondern auch das dringende Anliegen Ferdinands, eine katholische Erneuerung zu initiieren, die er für seine Religionspolitik im Reich und in Österreich so dringend brauchte.

Um hier einen Weg zu finden, entschloss sich Ferdinand, einen kleinen Rat von Theologen an seinem Hof zu installieren, der ihm bei der Gestaltung seiner Konzilspolitik zur Seite stehen sollte. Am 3. Februar 1563 erreichte Petrus Canisius eine kaiserliche Depesche

Dieses Historiengemälde von Cesare Fracassini aus dem Jahr seiner Seligsprechung (1864) zeigt Petrus Canisius im Gespräch mit Kaiser Ferdinand I.,
seinem wichtigsten politischen Verbündeten, und dem Augsburger Bischof
Otto von Waldburg, seinem wichtigsten bischöflichen Verbündeten.

aus Innsbruck mit einer klaren Ansage: „Es ist Unser gnädiger Befehl, daß Du Dich unverzüglich hieher an Unseren kaiserlichen Hof begebest".[316] Petrus Canisius reiste sofort aus Augsburg ab und wurde Mitglied des kaiserlichen Theologenrates in Innsbruck. In diesem Rat hat er eine wichtige Rolle dabei gespielt, dass das Konzil wider Erwarten doch noch zu einem gütlichen Abschluss gebracht werden konnte.

Allerdings: Dass er diese wichtige Rolle gespielt hat, hatte weniger mit dem zu tun, was er in diesem Rat im Einzelnen getan hat. Dass Petrus Canisius im tiefsten theologischen Inneren ein Papalist war und im Februar auf die entscheidende kaiserliche Frage an den Innsbrucker Theologenrat, ob das Konzil die Reform des Papstamtes und der Kurie selbst in die Hand nehmen sollte, in typisch jesuitischer Manier antworten würde, dass eine solche Reform nur durch den Papst selbst durchgeführt werden könne,[317] war schon vorher klar gewesen. Auch bei der zweiten Einberufung eines Theologenrates im April 1563 anlässlich der kaiserlichen Verhandlungen mit dem päpstlichen Konzilslegaten Giovanni Morone um die Zukunft des Konzils war klar gewesen, dass Petrus Canisius wiederum strikt päpstlich argumentieren würde. In einem Sondervotum gegen die anderen Ratsmitglieder, das er zu diesem Anlass abgegeben hatte, hatte er jeden Druck auf den Papst abgelehnt. Damit würde man nur „Seine Heiligkeit beleidigen und seinen Eifer für die bereits in Angriff genommene Reform abkühlen"[318], die ganz grundsätzlich „leichter durch den Papst als durch das Konzil bewerkstelligt werden"[319] könne.

Aber warum war er dann überhaupt in den Theologenrat berufen worden, wenn seine theologischen Haltungen ohnehin schon klar waren und der Kaiser sich von ihm nicht neue theologische Einsichten erhoffen konnte?

Es scheint, dass die Bedeutung der Berufung des Papstfreundes Petrus Canisius in den kaiserlichen Theologenrat nicht primär deshalb erfolgt ist, weil der Kaiser unbedingt seine theologische Expertise benötigte. Diese Berufung war vielmehr deshalb hoch bedeutsam,

Kardinal Giovanni Morone (1509–1580) war unter dem fanatischen Paul IV. noch als angeblicher Kryptolutheraner in Haft gewesen, kurze Zeit später wurde er von Pius IV. zu seinem Legaten auf dem Konzil von Trient gemacht. In dieser Funktion hatte er auch (nicht zum ersten Mal) mit Petrus Canisius zu tun.

weil sie ein deutliches Signal an die gegnerische päpstliche Partei aussendete. Mit dieser Berufung sollte gezeigt werden, dass der Kaiser trotz der Möglichkeiten, die sich nicht zuletzt durch die Ankunft der reformfreudigen französischen Bischöfe ergeben könnten, nicht an einer radikal antipäpstlichen Vorgehensweise interessiert war, um seine Reformanliegen notfalls auch gegen Rom durchzudrücken und das Konzil quasi gegen den Papst zu wenden. Es sollte gezeigt werden, dass der Kaiser als guter Katholik bereit war, auch die päpstliche Perspektive zu berücksichtigen und in Gestalt des Papalisten Petrus Canisius sogar in seinen engsten theologischen Beraterkreis zu holen. Die Botschaft an Rom lautete damit aber gleichzeitig auch: Jetzt sollte im Gegenzug der Papst auf die kaiserlichen Reformanliegen eingehen.[320]

Dass der Papst im Frühling 1563 mit Kardinal Giovanni Morone seinen wichtigsten Mann beim Konzil zum Kaiser nach Innsbruck geschickt hatte, um dort Gespräche zu führen, zeigt, dass man in Rom diese Botschaft gehört und verstanden hatte. Der gewiefte Diplomat Morone versicherte dem Kaiser in päpstlichem Auftrag, dass der Papst die Reform der Kirche von ganz oben bis ganz unten natürlich betreiben werde und dass es deshalb keinen Grund gebe, das Konzil in dieser Sache gegen den Papst auszuspielen. Es kam daraufhin zu einer Übereinkunft zwischen dem Kaiser und dem Papst, die die Grundlage dafür bot, dass das Konzil weiterarbeiten konnte und dabei sogar fruchtbarer denn je war.[321]

Als dieses längste Konzil der Kirchengeschichte (1545–1563) etwa ein halbes Jahr nach der Bewältigung seiner letzten großen Krise im Dezember feierlich abgeschlossen werden konnte, konnten es viele Konzilsväter beinahe nicht fassen. Es flossen Freudentränen, Bischöfe von verfeindeten Konzilsfraktionen fielen sich in die Arme, der Trienter Dom hallte wider von Jubelrufen. Man hatte das Unmögliche geschafft und ein Konzil mit zukunftsweisenden Reform- und Lehrdekreten zu einem glücklichen Ende gebracht, das schon bald zum wichtigsten Bezugspunkt der neuzeitlichen Neuerfindung der katholischen Kirche werden sollte. Schon im Jänner 1564 bestätigte der Papst das Konzil – und löste bereits im März einen der dringendsten Reformwünsche des Kaisers ein, indem er für die Bischöfe in gewissen deutschen Gebieten eine Vollmacht ausstellte, den Laienkelch zu gewähren. Eine Hand wäscht die andere; die Innsbrucker Übereinkunft mit Morone hatte sich auch für Ferdinand ausgezahlt. Der Kaiser hatte zwar die römische Kontrolle über das Konzil in wichtigen Belangen akzeptiert – aber der Papst kam ihm dafür mit der Gewährung eines wichtigen Reformanliegens entgegen.[322] Nur deshalb hatten beide das Konzil weiterarbeiten lassen und nur deshalb ist das Konzil von Trient im Endeffekt ein Erfolg geworden.

Man wird den unmittelbaren Beitrag von Petrus Canisius für den Erfolg des Konzils nicht überschätzen dürfen, darauf ist mit guten

Gründen hingewiesen worden.[323] Er hat zwar für die Rezeption des Konzils in Deutschland wichtige Beiträge geleistet: durch die Geheimaktion der (nur teilweise erfolgreichen) Übergabe der gedruckten Konzilsdekrete an die Fürstbischöfe im Jahr 1565; durch die Mitarbeit an der wichtigen nachtridentinischen Augsburger Diözesansynode von 1567; durch die deutsche Übersetzung des von Trient inspirierten Römischen Katechismus von 1568; durch die im Sinne des nachtridentinischen Römischen Breviers durchgeführte Reform des augsburgischen Diözesanbreviers[324]. Auf das Konzil selbst allerdings hat er als Konzilstheologe tatsächlich kaum Einfluss genommen. Und doch: Dass es zu einer Versöhnung in Konzilssachen zwischen Kaiser und Papst – und damit in weiterer Folge zu einem erfolgreichen Konzilsabschluss – gekommen ist, verdankte sich nicht nur dem herausragenden diplomatischen Geschick von Giovanni Morone, der zu Recht als „Retter des Konzils"[325] gilt. Sie verdankte sich auch der großen symbolischen Kraft der Berufung von Petrus Canisius in den kaiserlichen Theologenrat in Innsbruck: Er wurde dort zum Symbol der Versöhnung der kaiserlichen und der päpstlichen Anliegen, ohne die an einen Erfolg des Konzils nicht zu denken gewesen wäre. Damit ist nicht nur die Neuerfindung der Gesellschaft Jesu aus dem Geist des Jesuitenkollegs von Messina, sondern auch die Neuerfindung der katholischen Kirche aus dem Geist des Konzils von Trient eng mit ihm verbunden gewesen. Auch in dieser Sache war er „der richtige Mann am richtigen Ort zur richtigen Zeit"[326] gewesen.

4. Kapitel

Zwischen Kirchenvätern und Katechismus

Kirchenväter:
Petrus Canisius und der Kampf
um die kirchliche Tradition

Die Solothurner Kantonsregierung wusste, wie sie dem altgewordenen Petrus Canisius eine Freude machen konnte. 1594 hatte er in einem volkstümlichen Buch das Leben ihres Schutzheiligen Urs beschrieben und dafür wollten sich die Solothurner bei ihm mit einem großzügigen Geschenk bedanken. Sie schafften sich für teures Geld zwei mehrbändige Werkausgaben der beiden spätantiken Kirchenväter Ambrosius und Hieronymus an und ließen sie ihm in seinem Alterssitz im schweizerischen Freiburg zukommen, wo er sie Anfang 1597 in Empfang nehmen konnte. Wie erwartet war Petrus Canisius hocherfreut. Am 20. April schrieb er seinem Freund Hans Jakob von Staal, der dieses Geschenk eingefädelt hatte,[327] zwar würden ihm mittlerweile die Beine den Dienst versagen und auch sonst sei er ein alter und gebrechlicher Mann – aber immerhin könne er nun dank dieser Bücher ausgiebige Spaziergänge in den Wäldern der Gelehrsamkeit von Ambrosius und Hieronymus machen.[328] Kaum mehr als acht Monate später war er tot.

Die Faszination für die Kirchenväter und ihre Theologie war keine Altersleidenschaft von Petrus Canisius, die er sich erst in der Zeit seines Freiburger Ruhestandes zugelegt hatte. Sie hatte ihn quasi sein ganzes erwachsenes Leben hindurch begleitet. Begonnen hatte alles in seinen Kölner Lehrjahren in den 1530er und 1540er Jahren, die in eine für die Kirchenväterkunde – die Patrologie – wichtige Phase der Neuausrichtung gefallen waren. Das patrologische Engagement von

Petrus Canisius ist nur im Kontext dieser Neuausrichtung zu verstehen, bei der es im Wesentlichen um zwei neuaufgekommene Anliegen ging.

Das erste Anliegen bestand in einer bewussten Verwissenschaftlichung der Beschäftigung mit den Kirchenvätern: Zwar hatten die Kirchenväter schon den mittelalterlichen Theologen als die wichtigsten Interpreten des Evangeliums gegolten, ohne die man keine gute Theologie betreiben konnte. Aber erst am Anfang der Neuzeit – im Gefolge der Antikenbegeisterung von Renaissance und Humanismus – begann man sich nach und nach bewusst zu werden, dass man die Kirchenväter nur dann angemessen verstehen konnte, wenn man sich nach Möglichkeit ihr gesamtes Werk vor Augen führte. Im Mittelalter hatte man sich über weite Strecken mit den Formaten des Sentenzenbuches und des Katenenbuches begnügt, in denen Zitate aus den Kirchenväterschriften herausgebrochen und passend zu theologischen Themenbereichen bzw. biblischen Abschnitten gesammelt worden waren. Damit wollte man sich jetzt nicht mehr zufriedengeben. Man wollte Werkausgaben, in denen die Schriften der Kirchenväter möglichst umfassend zusammengestellt waren.[329] Und genau an diesen bislang weitgehend fehlenden Werkausgaben arbeiteten die frühen Patrologen des 16. Jahrhunderts mit Feuereifer.[330] Sie suchten in den Archiven und Bibliotheken nach den besten Handschriften und machten kritische Textvergleiche, um die verlässlichste und kompletteste Version der diversen Kirchenväterschriften zu rekonstruieren. Die Patrologie wurde so von einem großen theologischen Zettelkasten zu einer philologischen Wissenschaft.

Das ist die eine von zwei Entwicklungen, die für die patrologische Arbeit von Petrus Canisius eine wichtige Rolle gespielt haben. Noch wichtiger war allerdings die andere: Nur auf den ersten Blick paradoxerweise war nämlich neben der philologischen Verwissenschaftlichung auch die Verschärfung der religiösen Konflikte zwischen Protestanten und Katholiken ein wichtiger Faktor bei der Entwicklung der Patrologie in dieser Zeit. Wie die Theologie, die Politik, die Bildung und die religiöse Praxis wurde auch die Patrologie zum Schlachtfeld, auf dem die wachsenden konfessionellen Gegensätze ausgefochten wurden. Anfänglich waren hier die Protestanten klar im Vorteil; das ärgerte Petrus Canisius sehr, weil er die Kirchenväter in allem als das glatte Gegenteil der Protestanten betrachtete. Und wirklich ist es zuerst einmal überraschend, dass die protestantischen Gelehrten auf dem Feld der Patrologie vorerst das Heft in der Hand hatten. Immerhin ging man protestantischerseits mit großem Selbstbewusstsein davon aus, dass die eigenen theologischen Überzeugungen unmittelbar biblisch begründet waren und letztlich keinerlei Bestätigung durch die seit Jahrhunderten verehrten Kirchenväter brauchten. Aber trotzdem arbeiteten gerade die protestantischen Gelehrten mit Nachdruck daran, die theologischen Quellen aus der alten Kirche in großen Werkausgaben zu erschließen: Dabei spielte natürlich die humanistische Liebe zur Vergangenheit eine Rolle, von der viele protestantische Gelehrte umgetrieben waren – aber eben auch ein kontroverstheologisches Motiv: Wenn sich aus den Kirchenväterschriften Argumente für ihre reformatorischen Positionen ergaben, umso besser. Wenn nicht, dann konnte man die entsprechenden Quellen immer noch als frühen Ausdruck des antichristlichen und widergöttlichen katholischen Papismus interpretieren, gegen den die Reformation ankämpfte. Kontroverstheologisches Material boten die Kirchenväter auf jeden Fall.

Bei den Katholiken stürzte man sich nach einer gewissen Schockstarre ebenfalls in die systematische Erschließung der Schriften der Kirchenväter. Man verfolgte im Wesentlichen eine Doppelstrategie: Es ging erstens darum, zu beweisen, dass die reformatorischen Neuerer genau das waren: Neuerer, die sich im 16. Jahrhundert eine neuerfundene Theologie, ein neuerfundenes Kirchenbild und eine neuerfundene religiöse Praxis zurechtgeschustert hatten, die mit der seit der Zeit der Apostel überlieferten christlichen Tradition nichts zu tun hatten. Die Kirchenväter wurden als frühe Zeugen gegen diese reformatorische Verfälschung des Evangeliums herangezogen.[331] Man wollte aber nicht nur Material *gegen* den protestantischen Gegner sammeln. Es ging zweitens auch darum, Material *für* die katholische Sache zu sammeln. Den massiv unter Beschuss geratenen Katholiken – mindestens denjenigen, die sich im akademischen Milieu bewegten – sollte vorgeführt werden, dass die katholische Theologie, das katholische Kirchenbild und die katholische religiöse Praxis des 16. Jahrhunderts die altehrwürdige Tradition der antiken Kirchenväter fortführten. Man konnte deshalb, so die Botschaft, allen reformatorischen Angriffen zum Trotz mit erhobenem Haupt katholisch sein. Die Herausgabe von katholischen Kirchenväterausgaben sollte in diesem Sinn das seit Jahrzehnten arg in Mitleidenschaft gezogene katholische Selbstbewusstsein befördern und damit zur Wiederbelebung der Kirche beitragen. Die Jesuiten wurden schon bald nach ihrer Gründung im Jahr 1540 zu den vielleicht wichtigsten Trägern dieser erneuerten und bald sehr selbstbewussten katholischen Patrologie. Und der erste aus der langen und illustren Reihe von Jesuitenpatrologen in der frühen Neuzeit war Petrus Canisius.[332] In ihm verkörperten sich die zentralen Anliegen der katholischen Patrologie seiner Zeit.

Seine ersten Sporen als Patrologe verdiente sich Petrus Canisius – ganz dem Trend der Zeit entsprechend – als Kirchenväterherausgeber. Schon bevor er in die Gesellschaft Jesu eingetreten war und dann noch in seinen ersten Jahren als Jesuit, sah es sogar so aus – und vielleicht sah er es auch selbst so –, als ob er die Karriere eines Buchgelehrten und damit ein zurückgezogenes Leben im Studierzimmer mit dem Schreiben und Herausgeben von Büchern vor sich hatte. Er lehrte an der Universität Köln, er vergrub sich in die Bibliothek vor Ort und er arbeitete schon mit nur knapp über zwanzig Jahren an seiner ersten Buchveröffentlichung. Nur wenige Wochen nach seinem Eintritt in die Gesellschaft Jesu publizierte er im Juni 1543 einen Band mit – authentischen und nichtauthentischen – Texten des spätmittelalterlichen deutschen Mystikers Johannes Tauler. Dieses Buch war nicht nur sein erstes Buch, es war auch das erste Buch eines Jesuiten überhaupt und stand damit am Anfang einer Reihe von über 30.000 Büchern, die von Jesuiten bis 1773 veröffentlicht worden sind.[333] Aber diese Tauler-Ausgabe war nur der Anfang, quasi die herausgeberische Fingerübung für den künftigen Kirchenväterherausgeber Petrus Canisius. 1546 und damit nur drei Jahre später gab er gerade 25-jährig nämlich gleich zwei weitere Werkausgaben in mehreren Bänden in Druck, diesmal von den beiden Kirchenvätern Kyrill von Alexandrien (ca. 375–444) und Papst Leo dem Großen (ca. 400–461).[334] Nicht mehr der spätmittelalterlichen Mystik à la Tauler, die in der Gesellschaft Jesu schon bald als dogmatisch verdächtig galt und deren Lektüre den Jesuiten schließlich sogar ausdrücklich verboten wurde,[335] sondern den Kirchenvätern widmete er von nun an sein hauptsächliches schriftstellerisches und herausgeberisches Engagement. Es lohnt sich, einen etwas genaueren Blick auf diese Kirchenväterausgaben zu werfen. An ihnen zeigt sich nämlich, dass er tatsächlich schon in dieser Phase seines Lebens alles andere als ein zurückgezogener Büchergelehrter war, der Wissenschaft im Elfenbeinturm betrieb. Was er später als Kollegiengründer, als Domprediger, als Konzilstheologe und als theologischer Ratgeber von Fürsten und Bischöfen getan hat, hat er – ganz Jesuit – auch schon in diesen jungen Jahren als Kirchenväterherausgeber getan: Er bemühte sich auch mit seinen patrologischen Büchern darum, dem scheinbar unaufhaltsamen Rad der Geschichte in die Speichen zu fallen und gegen alle Wahrscheinlichkeit an der Wiederbelebung der katholischen Kirche in Deutschland mitzuarbeiten.

Die beiden Ausgaben von 1546 sind ähnlich gestrickt, aber die buchhändlerisch wenig erfolgreiche Kyrill-Ausgabe zeigt besonders schön, dass es Petrus Canisius letztlich nicht um historisch-kritische Forschung um ihrer selbst willen ging. Weder wurde von ihm der originale altgriechische Text von Kyrills Schriften abgedruckt, noch hat er kritische Textvergleiche bei der Herausgabe der lateinischen Übersetzung durchgeführt.[336] Er verfolgte – wenn auch mit durchaus dem damaligen Standard entsprechenden wissenschaftlichen Mitteln – ein anderes Anliegen: Ganz im Sinne der angesprochenen Doppelstrategie der katholischen Patrologie sollte diese Edition einerseits den für die christliche Dogmengeschichte enorm wichtigen Kyrill[337] der Deutungshoheit der Protestanten entreißen. Andererseits sollte sie den lauen und eingeschüchterten Katholiken in Deutschland, wo diese Edition veröffentlicht wurde, den Bischof und Ketzerbekämpfer Kyrill als Motivation und Vorbild vor Augen stellen.

Die protestantische Deutungshoheit über Kyrill von Alexandrien war zustande gekommen, weil der berühmte Basler Reformator Johannes Oekolampad im Jahr 1528 als Erster überhaupt eine lateinische Kyrill-Übersetzung im Druck veröffentlicht hatte. Die Peinlichkeit, diesen bedeutenden Kirchenvater nach einer protestantischen Ausgabe lesen zu müssen, war Katholiken nach Meinung von Petrus Canisius nicht zuzumuten. Um das zu ändern, entschloss er sich, seine eigene Ausgabe herauszubringen. Man muss unumwunden feststellen: Nach heutigen Standards beurteilt war sie kaum mehr als eine überarbeitete Raubkopie. Petrus Canisius übernahm den Text von Oekolampad und veröffentlichte ihn neu, nicht ohne im Vorwort mit eindeutiger Spitze darauf hinzuweisen, dass seine Vorlage sehr schlecht gewesen sei und er unzählige Fehler habe berichtigen müssen.[338] Überhaupt habe es dem vorherigen Herausgeber „an tieferer Kenntnis der göttlichen Dinge und an lateinischer Sprachfertigkeit gebrochen"[339]. Die Botschaft war eindeutig: Kyrill von Alexandrien mit seiner ganzen kirchenväterlichen Autorität gehörte nicht Oekolampad und seinen reformatorischen Kumpanen. Er gehörte vielmehr denjenigen, die über die notwendige „tiefere Kenntnis der göttlichen Dinge" verfügten, die Kyrills Theologie erst wirklich verständlich machte: den Katholiken.

Weil Kyrill aber den Katholiken gehörte, ging es Petrus Canisius mit seiner Ausgabe nicht nur darum, „die Protestanten der Autorität der Kirchenväter zu berauben"[340], in diesem Fall der Autorität des Kyrill. Mindestens ebenso wichtig war es ihm, die deutschen Katholiken dazu zu bringen, sich diesen katholischen Kirchenvater Kyrill, wie er in seiner Ausgabe greifbar wurde, nachdrücklich zu Herzen zu nehmen und unter dem Eindruck seines Vorbilds bessere Katholiken zu werden. Wen er damit besonders meinte, machte er in seinem Vorwort klar und deutlich: die seit Jahrzehnten reformunwilligen und religiös phlegmatischen katholischen Bischöfe Deutschlands. Sie mussten endlich ihre Verantwortung wahrnehmen und für die Wiederbelebung der von der Reformation massiv bedrängten katholischen Kirche Deutschlands arbeiten. Anders gesagt: Sie mussten werden wie Kyrill, der als Bischof von Alexandrien unermüdlich gegen die damals grassierende Ketzerei gekämpft hatte. So wie er im 5. Jahrhundert damit letztlich Erfolg gehabt hatte, so würden auch die Bischöfe im 16. Jahrhundert Erfolg haben – sie mussten nur endlich aktiv werden. In der Widmung des ersten Bandes seiner Kyrill-Ausgabe an den frisch gewählten Mainzer Erzbischof Sebastian von Heusenstamm – einen der Hoffnungsträger der katholischen Erneuerungsbewegung – schrieb Petrus Canisius dementsprechend:

„Wenn wir doch wieder Bischöfe hätten, wie sie der Urzeit geschenkt waren, einen Athanasius und Ambrosius und Cyrillus, freudig sichere Hoffnung könnten wir dann hegen, dass auch der deutsche Staat, den bis heute die Sturmfluten umtosen, wieder in den einen sicheren Hafen einliefe. Dann, glauben Sie mir, wird das Volk die Stimme eines wahren Hirten wieder hören und nicht nur hören, nein, auch folgen, wenn ihm jemand auf den Fußspuren Christi vorangeht. Aber auch die Fürsten würden folgen, wenn die Bischöfe das Beispiel geben, und wie bald hätten wir an ihnen wieder einen Konstantin und Theodosius."[341]

Die Kirchenväter, die in der Regel selbst Bischöfe gewesen waren, waren für Petrus Canisius der Inbegriff von wachen und religiös ambitionierten Hirten – man konnte sie als katholischer Christ (und vor allem als katholischer Bischof) gar nicht genug studieren. Dass die katholischen Bischöfe Deutschlands, die Mitte des 16. Jahrhunderts amtierten, das zum allergrößten Teil nicht getan haben, hat ihn zwar immer wieder frustriert, aber nicht zur Verzweiflung getrieben – was die Gegenwart nicht schaffte, das würde die Zukunft zustande bringen. Wenn die gegenwärtigen Bischöfe sich nicht an den kirchenväterlichen Beispielen orientierten, dann musste man eben auf die kommende Generation setzen. Dementsprechend hat er den zweiten Band seiner Kyrill-Ausgabe den Kölner Studenten gewidmet. Von dieser jungen Generation erhoffte er sich kraftvolle und engagierte katholische Bischöfe vom Zuschnitt eines Kyrill von Alexandrien, wie es sie vorläufig noch kaum gab. Sie sollten der katholischen Kirche in Deutschland wieder eine Zukunft geben.

Der Arbeit an dieser Zukunft – das dürfte mittlerweile deutlich geworden sein – widmete sich Petrus Canisius sein ganzes Leben lang; die Kirchenväter waren nach seiner Überzeugung die wichtigste theologische Ressource, über die die katholische Kirche dafür verfügte. Als Kirchenväter-Herausgeber ist er nach dem Doppelschlag von 1546 mit Kyrill von Alexandrien und Leo dem Großen allerdings nur noch einmal hervorgetreten – dann allerdings mit außerordentlichem Erfolg. 1562 veröffentlichte er einen Band mit Briefen des lateinischen Kirchenvaters Hieronymus, der mit über 40 Auflagen sein größter patrologischer Erfolg werden sollte. Äußerlich kam diese Edition ganz anders daher als die großformatigen Prachtbände von 1546; es war ein sehr einfach gehaltenes, handliches Buch, das für den Schulgebrauch gedacht war und deshalb auch für Studenten erschwinglich sein sollte.[342] Das Anliegen hinter seiner patrologischen Arbeit hatte sich bei Petrus Canisius innerhalb von ca. anderthalb Jahrzehnten allerdings kaum geändert: Wieder wollte er dafür sorgen, dass wichtige Texte eines wichtigen Kirchenvaters nicht mehr nur in der Edition eines religiös fragwürdigen Herausgebers zugänglich wären; wieder wollte er einen Kirchenvater als Schützenhilfe für die Katholiken in den Auseinandersetzungen mit den Protestanten ins Treffen führen; und wieder setzte er besondere Hoffnung in die junge Studentengeneration (für deren Ausbildung der Band ja gedacht war).

Die religiös fragwürdige Edition, die er ersetzen wollte, war keine andere als die Hieronymus-Briefausgabe des Erasmus von Rotterdam, des berühmtesten Gelehrten des Humanismus (gest. 1536). Erasmus hatte sich zwar nie der Reformation angeschlossen, hatte aber wegen seines ironischen Gentleman-Katholizismus und seines grundsätzlich kritischen Verhältnisses zur kirchlichen Hierarchie schon zu Lebzeiten als religiös verdächtig gegolten. Ein knappes Vierteljahrhundert nach seinem Tod war er in bewusst katholischen Kreisen verdächtiger geworden denn je. Petrus Canisius konnte mit ihm überhaupt nichts anfangen und hatte ihn schon 1546 in seiner Kyrill-Edition indirekt angegriffen.[343] 1562 schließlich griff er ihn mit seiner Hieronymus-Edition direkt an. Er war felsenfest davon überzeugt, dass es unumgänglich nötig war, die katholischen Reihen angesichts der protestantischen Herausforderungen zu schließen; für einen gelehrt-ironischen und distanziert-kirchenkritischen Katholizismus und damit für jemanden wie Erasmus von Rotterdam gab es seiner Meinung nach grundsätzlich keinen Platz mehr. Deshalb musste auch gegen das Weiterwirken seines schriftstellerischen Erbes vorgegangen werden.

Petrus Canisius sah sich dazu berufen, mindestens im Fall der Hieronymusbriefe dafür zu sorgen, dass dieser schädliche literarische Einfluss von Hieronymus gebrochen wurde. Dass die Hieronymus-Edition von Erasmus im Jahr 1559 auf den Index gesetzt worden war, war für ihn, der der römischen Indexpolitik ohnehin sehr kritisch gegenüberstand, keine Lösung. Er verfolgte eine andere Strategie:

Man musste die unzweifelhaften philologischen Meisterleistungen von Erasmus in einen neuen – in einen dezidiert katholischen – Rahmen stellen. Zu diesem Zweck machte er mit der Erasmus-Edition der Hieronymusbriefe dasselbe, was er eineinhalb Jahrzehnte früher schon mit der Oekolampad-Edition der Schriften Kyrills getan hatte: Er nahm den Text von Erasmus und brachte ihn unter ausdrücklich gegenreformatorisch-katholischen Vorzeichen neu heraus. Er korrigierte ihn dazu nicht nur auf Druckfehler und verglich ihn mit älteren Drucken, sondern sorgte vor allem für „die Eliminierung von allem, was darin von Erasmus stammt"[344]. Das Problem war nämlich, so stellte er in seinem Vorwort fest, dass Erasmus die Hieronymusbriefe nicht nur ediert, sondern sie „darüber hinaus auch noch mit seinen Randbemerkungen, Schandbemerkungen sollte ich sagen"[345], gründlich verunstaltet hatte. Hätte Erasmus sich auf das Geschäft eines philologisch korrekten Herausgebers beschränkt und sich „ganz aus den heiligen Studien herausgehalten"[346] – also den Hieronymus-Text in seinem Vorwort und in seinen Randkommentaren nicht zum Anlass für theologische Anmerkungen genommen –, gäbe es keine Probleme mit seiner Edition. Aber weil er „mit einer angemaßten zensorischen Wünschelrute unbefangenst über gegenwärtige Theologen wie die vergangener Zeiten"[347] hergezogen sei, musste er in die Schranken gewiesen werden.

Zu diesem Zweck hat Petrus Canisius mehrere Anmerkungen von Erasmus gelöscht, andere hat er adaptiert. Vor allem aber hat er in seinem Vorwort und in seinen eigenen Anmerkungen die Aufmerksamkeit des Lesers der Hieronymusbriefe in eine Richtung gelenkt, die so gar nicht mehr erasmianisch war, sondern ganz dem neuerwachten kämpferischen Katholizismus der zweiten Hälfte des 16. Jahrhunderts entsprach.[348] Eines der Anliegen dieses neuen katholischen Blicks auf Hieronymus bestand – wie schon 1546 – darin, die deutschen Bischöfe in die Pflicht zu nehmen. Es ist kein Zufall, dass Petrus Canisius auch die Hieronymus-Ausgabe einem Bischof

Dass der „Humanistenfürst" Erasmus von Rotterdam (1466?–1536) wie
kein Zweiter die klassische und patristische Literatur kannte, hat auch
Petrus Canisius anerkannt. Als Theologen hielt er ihn jedoch für gefährlich,
obwohl sich Erasmus nie der Reformation angeschlossen hat.
Gemälde von Hans Holbein d. J., 1523.

gewidmet hat, nämlich dem Augsburger Bischof Otto von Waldburg. Ein von ihm ergänzter Kommentar hielt fest, dass man von Hieronymus lernen könne, wie wichtig es für gute Hirten sei, auf der Hut vor den Wölfen zu sein, die die Herde der Kirche attackieren.[349] Jedem war unmittelbar klar, was das heißen sollte: Die bischöflichen Hirten mussten endlich gegen die protestantischen Wölfe aktiv werden. – Das andere Anliegen von Petrus Canisius bestand – ebenfalls wie schon 1546 – darin zu zeigen, dass mit Hieronymus bewiesen werden konnte, dass alles, was die Protestanten als abgöttische Lehren und Praktiken der Katholiken ablehnten, evangeliumsgemäß war. Die entsprechenden Randbemerkungen von Petrus Canisius waren ganz diesem Anliegen gemäß gestrickt: Das enorme päpstliche Selbstbewusstsein des 16. Jahrhunderts war demnach genauso ursprünglich christlich wie die Heiligen- und Reliquienverehrung und das Mönchtum. Nicht zuletzt war Hieronymus in der Lesart von Petrus Canisius auch noch ein hervorragender Zeuge gegen die protestantische Rechtfertigungslehre.[350]

Die Quintessenz der kommentierten Hieronymus-Ausgabe von 1562 war also wenig überraschend dieselbe wie schon bei seinen Ausgaben von Kyrill von Alexandrien und Leo dem Großen von 1546: Auch dieser Kirchenvater des 4./5. Jahrhunderts lieferte Argumente sowohl gegen die konfessionelle Indifferenz eines Erasmus und die offenkundigen Häresien der Protestanten als auch für die katholische Lehre und Praxis im 16. Jahrhundert. Hieronymus war eine „Bestätigung der katholischen Frömmigkeitspraxis"[351] und zugleich ein „Zertrümmerer der Häretiker"[352]. Die vielen Auflagen dieses Bandes zeigen, dass Petrus Canisius mit dieser Botschaft in der katholischen Gelehrtenwelt eine breite Leserschaft fand. Die katholische Erneuerung hatte in den 1560er Jahren auch bei den Gelehrten Boden gutgemacht.

Es zeigt sich also eindeutig: Wie in allen anderen Bereichen seines Lebens und Wirkens als Jesuit stand für Petrus Canisius auch seine patrologische Arbeit ganz im Dienst des unermüdlichen Engagements für die katholische Erneuerung; sie war seiner Meinung nach sogar ein Königsweg für den „Ausweg aus der Kirchenkrise"[353]. Er war zeitlebens davon überzeugt, dass nichts so nachhaltig für die Erneuerung der katholischen Kirche wirkte wie die Arbeit an guten katholischen Büchern – und das hieß bei ihm praktisch immer: an Büchern aus dem Geist der Kirchenväter. Er betrachtete solche „Bücher als Bollwerke des Glaubens"[354]. Während der 1550er und 1560er Jahre war er allerdings vor allem außerhalb der Welt der Bücher tätig. Als Jesuitenprovinzial, als Kollegiengründer, als Prediger und als theologischer Berater von Fürsten und Bischöfen blieb nur wenig Zeit für die aufwändige Arbeit an altkirchlichen und patrologischen Texten. Das heißt allerdings nicht, dass er in dieser Zeit nichts mehr geschrieben hätte, im Gegenteil! Er blieb auch weiterhin seinem Motto treu: „Das Beste, was der Mensch mit seinen Händen tun kann, ist sie zum Gebete erheben und gute, fromme Bücher schreiben."[355] Seine berühmten Katechismen entstanden in den 1550er Jahren, zur selben Zeit gab er ein kleines Handbuch für Krankenseelsorger in drei Sprachen (lateinisch, italienisch, deutsch) heraus und veröffentlichte etliche kleine Gebetbücher. Zudem förderte er mehrere patrologische Projekte anderer Gelehrter: Er regte eine Ausgabe der berühmten *Bekenntnisse* des Augustinus an, die 1569 erschien;[356] er beteiligte sich mehrfach an der Herausgabe von (nicht immer historisch authentischen) altkirchlichen Papstbriefen und Konzilsakten und förderte die Übersetzung des *Commonitorium* von Vinzenz von Lérins ins Deutsche;[357] er unterstützte seinen Mitbruder Jerónimo de Torres bei der Veröffentlichung einer *Confessio Augustiniana*, in der eine Auswahl aus dem Werk von Augustinus zusammengestellt war. Schon allein der Titel dieses 1567 publizierten Werkes zeigt, dass auch diese Anthologie ein antiprotestantisches Projekt war, mit dem in erster Linie gegen das lutherische Augsburger Bekenntnis von 1530, die *Confessio Augustana*, polemisiert werden sollte. Es ging darum, Augustinus und damit den Lieblingskirchenvater der Protestanten für die Katholiken zurückzuerobern.[358]

Die Faszination für die Kirchenväter begleitete ihn also auch in dieser geschäftigsten Phase seines Lebens. Aber es bleibt dabei: Bis zum Ende der 1560er Jahre hatte er bis auf die Arbeit an seiner Hieronymus-Ausgabe kaum die Gelegenheit, sich mit der Konsequenz und Nachhaltigkeit in die Kirchenväter zu vergraben, wie er es sich eigentlich gewünscht hätte. Sein Projekt einer Edition von Schriften des nordafrikanischen Kirchenvaters Cyprian von Karthago, die wiederum gegen eine Erasmus-Ausgabe gerichtet gewesen wäre, brach er nach jahrelangen umfangreichen Vorarbeiten Anfang der 1560er Jahre ab. Es war einfach zu viel Aufwand – und er hatte darüber hinaus erfahren, dass ein anderer katholischer Gelehrter eine Cyprian-Ausgabe vorbereitete. Dementsprechend konnte er sich mit gutem Gewissen seinen vielfältigen anderen Aufgaben widmen und musste sich nicht länger mit Handschriftenvergleichen und Textverbesserungen herumschlagen.[359] – Aber das vorzeitige Ende dieses patrologischen Editionsprojekts sollte nicht das Ende seiner patrologischen Karriere zu Gunsten seiner in den 1550er und 1560er Jahren ständig wachsenden organisatorischen und religionspolitischen Aufgaben sein. Am Ende der 1560er Jahre kam es zu einem Umbruch in seinem Leben, der ihn für etwa ein Jahrzehnt wieder ganz in die Arbeit an den Kirchenvätern hineinkatapultierte. Diesmal ging es allerdings nicht um die Herausgabe von Kirchenväterschriften – es ging um viel mehr.

Schuld daran war niemand Geringerer als der Papst. 1567 erhielt Petrus Canisius von Pius V. einen Auftrag, der bis 1578 praktisch seine ganze Zeit und Energie in Anspruch nehmen sollte. Das Ziel war außerordentlich ambitioniert: Er sollte eine katholische Widerlegung der *Magdeburger Centurien* schreiben, die in der katholischen

Papst Pius V. (reg. 1566–1572) arbeitete wie kein anderer Papst des
16. Jahrhunderts an einer geistlichen Erneuerung der katholischen
Kirche. Er hat Petrus Canisius nicht nur den Auftrag gegeben, die
antikatholischen *Magdeburger Centurien* zu widerlegen, sondern
wohl auch geplant, ihn zum Kardinal zu erheben.
Gemälde von Scipione Pulzone, um 1570.

Gelehrtenwelt schon seit Jahren für große Unruhe gesorgt hatten.
Dieses vielbändige Mammutprojekt einer Gruppe von heißblütigen
Lutheranern, die – *nomen est omen* – in Magdeburg stationiert waren, wollte auf der Grundlage umfangreicher Quellenerhebungen
den historischen Beweis führen, dass die Reformatoren und nicht
die katholische Kirche das urkirchliche Erbe rein bewahrt hatten.
Die Päpste hatten demnach seit der frühesten Zeit der Kirche an der

Verfälschung des Evangeliums gearbeitet; erst Martin Luther hatte diese jahrhundertelange Verfälschung erfolgreich wieder rückgängig gemacht.[360] – Petrus Canisius hat das Erscheinen der *Magdeburger Centurien* von Anfang an aufmerksam und mit wachsendem Ärger mitverfolgt; er hat sich die Bände, die seit 1559 kontinuierlich veröffentlicht wurden, jeweils nach ihrem Erscheinen angeschafft und sie auch an seine Vertrauten im Umfeld der päpstlichen Kurie geschickt. Schon im Dezember 1560 hat er sich in einem Brief an Bischof Otto von Waldburg lautstark darüber aufgeregt, es sei „eine große Schande und ein großes Verbrechen, daß die Kirchengeschichte von den Sektierern in so vielfältiger Weise entstellt wird". Wie üblich „erdichten die Sektierer, was sie wollen, indes wir männiglich schlafen"[361]. Gerade in Deutschland, wo nach seiner Einschätzung, „neu erscheinende Schriften religiösen Inhalts" besonders „großen Eindruck" machten, konnte man dieses protestantische Machwerk nicht einfach so stehen lassen.[362] Es müsse, schrieb er in seinem Brief an Otto von Waldburg weiter, endlich ein katholischer Gelehrter gefunden werden, der auf dieses protestantische Machwerk angemessen reagiert.

Man soll vorsichtig sein, was man sich wünscht: 1567 und damit nahezu sieben Jahre später zeichnete sich nämlich immer deutlicher ab, dass man in Rom der Meinung war, dass genau er dieser Gelehrte sein sollte. Er wehrte zunächst erschrocken ab. Nicht nur würden ihm dafür die nötigen Bücher fehlen; es müsse auch sein „Mangel an Eignung" für eine solche Arbeit berücksichtigt werden. Zudem sei er als Provinzial „von den äußeren Sorgen für die Provinz sehr in Anspruch genommen" und noch dazu belastet „mit der Durchsicht des Römischen Katechismus", der 1566 im Gefolge des Konzils von Trient erschienen war und an dessen deutscher Übersetzung er gerade mit seinem Mitbruder Paul Hoffaeus arbeitete.[363] Aber es war bereits zu spät: Im November 1567 reagierte der jesuitische Ordensgeneral Francisco de Borja auf den päpstlichen Wunsch und übertrug die Leitungsaufgaben der Oberdeutschen Provinz dem Vizeprovinzial

Hoffaeus; 1569 übernahm Hoffaeus von Petrus Canisius schließlich hochoffiziell das Amt des Provinzials. Nachdem 1568 auch die Übersetzungsarbeit am Römischen Katechismus abgeschlossen war, hatte Petrus Canisius keine Ausrede mehr: In den kommenden zehn Jahren würde er sich vor allem der schriftstellerischen Arbeit gegen die *Magdeburger Centurien* widmen müssen. Es sollte seine letzte Aktion im Scheinwerferlicht der großen Geschichte werden.

In seinem geistlichen *Testament* von 1596/1597 kurz vor seinem Tod stellte Petrus Canisius mit Blick auf diesen biographischen Umbruch am Ende der 1560er Jahre fest, er sei sich „sicher, dass es auf den Ratschluss Gottes zurückging", dass er „von der großen Belastung der Provinzleitung befreit wurde" und sich stattdessen „der neuen Aufgabe des Schreibens widmen" konnte.[364] Das ist natürlich wieder die für ihn typische Koketterie. Eine neue Aufgabe war das Schreiben für ihn nicht; tatsächlich weist seine Bibliographie gezählte 19 Bücher aus, die er bis zur Übernahme des päpstlichen Auftrags entweder selbst geschrieben, herausgegeben oder übersetzt hat.[365] Neu war allerdings die Dimension des schriftstellerischen Projekts gegen die *Centurien*; und neu war auch die große Erwartungshaltung, die im gesamten gelehrten katholischen Deutschland diesem Projekt gegenüber herrschte. Die Protestanten hatten mit den *Magdeburger Centurien* versucht, die Deutungshoheit über die christliche Tradition und die christliche Geschichte für sich zu beanspruchen; dem musste mit aller Wucht entgegengetreten werden. Am 27. Mai 1570 hatte Paul Hoffaeus an Borja geschrieben: „Sozusagen ganz Deutschland weiß, womit er beschäftigt ist und erwartet ein großes Werk"[366]. Hoffaeus war allerdings schon zu diesem frühen Zeitpunkt nicht der Einzige, der davon ausging, „das Werk werde den Erwartungen keinesfalls entsprechen"[367]. Fatalerweise hat Petrus Canisius nämlich recht gehabt, als er sich 1567 unter Verweis auf seinen „Mangel an Eignung" gegen den päpstlichen Auftrag gesperrt hatte: Für eine spezifisch historische Arbeitsweise, wie sie eine sachgerechte Erwiderung auf die historisch

Matthias Flacius (1520–1575) war ein feuriger Lutheraner, der nach Luthers Tod alles daransetzte, das reformatorische Erbe seines Meisters rein zu erhalten. Er hat alles Katholische inbrünstig gehasst und auch gegen Petrus Canisius scharf agitiert.
Gemälde von Jacob Verheiden, um 1590.

Zwischen Kirchenvätern und Katechismus

arbeitenden Magdeburger Centuriatoren eigentlich erfordert hätte, war er kaum der geeignete Mann.

In der Canisius-Forschung herrscht völliger Konsens darüber, dass seine Arbeit gegen die *Magdeburger Centurien* eine Arbeit war, die ihn im Grunde völlig überforderte.[368] Zwar war es auch von den *Magdeburger Centurien* noch ein „weiter Weg [...] bis zur modernen historischen Forschung, die [...] nicht Probleme und Sichtweisen der eigenen Zeit in die Quellen hineinprojizieren darf"[369]. Aber immerhin hatten der berühmte Lutherschüler und Architekt der *Centurien* Matthias Flacius mit seiner wohlüberlegten chronologisch-thematischen Konzeption einerseits und der federführende Autor der *Centurien* Johannes Wigand mit seinem quellenkritischen Zugriff auf die geschichtlichen Dokumente andererseits ein bislang unerreichtes Niveau historischer Arbeitsweise erreicht. Auf dieser Ebene der historischen Arbeitsweise konnte Petrus Canisius nicht mithalten. Nicht nur fehlte ihm der Sinn für geschichtliche Entwicklung im religiösen Bereich praktisch zur Gänze. Vor allem war ihm Quellenkritik – also die methodische Infragestellung dessen, was geschichtliche Quellen auf den ersten Blick zu sagen scheinen – grundsätzlich fremd. Diesbezüglich war er noch ein ganz und gar mittelalterlicher Denker, für den es keine wirkliche Geschichtlichkeit der Glaubensinhalte gab und der die geschichtlichen Quellen im Wesentlichen als unmittelbare Widerspiegelung der historischen Wirklichkeit betrachtete.

Aber nicht nur *konnte* Petrus Canisius mit den Magdeburger Centuriatoren im Bereich der neuen historischen Arbeitsweise nicht mithalten – er *wollte* es auch nicht. Der Papst hatte sich von ihm eigentlich etwas im neuen historisch-quellenkritischen Stil gewünscht: Er hätte an einigen wenigen Beispielen durch eigene Quelleninterpretationen zeigen sollen, dass die gegen die katholische Kirche gerichteten Quelleninterpretationen der Centuriatoren unhaltbar waren. Aber Petrus Canisius war davon überzeugt: Auf die quellenkritische

Infragestellung der katholischen Kirche konnte man nicht einfach mit einer quellenkritischen Erwiderung reagieren. Das hätte nur eine endlose Reihe von historischen Argumenten und Gegenargumenten nach sich gezogen. Diese Auflösung der christlichen Glaubenswahrheiten in einen gelehrten historischen Diskurs lehnte er ab. Dass Kritik an einem historischen Werk historisch formuliert werden muss, um wirklich überzeugen zu können, konnte Petrus Canisius nicht verstehen.

Man konnte auf die historischen Angriffe der *Centurien* seiner Meinung nach nur auf eine Art und Weise reagieren: mit einer bewusst dogmatischen Reaktion. Und das hieß für ihn: Man musste das volle Geschütz kirchenväterlicher Autorität auffahren, um die kirchliche Tradition vor der zersetzenden historischen Kritik der Centuriatoren zu retten. Die beiden von ihm zu diesem Zweck verfassten Bände über Johannes den Täufer (1571) und Maria (1577), die als *Notizbücher über die Verdrehungen des Gotteswortes*[370] erschienen sind, waren dementsprechend keine historischen Erwiderungen auf die historisch argumentierenden *Centurien*. Diese beiden Bände waren vielmehr ein viele hundert Seiten umfassendes, dicht gedrucktes patrologisches Sammelsurium mit antiprotestantischer Zielrichtung. Eine wirklich historisch erarbeitete, quellenbasierte und weitgehend unpolemische katholische Erwiderung auf die *Magdeburger Centurien* ist erst mit den berühmten *Annales ecclesiastici* von Cesare Baronio erfolgt, die ab 1578 publiziert worden sind.

Petrus Canisius jedenfalls wurde über der Arbeit an seiner *Centurien*-Erwiderung bewusst nicht zum Historiker, sondern wieder zum Patrologen. Er warf sich mit geradezu überschießendem Engagement in sein neues schriftstellerisches Projekt. Tatsächlich wuchs sich die *Centurien*-Erwiderung schon bald zu viel mehr aus als nur einer *Centurien*-Erwiderung. An Francisco de Borja schrieb Petrus Canisius am 8. Dezember 1570, er habe „einen großen Feldzug" eröffnet, der sich „nicht nur gegen die Centuriatoren, sondern auch gegen andere

Neuerer" richtete.[371] Ihm schwebte vor, ausgehend von den *Centurien* eine Generalabrechnung mit den protestantischen Irrtümern insgesamt zu unternehmen, und er las sich dementsprechend tief in die protestantischen Leitautoren Martin Luther, Johannes Calvin, Martin Bucer und Heinrich Bullinger ein.[372] Vorerst plante er zu diesem Zweck drei umfangreiche Bücher, die auf die drei vielleicht massivsten protestantischen Vorwürfe gegen die katholische Kirche reagieren sollten: Den Vorwurf der Widergöttlichkeit des Mönchtums wollte er mit einem Buch über das traditionelle mönchische Vorbild im Neuen Testament Johannes den Täufer abweisen; den Vorwurf der Widergöttlichkeit der Marienverehrung mit einem Buch über die Gottesmutter Maria; und den Vorwurf der Widergöttlichkeit des Papsttums mit einem Buch über den traditionell als ersten Papst verehrten Apostel Petrus.[373] Geschrieben hat er nur die ersten beiden – und hat dafür volle zehn Jahre und eine kleine Armee von Mitarbeitern verbraucht. Seine skrupulöse, ja geradezu monomanische Arbeitsweise war bei seinen Mitarbeitern schon sehr bald gefürchtet. Sein Bruder – und Mitbruder – Derick schrieb am 11. Mai 1571 in einem Brief über ihn, er sei „nicht einmal nach der achten oder mitunter zehnten Durchsicht oder Korrektur zufrieden und ändert oft alles"[374]. Paul Hoffaeus, der den damit verbundenen Verschleiß mehrerer Jesuiten, die als Zuarbeiter tätig waren, zusehends kritisch sah, stellte keinen Monat später fest: „Er vermag sich nie zufriedenzugeben."[375] Auf die jahrelange Arbeit am Band über Maria zurückblickend bilanzierte der Ingolstädter Jesuitenrektor John Rastell im Jänner 1577, dass Petrus Canisius „viele Hilfskräfte benötigt und sich selbst wie auch seine Gehilfen allzu sehr beschäftigt hält"; man müsse sich ernsthaft die Frage stellen, „ob man Pater Canisius noch einmal eine solche Aufgabe von einem derartigen Umfang übertragen soll"[376]. Paul Hoffaeus hatte sich die Antwort auf diese Frage schon lange gegeben: Er wurde mit scharfen Briefen bei der römischen Ordensleitung vorstellig und mit massivem Druck sorgte er dafür, dass Petrus Canisius 1578 – ein

Francisco de Borja wirkte als dritter Ordensgeneral der Gesellschaft
Jesu (1565–1572) und hat v. a. die weltweite Missionstätigkeit der
Jesuiten maßgeblich geprägt. Mit Petrus Canisius pflegte er ein gutes,
wenn auch nicht ganz konfliktfreies Verhältnis.
Gemälde von Alonso Cano, 1624.

Zwischen Kirchenvätern und Katechismus

Jahr nach der Veröffentlichung seines Marienbuches – schließlich offiziell vom Papst von der weiteren Arbeit gegen die *Centurien* entpflichtet wurde, obwohl gerade in Rom seine Arbeit sehr geschätzt worden war und sowohl der Papst als auch der Ordensgeneral der Jesuiten die Weiterarbeit am Band über Petrus nachdrücklich befürwortet hatten. In Deutschland allerdings hatte Petrus Canisius den Bogen überspannt; bei Hoffaeus hatte sich der Konflikt mit seinem Vorgänger als Provinzial Ende der 1570er Jahre immer mehr zu einer tiefen Unversöhnlichkeit ausgewachsen. Er sorgte schließlich dafür, dass Petrus Canisius 1580 nach Freiburg in der Schweiz gehen musste, wo er seinen Lebensabend bis zu seinem Tod 1597 außerhalb des Scheinwerferlichts der großen Geschichte verbrachte. Seine unter monumentalen Vorzeichen gestartete Arbeit gegen die *Magdeburger Centurien* blieb damit Stückwerk.

Eines aber sind die beiden erschienenen *Notizbücher über die Verdrehungen des Gotteswortes* auf jeden Fall: eindrucksvolle Zeugen der umfassenden patrologischen Gelehrsamkeit von Petrus Canisius. Seine Methode bei der Reaktion auf die protestantischen Vorwürfe gegen die katholische Kirche war in beiden Büchern denkbar einfach: Er nahm ein Bibelzitat, im Fall des Johannes-Buches eines, das traditionellerweise für die mönchische Lebensform herangezogen worden war; er führte dann die kritische Deutung der *Centurien* bzw. anderer protestantischer Autoritäten an, die behauptete, mit diesem Bibelzitat könne die mönchische Lebensform nicht begründet werden. Und dann brachte er alles, was ihm und seinen Mitarbeitern dazu in erster Linie bei den Kirchenvätern an Gegenargumenten unter die Finger gekommen war. Er reihte katalogartig „Väterzitat an Väterzitat"[377], bis er schließlich eine geradezu „verwirrende Fülle von Belegen aus der Heiligen Schrift, den Kirchenvätern und frühen Konzilien" ganz „ohne erkennbare Ordnung"[378] zusammengestellt hatte. Das Ergebnis dieser Arbeitsweise war keine hohe Literatur und auch keine besonders subtile Theologie; es ist sogar vom „Kraut- und Rübencharakter"[379] seiner

Arbeitsweise gesprochen worden. Tatsächlich war gerade das Buch zu Johannes dem Täufer – und vielleicht auch das etwas kohärenter angelegte Buch zu Maria, das sogenannte *Mariale*[380] – über weite Strecken mehr von Quantität als von Qualität geprägt. Aber genau darum war es Petrus Canisius eigentlich auch gegangen: Es ging ihm nicht um gelehrte historisch-kritische Debatten mit einem gelehrten historisch-kritischen Gegner, sondern um die Überwältigung der Protestanten durch die schiere Fülle an kirchenväterlichen Belegen, die gegen sie und ihre Kritik an der katholischen Kirche sprachen – und zugleich für die katholische Frömmigkeitspraxis. Bei den Protestanten selbst ist er damit nicht durchgedrungen; in katholischen Gelehrtenkreisen dagegen wurde gerade sein Marien-Buch geradezu enthusiastisch aufgenommen. Vor allem aber: Über die Gelehrten hat es dann auch stark auf die katholische Volksfrömmigkeit eingewirkt; Teile daraus sind noch zu seinen Lebzeiten ins Deutsche übersetzt und gedruckt worden. Mit seinen in der zweiten Auflage über 10.000 (!) Verweisen auf die Kirchenväter – und einige mittelalterliche Theologen – hat es gerade in Bayern die marianische Frömmigkeit mitgeprägt, wie sie dort für den barocken Katholizismus so typisch werden sollte.[381] Rückblickend wirkt es geradezu wie ein Wink der Vorsehung, dass Petrus Canisius das *Mariale* ausgerechnet dem bayerischen Herzog Albrecht V. gewidmet hat. Dass dessen Enkel Maximilian I. die Verehrung von Maria als Schutzpatronin Bayerns – als *Patrona Bavariae* – so massiv gefördert und in der breiten Bevölkerung volkstümlich gemacht hat, ist kein Zufall. Diese marianische Frömmigkeit im bayerischen Herzogshaus hängt nicht zuletzt auch mit dem *Mariale* von Petrus Canisius zusammen. Petrus Canisius hatte mit seinen *Notizbüchern über die Verdrehungen des Gotteswortes* damit zwar nicht das Ziel erreicht, das ihm der Papst eigentlich vorgegeben hatte, als er ihm den Auftrag zur Widerlegung der *Magdeburger Centurien* gegeben hatte: die historisch argumentierenden *Centurien* waren auf dem Feld der historischen Vernunft von ihm nicht erfolgreich widerlegt

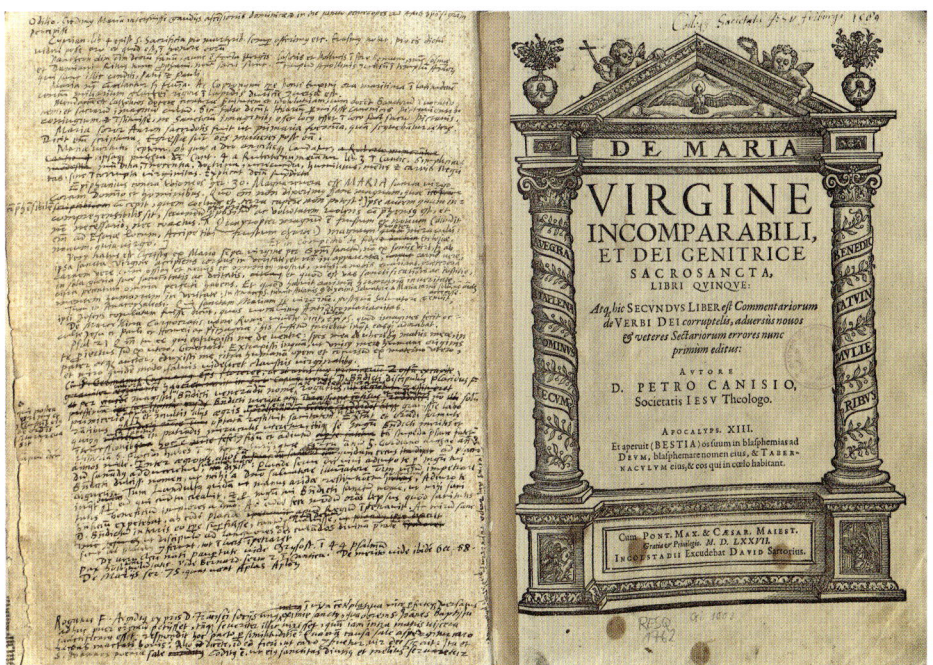

Als Petrus Canisius 1577 sein berühmtes Buch über Maria („Mariale") veröffentlichte, war die Arbeit für ihn noch nicht vorbei. In seinem persönlichen Handexemplar machte er weiter fleißig Notizen, die in Neubearbei-
tungen einflossen. So hielt er es bei vielen seiner Bücher.

worden. Aber er hatte mit ihnen das umfassende Ziel erreicht, dem
er auch als Patrologe sein Leben gewidmet hatte: die Erneuerung der
katholischen Frömmigkeit aus dem Geist der Kirchenväter. Im Kampf
um die kirchliche Tradition hatte er den katholischen Gelehrten und
den katholischen Gläubigen mit einer Unzahl von patrologischen
Belegen in diesen beiden Büchern das stolze Gefühl vermittelt, die
rechtmäßigen Erben dieser eineinhalbtausendjährigen Tradition zu
sein. – Dass aus diesem patrologisch abgesicherten Geist der katholischen Geschichte auch die kirchliche Zukunft erfolgreich gestaltet
werden konnte, hatte er ihnen bereits in den 1550er Jahren mit seinem berühmten Katechismus vor Augen geführt.

Katechismus:
Petrus Canisius und der Kampf um die kirchliche Zukunft

Es war 1555 und Philipp Melanchthon war wütend. Der Grund war ein kürzlich erschienener Katechismus, der, wie er seine Zuhörer bei einem Vortrag wissen ließ, „viele falsche Behauptungen aufstellt und insbesondere die wahnsinnige Lehre von den Mönchsgelübden wieder aufleben läßt"[382]. Ja, schlimmer noch: Dieser Katechismus hatte nicht nur die mönchische Lebensform, sondern ganz grundsätzlich „äußere Übungen […] mit dem Namen der evangelischen Vollkommenheit beehrt"[383], obwohl doch spätestens seit Martin Luther jeder echte Christenmensch wissen musste, dass die evangelische Vollkommenheit allein darin besteht, dass der Mensch innerlich von Gott ergriffen und gerecht gemacht wird. Allerdings: Was sollte man auch von einem Katechismus halten, der „seinen Namen von einem Hund herleitet"?[384] Melanchthon, der seit dem Tod Martin Luthers (1546) mindestens in gewissen Kreisen als so etwas wie dessen theologischer Nachlassverwalter galt, wollte mit dieser heute etwas kryptischen Bemerkung zwei Dinge sagen, die damals jeder seiner Zuhörer unmittelbar verstanden haben dürfte: Erstens, dass dieser Katechismus wie ein Hund war, der nach einem alttestamentlichen Sprichwort zu dem zurückkehrt, was er erbrochen hat (vgl. Spr 26,11) – er war zum Kotzen. Zweitens, dass er wusste, wer der Hund von einem Theologen war, der dieses anonyme und durch und durch antichristliche Machwerk geschrieben hatte: Petrus Canisius, dessen Nachname in der Regel (obwohl etymologisch unrichtig[385]) auf das lateinische *canis* – Hund – zurückgeführt wurde. Mindestens mit diesem zweiten Punkt hatte Philipp Melanchthon vollkommen Recht.

Petrus Canisius war tatsächlich der anonyme Autor dieses Katechismus, der im Frühling 1555 unter dem Titel *Summa doctrinae christianae* (Summe der christlichen Lehre) erschienen war und vor Katholizismus geradezu überschäumte: der Papst, die sieben Sakramente, die Marien- und Heiligenverehrung, die eucharistische Frömmigkeit, die evangelischen Räte, die Fastengebote – alles, was die katholische Kirche katholisch machte und einem Protestanten wie Melanchthon ein Gräuel war, wurde darin als unanfechtbarer Bestandteil der christlichen Botschaft präsentiert. Dementsprechend hatte sich Petrus Canisius schon vor der Veröffentlichung darauf eingestellt, dass „dieses Werk nicht wenig Gegner haben" und trotz seiner Anonymität „die eine oder andere Streitschrift gegen mich erscheinen wird"[386].

Und er sollte damit recht behalten; die Protestanten hielten sich mit ihrer Kritik nicht zurück. Melanchthon war nur einer, wenn auch wahrscheinlich sein berühmtester Kritiker. Da war beispielsweise auch noch Johannes Wigand, ab 1559 der federführende Autor der geschichtswissenschaftlich epochemachenden und gleichzeitig tief antikatholischen *Magdeburger Centurien*, der sich 1556 darüber ereiferte, dass in diesem Katechismus ein „hündischer Münch nicht allein wie ein Canis, sondern vielmehr cainisch mit der heiligen Schrift umgehet"[387]. Petrus Canisius war Wigand zufolge nichts anderes als ein „gräußlicher Gotteslästerer und grober Tölpel", ein „Götzendiener" und ein „Papstesel"[388]. Ähnlich aggressiv reagierte auch der streitbarste Lutherschüler Matthias Flacius, der sich zu mehreren Anlässen darüber beklagte, „daß man die edle Jugend" mit diesem „tatterischen und zigeunerischen Katechismus verführe"[389], in dem nichts zu finden sei als „das Heidenthum vom reinsten Wasser"[390]. In diesem vom Papst „mit großen Bullen bestätigten Katechismus"[391]

Philipp Melanchthon (1497–1560) galt als der gebildetste Lutheraner.
Nach Luthers Tod wurde er – wenn auch nicht unumstritten – quasi sein
theologischer Nachfolger. Den Katechismus von Petrus Canisius hat er
scharf kritisiert und auch beim Wormser Religionsgespräch von 1557 hat
er ihn hart angegriffen.
Gemälde von Lucas Cranach d. J., 1559.

seien „Christi Leiden und Blut, Christi Genugthuung und Gerechtigkeit voll und ganz abgeschafft"[392]. Kurz: Dieser Katechismus war der buchgewordene Antichrist, darauf konnten sich sogar die beiden lutherischen Erzfeinde Flacius und Melanchthon einigen.

Wenn der römisch-deutsche König Ferdinand I. noch einen Beweis gebraucht hatte, dass ihm Petrus Canisius mit diesem Katechismus genau das geliefert hatte, was er brauchte, dann hatte er ihn mit dieser geballten Wut aus der ersten Riege des Luthertums. Ferdinand höchstpersönlich hatte diesen Katechismus nämlich genau zu dem Zweck in Auftrag gegeben, um mit ihm die Protestanten endlich das Fürchten zu lehren. Die Geschichte, wie er dazu gekommen ist, das mit einem Katechismus zu versuchen, ist nicht nur spannend, weil sie die Entstehungsgeschichte des wahrscheinlich wirkmächtigsten katholischen Buchs mindestens der letzten 500 Jahre ist. Sie ist auch deswegen spannend, weil sie die Geschichte ist, wie die Jesuiten (und wahrscheinlich sogar Petrus Canisius persönlich)[393] es geschafft haben, eine Idee – nämlich eben die Idee eines solchen Katechismus – in den Kopf des römisch-deutschen Königs zu implantieren.

Das ging folgendermaßen vor sich: Der strengkatholische Ferdinand hatte schon seit Jahren nach einer schlagkräftigen Strategie gesucht, um seine österreichischen Herrschaftsgebiete wieder katholisch zu machen. Er hatte allerdings nie den richtigen Hebel gefunden, um die protestantischen Kräfte, die sich dort seit Jahrzehnten festgesetzt hatten, auch wirklich ernsthaft herauszufordern. Und diese protestantischen Kräfte waren in Österreich tatsächlich allgegenwärtig: Ein bedeutender Teil des österreichischen Adels war offen oder geheim protestantisch, an der Universität Wien lehrten protestantische Professoren, in den Pfarren predigten protestantische Prediger, an den Schulen unterrichteten protestantische Lehrer. Dass die Rekatholisierung Österreichs ohne politische Mittel nicht gelingen würde, war klar; religiöse Fragen waren in der frühen Neuzeit immer auch religionspolitische Fragen. Aber genauso klar war,

Ferdinand I. (1503–1564) folgte seinem Bruder Karl V. als Kaiser nach, als dieser 1556 angesichts der Religionsstreitigkeiten resignierte. Ferdinand holte die Jesuiten nach Wien und beauftragte Petrus Canisius mit der Abfassung seines Katechismus. Er war sein wichtigster fürstlicher Förderer. Gemälde von Hans Bocksberger d. Ä., Mitte 16. Jh.

dass politische Mittel allein nicht genügen würden. Religion war vor allem eine geistige Angelegenheit und musste deshalb mit geistigen Mitteln gestaltet werden; oder anders gesagt: mit den Mitteln der geistigen Bildung. Anfang der 1550er Jahre hatte Ferdinand noch gemeint, das könnte am besten durch eine Reform der akademischen Theologenausbildung an der Wiener Universität auf den Weg gebracht werden. Gut katholisch ausgebildete Fachtheologen hätten nach seiner Vorstellung die katholische Trendwende einleiten sollen, die er in Österreich so dringend brauchte. Dazu hatte er erstens zwei Jesuiten als Theologieprofessoren nach Wien geholt, um den katastrophalen Zustand der Theologischen Fakultät zu beheben und eine katholische Universitätsreform einzuleiten, und zweitens der Universität den Auftrag erteilt, für die Produktion eines umfassenden fachtheologischen Handbuchs zu sorgen, das die Grundlage für eine verlässlich katholische Ausbildung der Theologen der Zukunft bilden sollte. Mit Claude Jay wurde im Herbst 1551 einer der beiden frischberufenen Wiener Jesuitentheologen als Autor für dieses fachtheologische Handbuch verpflichtet.

Dieses Handbuch stand allerdings von Anfang an unter keinem guten Stern. Jay hatte zwar eine umfangreiche Materialsammlung dafür angelegt, war aber mit der Aufgabe insgesamt massiv überfordert. Als er am 6. August 1552 unerwartet rasch starb, hatte Petrus Canisius bereits seit mehreren Monaten die Federführung des Handbuchprojekts übernommen; er war eigens zu diesem Zweck im März auf ausdrücklichen königlichen Wunsch von Ingolstadt nach Wien versetzt worden. Aber auch er fühlte sich der Aufgabe nicht gewachsen und schrieb in seiner Not an die römische Ordensleitung, man solle einen versierten Jesuitentheologen wie Diego Laínez nach Wien schicken, um dieses verwünschte Handbuch zu schreiben.[394] Seine Hilferufe hatten tatsächlich den gewünschten Erfolg: Laínez kam zwar nicht nach Wien, aber Anfang 1553 wurde er von Ignatius von Loyola damit beauftragt, ein sogar noch umfangreicheres fach-

IACOBVS LAYNEZ ALMAZANVS II. GENERALIS
Præpositus Societatis IESV; vnus ex decem primis
B.P. Ignatij focijs; obijt Romæ anno 1565. ætatis 53.
Hieronymus Wierx fecit et excud. Cum Gratia et Priuilegio. Piernans.

Diego Laínez aus der Gründergruppe der Gesellschaft Jesu folgte
Ignatius Loyola als zweiter Ordensgeneral nach (1558–1565). Er
hatte schon zuvor mehrfach mit Petrus Canisius zu tun gehabt
und war für ihn ein wichtiger Ansprechpartner während der ersten
Jahre seines Wirkens im Reich.
Kupferstich von Hieronymus Wierix († 1619).

theologisches Handbuch zu schreiben, als Ferdinand es in Auftrag gegeben hatte. Ein Auszug daraus sollte dann als Lehrbuch für die Wiener Universität dienen. Aber auch die Auslagerung des Handbuchprojekts nach Rom trug nicht zu seinem Erfolg bei. Was Jay und Canisius nicht geschafft hatten, schaffte auch Laínez, dieser theologische Superstar der jungen Gesellschaft Jesu, nicht: das umfassende theologische Handbuch für die Theologenausbildung, das sich Ferdinand für die katholische Reform der Wiener Universität gewünscht hatte, ist nie vollendet worden.

Dass die Idee eines umfassenden fachtheologischen Handbuchs jesuitenintern von Hand zu Hand weitergereicht wurde, nur um schließlich Jahre später in Rom einen stillen Tod zu sterben, störte Ferdinand in Wien allerdings schon bald ganz offensichtlich nur noch bedingt. Er war mittlerweile zur Überzeugung gelangt, dass ein Handbuch für die schmale akademische Elite der Fachtheologen zwar nicht unwichtig war, aber nicht das bewirken konnte, was er sich davon für die Rekatholisierung Österreichs erhofft hatte. Von seinen Wiener Jesuiten hatte er nämlich sehr schnell etwas ganz Grundlegendes gelernt: Dass ein guter Religionsunterricht an der Schule wichtiger war als eine noch so brillante und umfassende theologische Ausbildung an der Universität. Das war eine wichtige Wende: Ferdinand hatte die Jesuiten 1551 in erster Linie deswegen nach Wien geholt, um ihn bei der katholischen Reform der Wiener Universität zu unterstützen – als Theologieprofessoren und als Autoren des fachtheologischen Handbuchs, in das er Anfang der 1550er Jahre so große Hoffnung gesetzt hatte. Dass er ihnen in Wien ihr erstes Kolleg im deutschsprachigen Raum finanziert und so die Möglichkeit zum Schulunterricht auf voruniversitärem Niveau geboten hat, war am Anfang eigentlich nur ein Zugeständnis für die seit Messina schulbegeisterten Jesuiten gewesen, um sie auch wirklich nach Wien zu locken. Aber schon bald zeigte sich: Diese schulische Arbeit der Jesuiten hatte das Potenzial, viel effektiver für die katholische Erneuerung Österreichs zu wirken, als es jedes noch so gelehrte und noch so katholische Handbuch für die relativ kleine und exklusive Gruppe der Theologiestudenten je sein konnte.

Die Jesuiten unterrichteten an der Schule ihres Kollegs die sprachlichen und allgemeinbildenden Grundlagenfächer. Das war aber nicht alles: Sie sorgten zugleich für einen gut katholischen Katechismusunterricht und trugen so zu einer intensiven religiösen Praxis und katholischen Bewusstseinsbildung der Schüler bei. Wer in Wien nach höherer Bildung strebte und deshalb die Grundlagenfächer zu lernen hatte, musste schon bald wie selbstverständlich auch durch die von Katholizität durchdrungene Schule der Jesuiten gehen, die noch dazu gratis war. All das bedeutete aber: Nicht die Fachtheologen waren der Schlüssel, sondern die Schüler am Jesuitenkolleg, aus denen sich in Zukunft die tragenden Säulen der österreichischen Gesellschaft inklusive der für die Rekatholisierung der breiten Bevölkerung so wichtigen Lehrer und Pfarrer[395] rekrutieren würden. Es gab nur ein Problem: Die Jesuiten konnten zwar in Wien, aber sie konnten nicht überall in Österreich sein, um die höhere Schulbildung insgesamt zu einem Instrument der Rekatholisierung zu machen. Für dieses Problem hatte Petrus Canisius die Lösung bereits im Kopf, als er 1552 von Ingolstadt nach Wien kam: einen schultauglichen Katechismus, der überall eingesetzt werden konnte, auch dort, wo es keine Jesuiten gab.

Als Petrus Canisius nämlich im November 1549 nach seinen zweieinhalb italienischen Jahren nach Ingolstadt gekommen war, um an der dortigen Universität zu unterrichten und – vorläufig erfolglos – am Aufbau eines Jesuitenkollegs vor Ort mitzuarbeiten, war er auf einen eklatanten Mangel auf dem deutschen Büchermarkt aufmerksam geworden. Es gab zwar etliche Katechismen, die gut katholisch waren. Gewichtige Gelehrte wie Friedrich Nausea, Jakob Schöpper, Michael Helding und Johannes Fabri hatten solche Religionsbücher vorgelegt.[396] Diese Katechismen waren aber meist zu gelehrt und zu fachtheologisch angelegt und deshalb für den Schulunterricht ungeeignet. Für den Religionsunterricht der Jugendlichen, die in die grundlegende Allgemeinbildung der damaligen Zeit eingeführt wurden, gab es fatalerweise nichts, was es mit dem berühmten Schulkatechismus Martin Luthers von 1529 aufnehmen konnte, der deswegen sogar an katholischen Schulen verwendet wurde. Dass das ein massives Problem war, hatte Petrus Canisius sehr schnell erkannt. Ohne einen guten Katechismus, der den deutschen Verhältnissen angepasst war, konnte er nicht an einer nachhaltigen Erneuerung der katholischen Kirche arbeiten, die in erster Linie an der Schule zu geschehen hatte. Genau dafür aber war er von seinen Oberen ja nach Deutschland geschickt worden, nachdem die Jesuiten im sizilianischen Messina gesehen hatten, wie effektiv das Engagement in der schulischen Erziehung für die religiöse Erneuerung sein konnte. Schon im März 1550 schrieb er deshalb nach Rom, man solle ihm möglichst bald einen Katechismus für die Deutschen („un catechismo per li Todeschi"[397]) schicken. Dort wusste man aber auch keinen Rat: Einen solchen katholischen Katechismus, der verlässlich katholisch war und in die unruhigen deutschen Verhältnisse passte, gab es bis dato schlicht noch nicht. Die Schlussfolgerung für Petrus Canisius: Er musste einen solchen Katechismus wohl oder übel selbst schreiben. Im Laufe des Jahres 1550 wälzte er die Idee, ob er die katechetischen Vorträge, die er regelmäßig für seine Ingolstädter Studenten hielt, überarbeiten und als einen solchen Katechismus publizieren sollte.[398] Daraus wurde zwar nichts,[399] aber die Idee war in seinem Kopf, als er im Februar 1552 von Ingolstadt ans neuerrichtete Jesuitenkolleg in Wien versetzt wurde.

Als er nach Wien kam, musste er zwar vorläufig wider Willen das fachtheologische Handbuchprojekt übernehmen, aber Ferdinand I. war zu diesem Zeitpunkt bereits dabei, sich neu zu orientieren, und griff nunmehr auf die Idee zurück, die Petrus Canisius aus Ingolstadt mitgebracht hatte: Er erteilte ihm den Auftrag für ein verlässliches

Zwischen Kirchenvätern und Katechismus

katholisches Religionsbuch, das er in ganz Österreich zur verbindlichen Grundlage der religiösen Erziehung an den Schulen machen konnte. Die katholische Renaissance, die die Jesuiten nach Wien gebracht hatten, sollte über ein solches Buch – quasi einen papiergewordenen Jesuiten – an allen österreichischen Schulen wirksam werden. Während sich also Diego Laínez in Rom mit dem theologischen Handbuch herumschlug, begann Petrus Canisius in Wien an diesem Katechismus zu arbeiten. Die Arbeit schien ihm dabei gut von der Hand zu gehen, obwohl er rückblickend meinte, „daß ich der Vollendung eines solchen Werkes nicht gewachsen war"[400] und die „Arbeit daran für mich eine rechte Buße"[401] geworden sei. Schon nach nur wenig mehr als einem Jahr intensiver Arbeit schickte er Anfang 1554 den ersten Teil zur Revision an Ferdinand. Im Juni war der Text mehr oder weniger abgeschlossen; der König wollte eine möglichst rasche Veröffentlichung und machte massiven Druck, sodass noch nicht einmal die übliche jesuiteninterne Zensur ordentlich durchgeführt werden konnte.

Im Frühling 1555 konnte mit dem Katechismus von Petrus Canisius dann endlich das langersehnte „katholische Pendant zu den lutherischen Schriften"[402] erscheinen, die bis dahin den Religionsunterricht teilweise sogar an katholischen Schulen so massiv bestimmt hatten. Dieser Katechismus wurde bewusst anonym veröffentlicht, um es nicht als Privatarbeit eines Theologen, sondern als verbindlichen Text mit voller königlicher Autorität erscheinen zu lassen; Petrus Canisius gab sich erst Jahre später offiziell als Autor zu erkennen,[403] obwohl das praktisch jeder, der es wissen wollte, bereits gewusst hat. Dieser Katechismus war ursprünglich nicht gedacht als Katechismus des Petrus Canisius, sondern als „österreichischer Katechismus", um im landesfürstlichen Auftrag die „im Glauben gefährdeten Österreicher"[404] wieder auf den rechten Weg zu bringen. Ferdinand steuerte dementsprechend das Vorwort zu diesem Katechismus in Form eines herrschaftlichen Edikts bei, in dem er feststellte, die bisherigen Katechis-

SVMMA
DOCTRINAE
CHRISTIANAE.

Per Quæstiones tradita, & in vsum Christianæ pueritiæ nūc pri-mùm edita.

Iuſſu & authoritate Sacratiſsimę Rom. Hung. Bohem. &c. Regiæ Maieſt. Archiducis Auſtriæ, &c.

EDICTO REGIO CAVTVM eſt, vt hic libellus ſolus, prætermiſsis reli=quis Catechiſmis, per omnes Auſtriæ Infe=rioris Prouincias, & Goritiæ Comitatum in ſcholis cùm priuatis tum publicis præle=gatur & conſeruetur: Atque à nullo Typo=grapho aut Bibliopola, inuito Michaële Zimmermanno, intra decen=nium denuò excudatur, aut excuſus ven=datur.

Die *Summa doctrinae christianae* von 1555 wurde als Großer Katechismus weltbekannt. Ursprünglich anonym unter der Autorität von Ferdinand I. erschienen, gab sich Petrus Canisius erst später als Autor zu erkennen. Er hat diesen Bestseller mehrfach überarbeitet und auch noch zwei Kurzfassungen veröffentlicht.

Zwischen Kirchenvätern und Katechismus

men hätten dazu beigetragen, „die Religion zugrunde zu richten"[405]. Mit der neuen *Summa doctrinae christianae* aber gebe es nun endlich „ein Buch der rechtgläubigen katechetischen Lehre"[406], das deswegen die alleinige Grundlage für den Religionsunterricht in seinen österreichischen Herrschaftsgebieten sein und so eine katholische Trendwende in seinem über weite Strecken protestantischen Land einleiten sollte.

Und wirklich: Mit dem Katechismus von Petrus Canisius hatte Ferdinand endlich, was er sich gewünscht hatte: ein katholisches Religionsbuch, das sogar die protestantischen Superstars Philipp Melanchthon, Johannes Wigand und Matthias Flacius das Fürchten lehrte. Sie fürchteten sich zu Recht: Dieser „österreichische Katechismus"[407] wurde nämlich nicht nur an den österreichischen Schulen zur Grundlage der Erneuerung der katholischen Erziehung, sondern weit darüber hinaus und war in seinen gekürzten Versionen schon bald, wie Petrus Canisius in seinem geistlichen *Testament* kurz vor seinem Tod mit spürbarem Stolz festhielt, „in der Hand aller Katechten"[408]. Viele katholische Theologen des 16. Jahrhunderts haben Katechismen geschrieben; wirklich durchgesetzt hat sich aber nur der von Petrus Canisius. Sein Ruf drang in grundkatholische Länder wie Italien vor. Der berühmte Kontroverstheologe Robert Bellarmin, der Jahre später einen italienischen Katechismus veröffentlicht hat, schrieb im Rückblick, hätte er den Katechismus von Petrus Canisius gekannt, hätte er ganz einfach diesen ins Italienische übersetzt.[409] Aber auch in nichtkatholischen Ländern wurde der canisianische Katechismus zu einem wichtigen Instrument der katholischen Selbstvergewisserung. Ende des 16. bzw. Anfang des 17. Jahrhunderts sind sogar im protestantischen England und in Schottland mehrere Ausgaben gedruckt und im katholischen Untergrund verbreitet worden, darunter Übersetzungen nicht nur ins Englische und Schottische, sondern auch ins Walisische.[410] Jedenfalls: Der Katechismus von Petrus Canisius wurde nicht nur ein wichtiges Instrument bei der katholischen Trendwende

ROBERTVS CARD. BELLARMINVS E SOC. IESV.
Vixit annos LXXIX. obijt XVII. Sept. MDCXXI.

Robert Bellarmin (1542–1621) galt als theologischer Superstar der
Gesellschaft Jesu. Er wurde – gegen die jesuitischen Ordenssatzungen –
zum Kardinal ernannt und wäre sogar einmal beinahe Papst geworden.
Er hat den Katechismus von Petrus Canisius sehr geschätzt.
Kupferstich von Johann Friedrich Greuter († 1662)

Zwischen Kirchenvätern und Katechismus

in Österreich,[411] sondern eroberte ganz grundsätzlich das schulische Terrain für den Katholizismus zurück, auf dem die Protestanten bis dahin als nahezu unüberwindlich gegolten hatten.

Für den theologiehistorischen Blick ist einiges bemerkenswert an diesem Katechismus von 1555. Einmal, dass er das seit dem Spätmittelalter übliche (und auch bei Martin Luther in etwas anderer Anordnung verwendete) katechetische Schema, in dem die religiösen Inhalte den drei Themenblöcken Glaubensbekenntnis, Vaterunser und Zehn Gebote zugeordnet wurden, ganz neu fasste.[412] Diese drei Themenblöcke, die Petrus Canisius mit den drei göttlichen Tugenden Glaube, Hoffnung und Liebe parallelisierte, bildeten bei ihm zusammen nämlich nur einen ersten Teil, den er mit dem Stichwort „Weisheit" übertitelte. Diese göttlichen Tugenden, die in erster Linie im geistigen Bereich angesiedelt waren, waren für ihn nur eine Seite des christlichen Glaubens. Die andere war die konkrete weltliche Verwirklichung dieser göttlichen Tugenden: Die Kraft für diese Verwirklichung erhielt der Mensch nach der Überzeugung von Petrus Canisius erst durch die sieben Sakramente; mit diesen befasste sich dementsprechend das Scharnierkapitel zum nächsten Hauptteil, der sich der „Gerechtigkeit" widmete: In diesem zweiten Hauptteil ging es dann – und das ist der Clou – um das konkrete Leben des Christen in der Welt: wie er dort versagte (Sünden), wie er dort erfolgreich war (gute Werke). Oder anders gesagt: Hier ging es um die notwendige Verwirklichung der göttlichen Tugenden in der Welt. Dass Petrus Canisius auf diese Weise seinen Katechismus so konstruiert hat, dass die göttlichen Tugenden (Weisheit) sich erst durch gute Werke (Gerechtigkeit) verwirklichen, ist natürlich ganz gegen die protestantische Doktrin von der alleinigen Bedeutung des innerlichen Glaubens (*sola fide*) und der Bedeutungslosigkeit der äußeren Werke geschrieben. Der Katechismus von Petrus Canisius ist also nicht nur durch viele typisch katholische Inhalte, sondern schon in seiner ganzen Struktur eine bewusst katholische Antwort auf die protestantische Herausforderung. Quasi das letzte Wort des Katechismus lautet dementsprechend auch, „welch großer Unterschied zwischen einem Christen und irgendeinem anderen Menschen ist, da beide nicht nur der Glaube unterscheidet, sondern auch ein in Weisheit und christlicher Gerechtigkeit geführtes Leben"[413]. Katholischer geht's nicht. Kein Wunder, dass Matthias Flacius, der vielleicht lutherischste aller lutherischen Theologen seiner Zeit, sich über diesen Katechismus so maßlos geärgert hat.

Theologiegeschichtlich spannend ist zudem, wie sehr Petrus Canisius auch als Katechismusschreiber ein Patrologe geblieben ist. Als er 1554 einen Entwurf an König Ferdinand schickte, wies der ihn an, am Rand immer auch die entsprechenden Verweise auf die Bibel und die Kirchenväter anzugeben, damit diejenigen, die vom wahren katholischen Glauben „durch Unwissen abgefallen sind, in […] den Schoß unserer heiligen katholischen Mutter Kirche zurückgeführt werden"[414]. Sie sollten so die theologischen Beweise mitgeliefert bekommen, dass das, was dieser Katechismus an katholischen Inhalten verbreitete, durch den breiten Strom der kirchlichen Tradition gedeckt war. Und wirklich: Praktisch jeder Satz des Katechismus – so schulmäßig einfach er teilweise auf den ersten Blick auch klang – war tatsächlich durch biblische und vor allem kirchenväterliche Autoritäten abgesichert; dementsprechend waren die auf königlichen Wunsch ergänzten Hinweise am Rand so zahlreich, dass die Katechismusseiten „geradezu mit Väterverweisen gespickt"[415] waren. In der ersten Auflage hat man neben den noch zahlreicheren biblischen Anmerkungen ganze 400 Kirchenväterverweise gezählt, bei der überarbeiteten Auflage von 1566 dann sogar 2000[416] – und das bei einem Buch, das im lateinischen Original in einer heutigen Buchausgabe noch nicht einmal hundert Seiten umfasst! Mit Peter Buys hat sich ein Mitbruder von Petrus Canisius die Mühe gemacht, alle diese Hinweise auf die Väter im Wortlaut zu erheben und in etlichen Ausgaben direkt beim Katechismustext abzudrucken, wobei die Väterverweise in der Regel ein Vielfaches des Katechismustextes ausmachten. Dieser umfassende Anmerkungsapparat ist 1569/70 unter dem Titel *Opus catechisticum* sogar als ein eigenständiges Buch in mehreren Teilen veröffentlicht worden. Dass damit vor aller Augen geführt wurde, dass auch sein für den Schulunterricht gedachter und dementsprechend sprachlich in allen seinen Versionen bewusst schlichter Katechismus genauso aus der kirchenväterlichen Tradition lebte wie seine hochgelehrten patrologischen Arbeiten, hat Petrus Canisius stolz gemacht. 1577 schrieb er in der Widmung einer Neuauflage seines Katechismus an den Würzburger Fürstbischof Julius Echter von Mespelbrunn: „Mühelos kann jetzt jeder feststellen, daß die ganze Lehre unseres Katechismus mit den kanonischen Schriften und den bewährten Schriften der Kirchenväter übereinstimmt."[417]

All das – die geschickte und innovative Anordnung der Inhalte; die damit selbstbewusst vertretene, aber nicht primär polemische Katholizität; die breite Einbettung der Inhalte in die biblische und theologische Tradition – war natürlich von großer Bedeutung dafür, dass dieser Katechismus zu dem Erfolg wurde, der er schon bald war. Aber ohne zwei weitere Faktoren wäre das so dann doch nicht möglich gewesen: Erstens ist der Katechismus des Petrus Canisius von den wichtigsten katholischen Fürsten seiner Zeit auf breiter Basis gefördert und zum Teil in ihren Herrschaftsgebieten auch an den Schulen verpflichtend gemacht worden – nicht nur in Österreich, wo er ja genau zu diesem Zweck verfasst worden ist. Der spanische König Philipp II. beispielsweise schrieb ihn 1557 in den spanischen Niederlanden vor.[418] Der bayerische Herzog Albrecht V. ließ 1569 eine Schulordnung in Kraft treten, in der es unter anderem hieß, dass man „Doctor Canisii grossen und klainen Catechismum" den Kindern jeden Sonn- und Feiertag zu unterrichten habe und für den Religionsunterricht „sonsten keinen Lutherischen oder andern Sectischen Catechismum gebrauchen" dürfe.[419]

Mit diesem Hinweis auf einen großen und einen kleinen Katechismus sind wir auch schon beim zweiten Faktor für den nachhaltigen Erfolg dieses Schulbuches: Petrus Canisius hat seinen Katechismus von 1555 nämlich nicht nur regelmäßig überarbeitet und verbessert. Er hat diesen *Großen* Katechismus mit seinen 213 Fragen auch noch in zwei Kurzfassungen umgewandelt, die Kindern im frühen Schulalter – bzw. Erwachsenen mit wenig formaler Vorbildung – die Inhalte des katholischen Glaubens zugänglich machen sollten. Der Aufbau blieb dabei zwar gleich, aber es wurde massiv gekürzt und sprachlich und inhaltlich noch einmal vereinfacht. Der sogenannte *Kürzeste* Katechismus mit seinen nur 59 Fragen wurde schon 1556 als Anhang einer lateinischen Grammatik veröffentlicht und war für die Schüler gedacht, die gerade einmal lesen gelernt hatten; in einer Ausgabe von 1596 war er sogar in einzelne Silben abgetrennt erschienen, damit die Schüler „mit leich-ter Mü-he de-sto ge-schwin-der le-sen ler-nen, wel-ches ih-nen als dann zum Schrei-ben be-stens die-nen wird"[420]. Am berühmtesten von allen Versionen wurde jedoch die Kurzfassung von 1558, der *Kleine* Katechismus.[421] Diese Version wurde an denjenigen Schulen eingesetzt, wo man zwar bereits über die Elementarbildung hinaus war, aber doch eine grundlegendere Bildung vermittelt wurde als im gymnasialen bzw. unmittelbar voruniversitären Kontext, in dem der Große Katechismus angesiedelt war – und das waren mit Abstand die meisten Schulen.

Ein Geheimnis hinter dem Erfolg des Katechismus war auf diesem Hintergrund also, dass Petrus Canisius ihn in sprachlicher und inhaltlicher Gestalt verschiedenen Bildungs- und Entwicklungsstufen angepasst hat und damit für breite Bevölkerungsschichten, beginnend beim Schüler, der noch kaum lesen kann, bis hin zum Gymnasiasten, zugänglich gemacht hat. Man konnte sein ganzes Schulleben lang in seinem Religionsunterricht auf der verlässlich katholischen

Diese in Innsbruck erschienene griechisch-lateinische Ausgabe des Katechismus von Petrus Canisius ist nur eine von zahllosen Ausgaben, die in verschiedenen – lebenden und toten – Sprachen veröffentlicht wurden.

Basis des canisianischen Katechismus unterrichtet werden – und konnte doch mit den wachsenden intellektuellen Herausforderungen der verschiedenen Katechismusversionen auch selber intellektuell mitwachsen. Das war vielleicht das eigentliche Geheimnis der „katechetisch-pastoralen Genialität des Canisius"[422].

Mittlerweile hat der Katechismus von Petrus Canisius in der Regel keine besonders gute Presse – und zwar nicht erst seit Kurzem. Schon 1819 war ein damals neu erschienener Katechismus von einem Vertreter der vorwärtsgewandten Katholischen Tübinger Schule scharf kritisiert worden, weil darin die Meinung vertreten wurde,

„es sey Canisius noch immer das Beste, was wir in diesem Fache haben". Der Kommentar des anonymen Tübinger Kritikers dazu: „Traurig, wenn's so wäre."[423] Besonders traurig sei dieser neue Katechismus à la Petrus Canisius, weil sich daran zeige, „daß in unseren Tagen von vielen das Alte in kirchlichen Dingen so unbedingt hervorgezogen wird"[424]. Petrus Canisius und sein Katechismus waren also schon 1819 in fortschrittlichen katholischen Kreisen ein Synonym für das „Alte in kirchlichen Dingen" geworden, das sich überholt hatte. Zwar hat die antimoderne Wende in der katholischen Kirche seit der Mitte des 19. Jahrhunderts (Ultramontanismus) noch einmal zu einer neuen Wertschätzung des Katechismus geführt, die mit der Seligsprechung von Petrus Canisius 1864 und dann mit der Heiligsprechung von 1925 quasi auch kirchenamtlich ratifiziert worden ist. Aber als die antimoderne katholische Kirche in der zweiten Hälfte des 20. Jahrhunderts schließlich mehr oder weniger vollständig kollabierte, verschwanden auch Petrus Canisius und sein Katechismus endgültig von der Bildfläche. Dieses hoch innovative Religionsbuch des 16. Jahrhunderts, das den Religionsunterricht über Jahrhunderte hinweg maßgeblich bestimmt hatte, taugte nach Ansicht der katholischen Reformkräfte endgültig nicht mehr für eine in die Zukunft orientierte Kirche. In der lateinisch-deutschen Edition des Großen Katechismus von 2003 beispielsweise schreibt einer der Herausgeber, bei aller Wertschätzung von einzelnen Aspekten stehe hinter diesem Buch doch ein Konzept, das „nicht auf Mündigkeit, Subjektwerdung, Identitätsfindung und einen persönlich verantworteten Lebensstil"[425] abzielte. Genau das aber war am Beginn des 21. Jahrhunderts gefragt. Überdies berge die „primär inhaltliche Ausrichtung eines Katechismus", wie sie bei Petrus Canisius vorherrsche, auch ökumenisch und religionstheologisch „große Risiken in sich"[426]. Ein anderer Kommentator in derselben Edition stellt fest, allein schon durch den Frage-Antwort-Aufbau des canisianischen Katechismus „entfällt jede Art von Selbständigkeit und persönliche Auseinandersetzung mit den präsentierten Themen des Glaubens"[427]. Bei Petrus Canisius seien die Gläubigen fatalerweise „Objekte des Katechismusunterrichts, nicht Subjekte des Glaubens"[428].

Aus historischer Sicht fällt das Urteil dann doch etwas anders aus: Nicht nur, weil im 16. Jahrhundert das Anliegen aller Christen – egal welcher Konfession – nicht darin bestanden hat, in der Religion einen „persönlich verantworteten Lebensstil" zu entwickeln; sowohl Katholiken als auch Protestanten aller Couleurs ging es gleichermaßen um einen Lebensstil, der allein und ausschließlich vor Gott zu verantworten war. Davon einmal ganz abgesehen darf man nämlich feststellen, dass auch in diesem heute ungewohnten frömmigkeits- und religionsgeschichtlichen Kontext der frühen Neuzeit der Katechismus von Petrus Canisius Horizonte eröffnet hat, die durchaus auch noch am Beginn des 21. Jahrhunderts bemerkenswert sind. Dass die Gläubigen Subjekte des Glaubens sind und es im Glauben ohne persönliche Auseinandersetzung mit den kirchlichen Lehrinhalten nicht geht, ist nämlich nicht erst eine Erfindung der letzten 60 Jahre; das war tatsächlich auch schon Petrus Canisius bekannt. Er hat seinen Katechismus ganz bewusst so aufgebaut, dass der christliche Glaube als ein Glaube greifbar wird, der gerade in der Überführung der objektiven Glaubensinhalte (Weisheit) ins konkrete subjektive Tun (Gerechtigkeit) besteht. Er hat ihn auch ganz bewusst in verschiedenen Versionen veröffentlicht, um ihn quasi mit der subjektiven bzw. intellektuellen Entwicklung der Gläubigen mitwachsen zu lassen. Und gerade in der Fassung des Großen Katechismus wurde den Lesern allein schon durch den umfangreichen Anmerkungsapparat aus der Bibel und den Kirchenvätern eine kritische Nachprüfung der katechetischen Inhalte geradezu aufgedrängt.

Aber natürlich: In allen seinen Versionen ist und bleibt der Katechismus von Petrus Canisius ein Katechismus des 16. Jahrhunderts, der in Form und Inhalt oft so ganz anders ist als das, was man im 21. Jahrhundert üblicherweise unter christlichem Glauben versteht.

Bei Petrus Canisius spielt die gläubige und gehorsame Unterordnung unter die kirchlichen Vorschriften, die christliche Tradition und die göttlichen Gebote und Verbote eine so große Rolle, wie sie heute mindestens im westlichen Christentum kaum mehr vermittelbar ist. Man findet noch dazu zahlreiche konfessionelle Engherzigkeiten darin, die im 16. Jahrhundert nachvollziehbar waren, die man aber heute gerade auch als Katholik mit einem gewissen Unbehagen liest. Sein Katechismus ist, wie schon in den 1930er Jahren ein Verehrer von Petrus Canisius unumwunden festgestellt hat, „ein Meisterwerk seiner Zeit und nicht für alle Zeiten"[429]. Aber trotzdem sollte man es sich gerade heute mit vorschnellen Urteilen über dieses Buch und seinen Autor nicht allzu leicht machen: Der Katechismus von Petrus Canisius hat über Jahrhunderte hinweg Generationen von Schülern ein Christentum vermittelt, das es erstens wert ist, sich mit ihm intensiv zu beschäftigen (bis hin zum Auswendiglernen); das sich zweitens im Leben konkret zu verwirklichen hat (von der Weisheit zur Gerechtigkeit); und das drittens mit der subjektiven intellektuellen Entwicklung mitwachsen muss (vom Kürzesten über den Kleinen bis hin zum Großen Katechismus). Er hat der katholischen Kirche, die im 16. Jahrhundert vielen ein unheilbar veraltetes Relikt der Vergangenheit zu sein schien, damit eine Zukunft nicht nur in der allgemeinen frühneuzeitlichen Religionsgeschichte, sondern auch in den konkreten Lebensgeschichten von ungezählten Menschen gegeben. Über welches Religionsbuch von heute – über welches religiöse Buch überhaupt – wird man einst etwas Vergleichbares sagen können?

5. Kapitel

Zwischen Schuld und Sühne

Schuld:
Petrus Canisius und eine Lebensgeschichte des Versagens

Im Rückblick wusste Anna Jakobäa Fugger ganz genau, wer daran schuld war, dass sie im Alter von noch nicht einmal vierzehn Jahren gegen ihren Willen ins Kloster gesteckt worden war: der vermaledeite Jesuit Petrus Canisius, wer sonst! Als Augsburger Domprediger hatte er es Anfang der 1560er Jahre innerhalb kürzester Zeit geschafft, ihre Mutter Ursula von einer überzeugten Protestantin zu einer noch überzeugteren Katholikin zu machen. Religiöse Halbheiten hatte es bei ihrer Mutter nicht gegeben. Hatte sie zuvor alles Katholische und vor allem die Jesuiten inbrünstig gehasst, verschrieb sie sich nach ihrer Konversion dem Katholizismus mit Haut und Haaren. Sie änderte ihren Lebensstil radikal – und im gleichen Zug auch den ihrer ganzen Familie: In einem Brief vom 20. September 1560 schrieb ein begeisterter Petrus Canisius an den Augsburger Bischof Otto von Waldburg, den von Ursula geführten Haushalt „möchte ich beinahe ein Kloster heißen, so oft hält sie Andachten mit ihrer Familie"[430]. Aber ein solches familiäres Beinahe-Kloster war für Ursula nicht genug gewesen. Sie selbst war zwar durch ihre Ehe mit dem Patrizier Georg Fugger an ein bürgerliches Leben gebunden, aber wenigstens einige ihrer Kinder sollten nach ihrem Plan die neugefundene katholische Wahrheit à la Petrus Canisius vorbehaltlos leben: Aus ihnen sollten Ordensleute werden – aus den Söhnen wenn möglich Jesuiten, aus den Töchtern Klosterschwestern. Erfolgreich war sie mit diesem Plan zu ihrem Leidwesen nur bei Anna Jakobäa, die 1561 bei den Benediktinerinnen eintrat, um im Jahr darauf zu den Dominikanerinnen zu wechseln.[431]

Für das damals halbwüchsige Mädchen begannen damit über zwanzig tief unglückliche Jahre, die erst endeten, als sich im Oktober 1582 die langerwartete Chance ergab und sie in einer spektakulären Aktion aus dem Kloster fliehen konnte. Neben ihrem Ordensgewand ließ sie einen Zettel mit einer unmissverständlichen Nachricht zurück: „got allain die ehr, in diese kutten komb ich nicht mehr"[432]. Unmittelbar nach dieser weit über Augsburg hinaus aufsehenerregenden Klosterflucht – als Fuggerin stammte sie immerhin aus der reichsten Familie Europas – schrieb sie ihren Brüdern im November einen ausführlichen Brief. In diesem erschütternden Dokument schilderte die mittlerweile 35-Jährige, dass sie 1561 nur Nonne geworden sei, um „meiner Muetter zugefallen"[433]. Der Strippenzieher im Hintergrund sei aber immer Petrus Canisius gewesen. Nicht nur habe er ihre Mutter zu einer katholischen Fanatikerin umprogrammiert; auch sie selbst habe er „als ain junges noch unverstendig Megglein von dreysehen Jaren" skrupellos manipuliert, indem er ihr „durch seine heele wortt" das Versprechen abgetrotzt habe, sich nie zu verheiraten.[434] Das Schlimmste: Als sie ein halbes Jahr nach ihrem Klostereintritt merkte, dass das Leben als Nonne definitiv nichts für sie war und sie deshalb wieder austreten wollte, habe er sie „mit hartten wortten und troen angefahren" und an ihre Pflicht gegenüber ihren treukatholischen Eltern ermahnt.[435] Aus Furcht vor ihm und ihrer Mutter hatte sie nachgegeben. Niemand habe ihr damals geholfen, auch die eigenen Brüder nicht, weil sie so „hefftig baptisch" und „hard von den Jesuitern eingenommen" waren.[436] Sie musste im Kloster bleiben, das noch dazu unter dem Einfluss von Petrus Canisius strenger geführt wurde denn je – bis sich zwei Jahrzehnte später endlich eine Fluchtmöglichkeit ergab. Anna Jakobäa flüchtete damals nicht nur aus dem ungeliebten Klosterleben, sie flüchtete gleichzeitig auch aus dem Katholizismus, den Petrus Canisius in ihre Familie ge-

Anna Jakobäa Fugger (1547–1587) gehörte zur damals reichsten Familie der Welt. Ihre Mutter war von Petrus Canisius zum Katholizismus bekehrt worden und hat ihre Tochter ins Kloster gedrängt. Nach ihrer Klosterflucht hat Anna Jakobäa Petrus Canisius beschuldigt, daran massiv mitbeteiligt gewesen zu sein. – Kolorierter Kupferstich von Dominicus Custos aus dem Werk „Fuggerorum et Fuggerarum imagines", 1618.

bracht und der sie nach ihrer Überzeugung beinahe ihr Lebensglück gekostet hätte: Sie begab sich, wie sie an ihre Brüder schrieb, „auß dem laidigen Bapstumb zu der waren rainen Confession“[437], wurde also Protestantin und heiratete keine zweieinhalb Jahre später den protestantischen Grafen Heinrich VII. von Ortenburg. Es war ein regelrechter Skandal.

Die Episode um Anna Jakobäa Fugger rückt Petrus Canisius in ein denkbar ungünstiges Licht und wirft die grundsätzliche Frage auf, wo sein Leben sonst noch ein Leben der Schuld und des Schuldigwerdens gewesen ist. Zwar ist Schuld an sich keine historische Kategorie und als Historiker kann und darf man sich dementsprechend kein Letzturteil über die juristische, geschweige denn die moralische Schuld oder Unschuld von Menschen der geschichtlichen Vergangenheit anmaßen. Aber genauso wenig ist eiskalte Neutralität eine historische Kategorie und gerade aus historischer Perspektive kommt man deshalb nicht um die Feststellung herum, dass das Leben von Petrus Canisius auch ein Leben mit katastrophalen Fehleinschätzungen und schlimmen Auswirkungen auf andere gewesen ist. In seinem langen Leben des Einsatzes für die Wiederbelebung des deutschen Katholizismus aus dem jesuitischen Geist hat er nicht nur zahlreiche Menschen von Kaisern und Königen bis hinunter zu Dorfschulkindern begeistert und ihnen durch seine Predigten, Schriften und seelsorglichen Aktivitäten einen neuen Sinn in ihrem Leben erschlossen. Am Rande seines Lebensweges finden sich auch gebrochene Existenzen – Menschen, die zu regelrechten Opfern der Kompromisslosigkeit seines Glaubens (und seines Aberglaubens) geworden sind; Anna Jakobäa Fugger war eines dieser Opfer, und sie ist uns nur deshalb bekannt geworden, weil es sich bei ihr um ein selbstbewusstes Mitglied einer einflussreichen Bankiersfamilie handelte und sie sich – wenn auch erst spät – zu wehren und in einem Brief auch entsprechend zu äußern gewusst hat.

An Martin Luther (1483–1546) hat Petrus Canisius kein gutes Haar gelassen. Er sah in ihm einen Rebellen gegen die göttliche Ordnung und einen Verdreher des Gotteswortes. Er hat die Schriften Luthers eifrig gelesen und in zahlreichen Büchern dagegen argumentiert. Gemälde von Lucas Cranach d. Ä., 1529.

Die fatale Fehleinschätzung von Petrus Canisius, wie sie nach seiner Meinung ihr Leben zu leben hatte, und der massive Druck, den er dabei auf sie ausgeübt hat (ein Fehler, den er übrigens nicht nur bei ihr gemacht hat), ist jedoch bloß eine Kleinigkeit verglichen mit der ultimativen Fehleinschätzung seines Lebens. Diese ultimative Fehleinschätzung hat nach allen Regeln der historischen Wahrscheinlichkeit dazu beigetragen, dass eine kaum zu überblickende Anzahl von Unschuldigen zu Opfern einer unbarmherzigen Zerstörungsmaschinerie geworden ist. Wenn es eine Schuld in seinem Leben gibt, ist es nämlich die, dass er spätestens ab den ausgehenden 1550er Jahren mit daran beteiligt war, das fatale Gift des Hexenglaubens unter den deutschen Katholiken zu verbreiten. Das kann und muss man zwar historisch erklären, will man nicht in eine anachronistische und überschießende moralinsaure Hysterie verfallen – historisch wegerklären kann man es allerdings nicht. Seine Leichtgläubigkeit in Bezug auf die angeblichen Untaten von Hexen verbunden mit seiner Bereitschaft, die bereits bestehenden Ängste in der Bevölkerung weiter zu schüren, ist und bleibt eine, wahrscheinlich sogar *die* Hypothek im Leben von Petrus Canisius.

Bevor wir allerdings zu diesem wohl traurigsten Kapitel in seinem Leben und Wirken kommen, muss mit einem Missverständnis aufgeräumt werden: Obwohl er nämlich in seinen Büchern, Predigten und Briefen die protestantischen Theologen (und den Protestantismus überhaupt) in der Regel sogar noch härter und unnachgiebiger angegriffen hat als die mutmaßlichen Hexen, kann man ihm aus *dieser* Härte historisch betrachtet keinen Strick drehen. Das ist auf den ersten Blick vielleicht überraschend, denn seine entsprechenden Aussagen und Verunglimpfungen waren wirklich massiv: Nicht erst in seinem geistlichen *Testament* von 1596/97 und damit kurz vor seinem Tod beklagte er sich über „die unselige Pest der Irrlehre Luthers"[438]. Martin Luther selbst war für ihn schon vorher schlicht und einfach „die Pest Europas" und eine „brünstige Sau" gewesen.[439] In einem „Bekenntnis", das er ab 1571 regelmäßig im Anhang seiner Bücher abgedruckt hat, schrieb er: „Luther kenne ich nicht, Calvin weise ich zurück [spucke ich aus], allen Häretikern verkünde ich die Verfluchung"[440]. Dem protestantischen Startheologen Philipp Melanchthon, dem er aus Anlass des Wormser Religionsgesprächs von 1557 – des letzten der großen Religionsgespräche der Reformationszeit – als „unbestrittener Sprecher und Vorkämpfer der altkirchlichen Partei"[441] gegenübertrat, begegnete er bei diesem Gespräch zwar offiziell sehr verbindlich. Immerhin war er auf persönlichen Wunsch König Ferdinands I. vor Ort und Ferdinand hoffte damals noch immer, die religiöse Spaltung des römisch-deutschen Reiches lasse sich auf dem Wege der gelehrten Diskussion zwischen katholischen und protestantischen Theologen überwinden. Petrus Canisius musste dementsprechend auf königlichen Wunsch zurückhaltend argumentieren, obwohl er schon lange nicht mehr an den Erfolg dieser Strategie glaubte – wenn er es überhaupt jemals getan hat. Aber: Was er persönlich von seinen protestantischen Diskussionspartnern in Worms inklusive Melanchthon wirklich hielt, die er aus politischer Räson im direkten Gespräch mit Samthandschuhen anfassen musste, erfährt man aus seinen Briefen. Er nennt sie dort unter anderem „Feinde Christi, Plagegeister der Kirche und Diener des Satans"[442]. Als das Wormser Religionsgespräch erwartungsgemäß scheiterte – in erster Linie übrigens wegen innerprotestantischer Konflikte –, war er erleichtert, dass er mit diesen protestantischen Satansdienern nicht mehr theologisch verhandeln musste.[443] Für sie beten, damit sie göttliche (= katholische) Wahrheit erkennen: ja! Mit ihnen über diese göttliche (= katholische) Wahrheit theologisch verhandeln und diese Wahrheit damit zur Verhandlungsmasse machen: niemals! „Kompromisse beschleunigen nur den Untergang der Religion"[444], schrieb er einige Zeit später dem Würzburger Bischof Friedrich von Wirsberg. – Nur ein Jahr nach dem unrühmlichen Ende des Wormser Religionsgesprächs hielt er in einem Brief an den bayerischen Herzog fest, dass es (vom Gebet abgesehen) nur einen Weg gebe, mit ihnen angemessen umzugehen: Es müsse „den Irrlehren, wo immer sie gefunden würden, sofort der Krieg erklärt werden"[445]. In seinem Kleinen Katechismus, der etwa zur gleichen Zeit erstmals veröffentlicht wurde, stellte er fest, dass überhaupt alle, die nicht mit der katholischen Kirche verbunden waren, „nicht anders als eine schädliche Pestilenz gemieden und gehasst werden"[446] müssten. Seinen Brüdern in Nimwegen riet er in zahlreichen Briefen immer und immer wieder, sich nur ja nicht auf Diskussionen mit Protestanten einzulassen – man durfte an ihrer Häresie nicht einmal im Gespräch anstreifen. Und das alles ist nur die Spitze des Eisberges: Mit den Beschimpfungen von Protestanten aus seinen publizierten Werken (vor allem aus seinen beiden umfangreichen Bänden gegen die lutherischen *Magdeburger Centurien)* und aus seinen Briefen könnte man problemlos ein kleines Büchlein füllen.

All das klingt heute natürlich nicht nur für ökumenisch besonders sensible Ohren nahezu unerträglich grob und verletzend. Aber noch einmal: Von einer besonderen Schuld, die Petrus Canisius dadurch auf sich geladen hat, kann man in diesem Zusammenhang in keinem Sinn des Wortes sprechen – jedenfalls dann nicht, wenn man auch nur ein wenig den historischen Kontext berücksichtigt. Zwar war er keineswegs das hehre „Beispiel für Milde und Liebe ohne jeglichen Zynismus"[447] in einer groben und lieblosen Welt des Religionshasses, zu dem man ihn im 20. Jahrhundert hat stilisieren wollen.[448] Von einer „irenischen Einstellung gegenüber Protestanten"[449] kann keine Rede sein und auch dem Urteil, er sei „hart in der Sache, aber sanft und bedächtig in der Form"[450] gewesen, wird man kaum zustimmen können. Daran ändern auch einzelne feinfühlige Äußerungen wie zum Beispiel die von seinen Bewunderern gern erwähnte Bezeichnung der Protestanten als „unsere getrennten Brüder"[451] nichts. Und auch sein von Verehrern vielzitierter Brief an einen besonders polemischen katholischen Theologenkollegen, in dem er ihm den Rat gab, in seinen Attacken auf die Protestanten „einen weniger schroffen Ton"[452] zu wählen und die katholische Lehre „beherzt, jedoch ruhig und sachlich zu verteidigen [...], damit man nicht in dieser für die Kirche so gefährlichen Zeitlage niederreißt, anstatt aufzubauen"[453], hilft wenig. Im konkreten Tagesgeschäft der Kontroverstheologie hat er sich nämlich meistens nicht an diesen eigenen Ratschlag gehalten. – So weit, so schlecht. Aber historisch klar ist auch: Zur Einordnung der harten Beschimpfungen seiner protestantischen Gegenspieler muss man wissen, dass die Kontroversen zwischen protestantischen und katholischen Theologen damals wie selbstverständlich von beiden Seiten in einem solchen groben (und oft in einem sogar noch gröberen) Tonfall geführt wurden. Hüben wie drüben schenkte man sich nichts und dementsprechend hat Petrus Canisius nicht nur ausgeteilt; er musste auch einiges einstecken. In einem Brief an einen jesuitischen Mitbruder zählte er einen ganzen Katalog an Schimpfnamen auf, die man ihm protestantischerseits bereits gegeben hatte: „Jesuwider, Seelmoerder, Hellischer Hundt, Ertzwolff, Ertzketzer" und schließlich auch noch „princeps hypocritarum", also Oberheuchler.[454] Und das war nur ein Best-of, man könnte diesen Katalog nahezu beliebig erweitern; die Protestanten hassten ihn mindestens so heiß, wie er die Protestanten hasste.[455] Der anonyme *Dialog gegen die unfrommen Lehren des Petrus Canisius*, der wohl noch 1555 in Wien als erste antijesuitische Streitschrift überhaupt erschienen war, bringt diesen Hass auf den Punkt.[456] In diesem Dialog wurde einem „Canisiusfreund" (*Canysiophilus*) ein „Christusfreund" (*Christophilus*) gegenübergestellt, dessen Urteil über Petrus Canisius so eindeutig wie vernichtend war: „Er ist diabolisch!"[457]

Für die historische Bewertung seiner krassen Beschimpfungen führender Vertreter des deutschen Protestantismus heißt all das erstens: Die wechselseitige Verteufelung gehörte in der zweiten Hälfte des 16. Jahrhunderts zum rhetorischen Standardrepertoire in der theologischen Auseinandersetzung zwischen zwei mittlerweile fest voneinander abgegrenzten konfessionellen Gruppen. Das heißt aber zweitens auch: Anders als noch in der frühen Reformationszeit, wo beide Seiten darum rangen, die noch nicht völlig zerbrochene kirchliche Einheit aufrechtzuerhalten, beleidigte man sich mit solchen Ausfällen eigentlich nicht mehr als Glaubensbrüder. Nach jahrzehntelanger Entfremdung war man auf beiden Seiten fix überzeugt, dass nur die eigene Gruppe die wahre Kirche Gottes bildete, während die jeweils anderen *Götzendiener* und *Teufelsanbeter* waren. Eine Beleidigung von diesen Götzendienern und Teufelsanbetern traf einen da praktisch nicht mehr. Es bestätigte einen höchstens in der eigenen Überzeugung, selbst auf der Seite der christlichen Wahrheit zu sein. So wie es Petrus Canisius für „eine Ehre"[458] hielt, von den Protes-

Petrus Canisius war ein äußerst produktiver Kontroverstheologe und hat mit Verve gegen den Protestantismus angeschrieben. Dieses Bild zeigt ihn – und den (etymologisch zu Unrecht) auf seinen Namen anspielenden Hund (canis) –, wie er zwei sich duckende Protestanten als Autor in die Schranken weist.

Kupferstich von Paulus Pontius nach Abraham van Diepenbeck, 1641.

tanten als Erzketzer, Seelenmörder und höllischer Hund beschimpft zu werden (was konnte einem Besseres passieren, als von Teufelsanbetern abgelehnt zu werden!), so wurde auch der durchschnittliche protestantische Theologe nicht besonders beunruhigt von ähnlichen Beschimpfungen durch Petrus Canisius – im Gegenteil: Von einem dieser teuflischen Jesuiten (und dann noch dazu von diesem wichtigsten Jesuiten im deutschsprachigen Raum) beschimpft zu werden, steigerte eher das eigene Selbstwertgefühl und erhöhte das Prestige innerhalb der eigenen konfessionellen Gemeinschaft. Und schließlich heißt das alles drittens: Zur Zeit von Petrus Canisius war man in der katholisch-protestantischen Auseinandersetzung sozusagen aus jahrzehntelanger konfessioneller Gewohnheit zwar unsagbar hart gegeneinander, aber kaum einer wurde davon mehr wirklich berührt. Absurderweise waren in den theologischen Kontroversen zwischen den Protestanten und den Katholiken in dieser Zeit quasi alle Täter, aber keiner war mehr Opfer.

Der kontroverstheologische Grobianismus von Petrus Canisius ist auf diesem historischen Hintergrund zwar einerseits etwas, das man heute ablehnen kann und sogar ablehnen muss. Aber dieser kontroverstheologische Grobianismus ist andererseits nicht dazu geeignet, über Petrus Canisius als historische Gestalt den Stab zu brechen. Es wäre nämlich nicht nur anachronistisch, sondern geradezu absurd, sich über seine tatsächlich höchst unsensiblen antiprotestantischen Beschimpfungen mehr aufzuregen als die protestantischen Theologen von damals, denen diese Beschimpfungen gegolten haben.

Ähnlich wie seine antiprotestantischen Ausfälle könnte man noch vieles im Leben von Petrus Canisius anführen, was für Ohren am Beginn des 21. Jahrhunderts unangenehm bis schlichtweg schrecklich klingt, sich im historischen Kontext aber eben doch etwas anders ausmacht. Seine Innsbrucker Predigt vom 12. November 1571 zum Beispiel, in der er die berühmte Schlacht von Lepanto vom 7. Oktober desselben Jahres feierte. Dass bei diesem ersten Sieg eines christlichen Heeres über die bis dahin militärisch unüberwindlichen Osmanen „von den so zahlreichen Türken kaum die Hälfte oder gar nur ein Viertel mit dem Leben davonkam", interpretierte er mit großer Emphase als „Gottes Werk"[459]. Das hört ein durchschnittlicher Zeitgenosse heute wohl genauso ungern wie seinen brieflichen Rat an einen inhaftierten protestantischen Philosophieprofessor in Wien, er müsse sich nur wie ein Kind und „ohne Vorbehalt nicht nur dem Buchstaben der Schrift, sondern auch den Dogmen und Lehren der Kirche"[460] unterwerfen. Auch seine Auslassungen über die „gewöhnliche Redseligkeit und Übertreibung der Töchter Evas"[461] klingen nicht nur für feministische Ohren heillos vorgestrig. Und seine nach heutigen Begriffen seltsamen Erziehungsratschläge an seine Schwester – „Die Mütter sind gewöhnlich in ihre ersten Kinder vernarrt. Suche das zu vermeiden!"[462] oder: Es sei nötig, den Kindern „nicht gar zu große Freiheiten zu lassen, sondern sie ernstlich zu bestrafen, wenn sie leichtfertig Böses tun oder gar Sünden begehen"[463] – wird heute niemand ernsthaft wiederholen wollen.

Der historische Kontext erklärt und entschuldigt in diesen und in anderen Fällen vieles – aber er erklärt und entschuldigt nicht alles. Und damit sind wir endlich bei seiner galoppierenden Dämonen- und Hexengläubigkeit angelangt und damit bei dem großen Schatten auf seiner Lebensgeschichte. Petrus Canisius hat diese Dämonen- und Hexengläubigkeit natürlich nicht erfunden; tatsächlich zweifelte im 16. Jahrhundert niemand „an der Möglichkeit, durch Zauber anderen Schaden zufügen zu können, und auch an die Macht des Teufels glaubten alle"[464]. Das Fatale an seiner Dämonen- und Hexengläubigkeit war jedoch, dass sie in seinem Fall mehr war als ein allgemein verbreiteter Aberglaube an übermenschliche Fähigkeiten bestimmter Personen. Bei ihm kamen zwei Probleme zusammen, die daraus viel mehr gemacht haben: Das erste Problem war, dass er die

Die 1590er Jahre waren in Süddeutschland von massiven Hexenverfolgungen gekennzeichnet. Petrus Canisius hat vor allem als Prediger in den
1560er Jahren seine eigene Angst vor Hexen bei seinen Zuhörern verbreitet.
Flugblatt zum Teufel von Schiltach, Nürnberg 1533

allgemeinverbreitete Magie- und Hexengläubigkeit mit einer syste-
matischen Pseudotheologie vermischt hat. Diese Pseudotheologie
ging davon aus, dass nur ein Bund mit dem Teufel die Grundlage von
Magie und Zauberkraft sein konnte. Während in der Volksfrömmigkeit magische Kräfte einfach als besondere Begabungen einzelner
Menschen bewertet wurden (die natürlich auch negativ eingesetzt
werden konnten), wurden magische Kräfte in dieser pseudotheologischen Deutung automatisch als Ausdruck eines Teufelsbundes
interpretiert. Wem zauberische Kräfte zugeschrieben wurden, der
galt demnach zwangsläufig als Mitglied eines antichristlichen satani-
schen Kultes – der Hexensekte –, der nichts anderes im Sinne hatte,
als Krankheit, Leid und Tod über die Menschheit zu bringen. Klar:
Auch diese pseudotheologische Verschärfung des althergebrachten
Zauber- und Magieglaubens, die von einem ausgewiesenen Kenner
der Thematik als „berauschende Mischung aus alten und neuen Ele-
menten"[465] bezeichnet worden ist, war nicht die Erfindung von Petrus Canisius. Theologen und Dämonologen verschiedenster Cou-

leurs hatten bereits seit vielen Jahrzehnten an ihr gearbeitet, als er sie sich in der Mitte des 16. Jahrhunderts angeeignet hat.[466]

Das Schlimme war allerdings – und damit sind wir beim zweiten Problem –, dass Petrus Canisius in ungleich größerem Maße als viele andere, die Ähnliches glaubten, die Möglichkeit hatte, diese pseudotheologische Überdeutung des Hexenglaubens in einer breiten Öffentlichkeit populär zu machen. Er war ja nichts weniger als das Sprachrohr der katholischen Erneuerung im deutschsprachigen Raum und erreichte vor allem in seiner Zeit als ungemein erfolgreicher Augsburger Domprediger (1559–1566) ganze Massen von Menschen, die er nach allen Berichten, die uns überliefert sind, tief beeindruckte. Aber gerade in dieser Zeit als Augsburger Domprediger hat sich sein schon immer vorhandener Glaube an magische und dämonische Kräfte zu einer regelrechten Hexenhysterie ausgewachsen, mit der er auch auf der Kanzel nicht hinter dem Berg gehalten hat.[467] Was er über die Hexen dachte, beeinflusste, was viele andere über die Hexen dachten. Seine Predigten verschärften so eine Situation, in der sich ohnehin in breiten Bevölkerungskreisen nicht zuletzt aufgrund der lebensbedrohenden klimatischen Veränderungen der frühneuzeitlichen Kleinen Eiszeit bereits ein dumpfes Gefühl der Angst vor böswilligen Schadenszaubern ausgebreitet hatte.[468] Den Flächenbrand zuerst der augsburgischen und dann der besonders massiven bayerischen Hexenverfolgungen ab der Mitte der 1580er Jahre[469] hat er dann in seinem Altersdomizil Freiburg zwar selbst nicht mehr direkt miterlebt – aber er hatte viele Jahre zuvor den mentalitätsgeschichtlichen Wandel befeuert, der dafür nötig war.

Klar ist bei all dem: Petrus Canisius war kein Heuchler und auch kein Sadist, der es genoss, andere als Hexen verfolgt zu sehen; er war selbst zutiefst von dem überzeugt, was er predigte. Er war der ehrlichen Meinung, dass es teufelsbündlerische Hexen gab und dass er vor ihnen warnen musste, weil sie den Menschen an Leib und Seele unsägliches Leid zufügen und sogar die Grundlagen der christlichen

Gesellschaftsordnung zerstören wollten. Am eindringlichsten wird das vielleicht in einem seiner Briefe an seinen Ordensgeneral Diego Laínez aus dem Jahr 1563 deutlich, wo er aus Augsburg Folgendes berichtete:

„Ueberall bestraft man die Hexen, welche merkwürdig sich mehren. Ihre Frevel[t]haten sind entsetzlich. Sie beneiden die Kinder um die Gnade der Taufe und berauben sie derselben. Kindesmörderinnen finden sich unter ihnen in großer Anzahl. Ja, von einigen Kindern haben sie das Fleisch aufgezehrt, wie sie eingestehen. Man sah früher niemals in Deutschland die Leute so sehr dem Teufel ergeben und verschrieben. Unglaublich ist die Gottlosigkeit, Unkeuschheit, Grausamkeit, welche unter Satans Anleitung diese verworfenen Weiber offen und insgeheim getrieben haben. Das sind die Schandthaten, welche die Obrigkeit aus ihren Geständnissen in den Gefängnissen zu veröffentlichen wagt. An vielen Orten verbrennt man diese verderblichen Unholdinnen des Menschengeschlechts und ganz besonderen Feindinnen des christlichen Namens. Sie schaffen viele durch ihre Teufelskünste aus der Welt und erregen Stürme und bringen furchtbares Unheil über Landleute und andere Christen; nichts scheint gesichert zu sein gegen ihre entsetzlichen Künste und Kräfte. Der gerechte Gott läßt das zu wegen der schweren Vergehen des Volkes, welche man durch keine Buße sühnt."[470]

Die Furcht vor einem Überhandnehmen der Untaten der Hexen, die er bei anderen mit seinen Predigten auslöste, war also dieselbe Furcht, von der er selbst ganz offensichtlich tief beunruhigt war. Wie tief diese Unruhe und Furcht gerade bei ihm ging, ist durchaus bemerkenswert – nicht nur aus heutiger Perspektive, sondern auch schon im damaligen historischen Kontext: Nicht nur spätere Bewunderer von Petrus Canisius haben sich nämlich darüber gewundert, wie „leichtgläubig" dieser hochgebildete und weltläufige Jesuit in „seinen Anschauungen über Teufelsbesessenheit und Hexenwesen"[471] gewesen ist. Tatsächlich hat seine Faszination für dämonische und teuflische Kräfte bereits zu seinen Lebzeiten unter seinen Mitbrüdern und Ordensoberen in der Gesellschaft Jesu zum Teil einiges Unbehagen ausgelöst. Schon 1545 hatte er sich als 24-Jähriger und damit nur zwei Jahre nach seinem Eintritt in den Jesuitenorden in einem Brief an seinen Mentor Peter Faber tief beeindruckt gezeigt von den spektakulären Teufelsaustreibungen, die durch einen Mitbruder in Belgien durchgeführt worden waren. Peter Faber war darüber ganz und gar nicht erfreut und ermahnte ihn am 9. Juli 1545 mit klaren Worten: „Diese Teufelsaustreibungen kann ich durchaus nicht billigen. Der Pater soll wissen, daß dabei viele Täuschung unterläuft."[472] Ein Jesuit durfte sich nach Meinung von Peter Faber nicht mit solchen fragwürdigen exorzistischen und dämonologischen Dingen abgeben; er hatte andere Aufgaben.

Petrus Canisius hat bis ins hohe Alter hinein alles auf seinen wichtigsten jesuitischen Lehrmeister Peter Faber gegeben; man hat zu Recht von einer „unbegrenzten Anhänglichkeit an P. Faber"[473] gesprochen. In dieser Sache allerdings schaffte er es auch unter dem Eindruck dieser unmissverständlichen Ermahnung nicht, sich von seiner tiefen Furcht und Faszination für das Dämonische zu lösen. Eine kritische Haltung zum grassierenden Glauben an die Allgegenwart des Teufels, wie sie Faber von einem guten Jesuiten eingemahnt hat, hat es bei ihm nie gegeben, obwohl er ansonsten ein regelrechter Musterjesuit war. Als er sich beispielsweise im September 1563 zu Gesprächen beim Grafen Ulrich von Helfenstein befand, der gerade im Begriff war, vom Protestantismus zum Katholizismus zu konvertieren, bestand seine einzige Kritik an der massiven Hexenverfolgung, die der fanatische Ulrich kurz zuvor in seiner Herrschaft Wiesensteig durchgeführt hatte, darin, dass die protestantischen Prediger nicht für die Seelsorge der verurteilten Hexen gesorgt hätten. Er selbst ging am Rande seiner Bekehrungsgespräche mit dem Grafen ins Wiesensteiger Gefängnis und betreute dort zwei Frauen seelsorglich und brachte sie in diesem Zuge auch dazu, katholisch zu werden.[474] Das erleichterte ihn sehr: Die beiden konnten so im wahren Glauben und damit trotz ihrer Verbrechen in der Hoffnung auf den Himmel sterben – dass sie als gerichtlich überführte teufelsbündlerische Hexen wegen ihrer früheren Schandtaten sterben mussten, stand für ihn allerdings außer Frage.

Natürlich: Petrus Canisius war nach derzeitigem Kenntnisstand nie direkt in eine Hexenverfolgung involviert. Er „lobte die Obrigkeit für die Verhaftungen und erzwungenen Geständnisse von Hexen"[475] vom Elfenbeinturm der pseudotheologischen Dämonologie aus; hatte aber kaum eine Ahnung, was das in der harten Realität bedeutete. Er war kein Praktiker, sondern ein Theoretiker der Hexenverfolgung. Fatalerweise richtete er aber gerade als ein solcher Theoretiker einen immensen praktischen Schaden in den Köpfen ungezählter Menschen an. Er predigte von den Schandtaten der Hexen und hetzte damit seine Zuhörer auf, ohne wirklich zu begreifen, wozu eine aufgehetzte Masse fähig war und was für katastrophale Folgen ein kollektiver Rausch gegen vermeintliche Hexen haben konnte.

Was er aus eigenem Erleben kannte, war der individuelle Exorzismus – und zwar nicht nur als faszinierter Zuschauer wie 1545 in Belgien, sondern auch in aktiver Funktion. Ende der 1560er Jahre wurde er sogar zu so etwas wie dem hauseigenen Exorzisten der Familie Fugger in Augsburg. Das bereitete ihm zwar immer wieder Kopfzerbrechen, weil sich bei den Fuggern mit einem zwar hysterisch überzeichneten, aber doch allgemeinverbreiteten Besessenheitsglauben ein eindeutig unchristlicher Glaube an Astrologie, Seelenwanderung und Wiedergeburt verbunden hat.[476] Die Halsstarrigkeit, mit der die Fugger trotz seiner Kritik daran festhielten, hat ihn oft ratlos gemacht, wie man seinen Briefen an die römische Ordensleitung entnehmen kann.[477] Trotzdem konnte (oder wollte) er sich dem nachdrücklichen Drängen dieser wichtigen Förderer der Jesuiten und der katholischen Erneuerung im süddeutschen Raum nicht entziehen und führte mehrfach, „wenn auch behutsam"[478], Teufelsaustreibungen an weiblichen Mitgliedern des Fugger-Haushaltes durch. Da der Augsburger Stadtrat im Jahr 1568 Exorzismen innerhalb der Stadtmauern offiziell verboten hatte, verlegte er sie ins nicht allzu weit entfernte Marienheiligtum Altötting. Tatsächlich hat der Aufschwung dieses damals weitgehend in Vergessenheit geratenen Wallfahrtsortes unmittelbar mit den aufsehenerregenden Teufelsaustreibungen durch Petrus Canisius vor Ort zu tun.[479] Besonders spektakulär war offenbar die Exorzierung des Fugger'schen Kammerfräuleins Anna von Bernhausen im Jänner 1570, die einem zeitgenössischen Bericht zufolge sogar von sogenannten Levitationen – Schwebezuständen – begleitet war.[480] Nach tagelangem exorzistischem Kampf, bei der er ihr unter anderem eine heute noch erhaltene hölzerne Marienstatue „hinderrucks auff den kopff gehalten"[481] hatte, stellte sich schließlich der gewünschte Erfolg ein. Die Fugger waren davon so begeistert, dass sie zur Erinnerung einen wertvollen Kelch für Altötting spendierten, der bis heute als Canisius-Kelch bezeichnet wird und in der dortigen Schatzkammer zu sehen ist.[482]

Weniger begeistert waren seine jesuitischen Mitbrüder. Bereits 1569 war die „ganze oberdeutsche Provinz in Aufregung"[483] über die aufsehenerregenden exorzistischen Aktivitäten von Petrus Canisius. Sein Vizeprovinzial Paul Hoffaeus schrieb spürbar verärgert nach Rom, es müsse endlich dafür gesorgt werden, „daß er in der Sache der Besessenen sich nicht zuviel einläßt und Beschwerden verursacht"; wer sich so wie er zu sehr mit diesen Dinge befasse, „geht nicht nach unserer Art voran"[484], war also kein richtiger Jesuit. Und auch die römische Ordensleitung hatte keine Freude, dass ihr prominentester Mann im römischdeutschen Reich sich mit solcher Hingabe einer Sache widmete, die so gar nicht dem jesuitischen Geist entsprach. Am 18. März 1570 erging

1570 führte Petrus Canisius in Altötting auf Drängen der Augsburger Fugger einen Exorzismus an einem ihrer Kammerfräulein durch. Die Marienstatue, die er dabei verwendete, ist bis heute erhalten, ebenso der Kelch, den die Fugger aus Dank stifteten.

nach zahlreichen kritischen Äußerungen aus Rom schließlich im Auftrag des Ordensgenerals die offizielle Mahnung, er solle von nun an „keine Stunde mit solcher Beschäftigung verlieren, die unserem Institut nicht entspricht und andere bessere und nützlichere Arbeiten für das Gemeinwohl verhindern könnte."[485] Sinnvoller wäre es, er würde sich intensiver seinen theologischen Gegenschriften gegen die antikatholischen *Magdeburger Centurien* widmen. Besonders erfreut war Petrus Canisius darüber nicht – aber er hat sich offenbar von da an daran gehalten. Seine Exorzistenkarriere war damit vorbei.

Einer der wichtigsten protestantischen Kirchenhistoriker des frühen 20. Jahrhunderts, der von keiner besonderen Sympathie für Petrus Canisius angekränkelt war, stellte völlig zu Recht fest: „Es wäre einzigartig, wenn Canisius den allgemeinen Glauben seiner Zeit an die Realität satanischer Hexenkünste nicht theilte"[486]. Dieser Glaube gehörte zum mentalitätsgeschichtlichen Allgemeingut des 16. Jahrhunderts quer über die Konfessionsgrenzen hinweg. Es wäre anachronistisch und letztlich ein Zeichen von historischer Ignoranz, ihm heute diesen Glauben vorwerfen zu wollen.

Wenn es eine Schuld von Petrus Canisius in diesem Zusammenhang gibt, dann ist es eine tragische Schuld – die Schuld desjenigen, der nicht über den traurigen Zustand seiner Welt hinauswachsen konnte. Diese Schuld hat es allerdings in sich: Er wurde vor allem in seinen Predigten zum Verstärker einer kollektiven Hexenhysterie, die er nicht durchschaut hat, weil er selbst zutiefst von dieser Hysterie erfasst war. Das ist besonders tragisch, weil er es als Jesuit eigentlich hätte besser wissen können: Peter Faber hat ihn schon früh gewarnt, sich dieser Seite seines Temperaments nicht allzu sehr hinzugeben; auch seine Oberen haben ihn mehrfach ernsthaft ermahnt, vorsichtiger zu sein und sich Aufgaben jenseits seiner Faszination für das Dämonische und das Teuflische zu widmen. Aber er konnte und wollte lange nicht hören. – Tatsache ist bei all dem immer auch, dass er in der Praxis der Dämonenbekämpfung nur das exorzistische Kammerspiel kannte, nicht aber das monumentale Drama einer ausgewachsenen Hexenverfolgung. Er kannte nur den aus heutiger Sicht verqueren, aber doch rituell eingehegten Exorzismus, der ohne aufgewühlte Massen und ohne pseudogerichtliche Folterprozesse und Hinrichtungen auskam. Ob sich an seiner Hysterie gegenüber angeblichen Hexen allerdings etwas geändert hätte, wenn er – wie mehr als ein halbes Jahrhundert später der wichtigste Verfolgungskritiker (und Jesuit) Friedrich Spee[487] – direkt mitbekommen hätte, welchen menschenverachtenden Gesetzmäßigkeiten reale Hexenverfolgun-

　　　　　　　　Zwischen Schuld und Sühne

gen und die dabei geführten Gerichtsprozesse gehorchten? Darüber kann man nur spekulieren.

Historisch bleibt es jedenfalls dabei: Vor allem in den 1560er Jahren hat er mit seiner ganzen Autorität als berühmtester Vorkämpfer der katholischen Erneuerung in Deutschland von der Kanzel herab zu einer Verschärfung des Hexenglaubens beigetragen und damit an einem kollektiven Klima der Angst mitgearbeitet, das die Verfolgungsstürme in Bayern und in ganz Süddeutschland – seinen hauptsächlichen Wirkungsgebieten – erst möglich gemacht hat. Diese Verfolgungen am Ende des 16. Jahrhunderts haben hunderte Todesopfer gefordert. Dass er nicht über die frühneuzeitliche Geschichte der Verblendung und der hysterischen Angst vor dämonischen Kräften und Hexen hinausgewachsen, sondern ihr williger Erfüllungsgehilfe geworden ist, ist die große tragische Schuld seines Lebens.

Sühne:
Petrus Canisius und eine Lebensgeschichte des Wiedergutmachens

Am Ende seines Lebens war sich Petrus Canisius überdeutlich bewusst, wie sehr seine Lebensgeschichte auch eine Geschichte des Scheiterns gewesen war. In seinem geistlichen *Testament* von 1596/97 und damit nicht einmal ein Jahr vor seinem Tod fand er jedenfalls reichlich Gelegenheit, sich an die Brust zu schlagen und sich seine Schuld und sein Versagen vors geistige Auge zu führen.[488] Er hatte, schreibt er darin, „die blühenden Jugendjahre durch ein zu freies Leben" entheiligt, sich in der Schule an falsche Freunde gehängt, seinen Zorn und seine Eifersucht nicht im Zaum gehalten und sich überhaupt ganz der „Befriedigung der äußeren Sinne" hingegeben.[489] Zwar habe er es schlussendlich doch noch geschafft, seine Kindheit und Jugend „ohne Furcht Gottes"[490] hinter sich zu lassen. Aber auch nach seiner Bekehrung sei sein Sündenregister immer länger und länger geworden: Alles, was er erreicht hatte (und er war sich bewusst, dass er nicht wenig erreicht hatte), verdankte sich nach seiner Einschätzung nämlich „ausschließlich der Gnade Gottes". Alles, was er nicht erreicht hatte und überhaupt „sämtliche Fehler, die ich in Menge auf dieser ganzen Reise beging", gingen dagegen zur Gänze auf sein Konto.[491] Er habe sich, wie er sich in seiner Lebensbilanz vorrechnete, „weder in der Frömmigkeit geübt [...], noch die Fehlenden öffentlich zurechtgewiesen [...], noch den verschiedenen Menschenklassen ‚in Wort, Wandel und Lehre' [...] das schuldige gute Beispiel gegeben"[492]. Bereits im August 1596 und damit schon ein paar Monate vor seinem

Testament hatte er deshalb seinen Ordensgeneral Claudio Acquaviva in einem Abschiedsbrief um Verzeihung gebeten „für alle meine verborgenen und offenen Vergehen [...], besonders als ich unter unseren Professen Provinzial, Prediger und Schriftsteller war und aus vielen Gründen Tadel verdiente"[493]. Was ihm am Ende seines Lebens besonderes Kopfzerbrechen bereitete: Er habe „in den Kollegien wie ein Nichtprofesse gelebt"[494], sich also in den finanziell abgesicherten jesuitischen Bildungshäusern engagiert, anstatt als Volljesuit (Professe) von Almosen zu leben, wie es die Ordenssatzungen eigentlich vorsahen.[495] Sein letzter Wunsch an Acquaviva: Als Ordensgeneral sollte er ihm dafür eine ordentliche Buße auferlegen.

Petrus Canisius hat all das zweifellos bitterernst gemeint; er war wirklich der Meinung, in seinem Leben als Christ zu wenig fromm und in seinem Leben als Jesuit zu wenig konsequent gewesen zu sein. Und er hat es sicher auch bitterernst gemeint, dass er all das durch eine saftige Buße wiedergutmachen müsse. Wie sein Ordensgeneral darauf reagiert hat, wissen wir zwar nicht; aber wenn er vernünftig war, wird Acquaviva ihm geschrieben haben, dass er insgesamt so fromm und so jesuitisch gelebt hat, dass alles, was sich vielleicht an Unfrommem und Unjesuitischem da und dort in sein Leben eingeschlichen hat, dadurch schon längst abgebüßt war.

Aber wie ist das mit den wirklich großen Brocken seiner Schuldgeschichte, an die Petrus Canisius am Ende seines Lebens nicht gedacht hat? Was ist mit Anna Jakobäa Fugger, was ist vor allem mit den ungezählten Opfern der süddeutschen Hexenverfolgungen, an denen er zwar indirekt, aber doch sehr real schuldig geworden ist? Lässt sich auch eine derartig massive Schuld wie in diesen Fällen durch den Verweis auf das viele Gute, das er auch getan hat, ausgleichen? Kann es auch für solche katastrophalen biographischen Fehler eine biographische Buße – oder weniger fromm ausgedrückt: eine Wiedergutmachung – geben? Das sind Fragen, mit denen sich schon die berufsmäßig mit solchen Dingen befassten Psychotherapeuten, Philosophen

Dieser Stich von Hieronymus Wierix († 1619) zeigt den altgewordenen
Petrus Canisius über einem eindrucksvollen lateinischen Hymnus, der
die Erfolge seines Wirkens preist. Sein Leben war aber auch von teilweise gravierenden Versäumnissen und Fehlleistungen durchzogen.

und Theologen sehr schwertun. Noch schwerer tut man sich damit als Historiker. Tatsächlich kann man historisch kaum die Frage entscheiden, ob sich biographische Fehlleistungen in einem Bereich durch biographische Leistungen in einem anderen Bereich mindestens bis zu einem gewissen Grad wiedergutmachen lassen und ob eine Lebensbilanz dementsprechend am Ende positiv oder negativ ausfällt. Was man historisch allerdings tun kann: Man kann Stoff zum Nachdenken über diese Frage geben – und davon gibt es (hinausgehend über das viele, das in den vorangegangenen Kapiteln dieses Buches schon geschildert worden ist) im Fall von Petrus Canisius glücklicherweise mehr als genug:

Ganz grundlegend gilt: Dass Petrus Canisius ein Hexenprediger gewesen ist, der in diesen Dingen dem engherzigen Zeitgeist seiner angsterfüllten Epoche gehorcht und ihn sogar noch verstärkt hat, ist eine traurige Tatsache seines Lebens – aber es ist nur *eine* Tatsache. Genauso ist es eine Tatsache, wie überraschend eindeutig er in anderen Fällen über diesen engherzigen Zeitgeist seiner Epoche hinausgewachsen ist. – Da wäre zum Beispiel die Sache mit dem Index: Papst Paul IV. hatte 1559 erstmals einen römischen Index der verbotenen Bücher veröffentlicht; das war an sich nichts Außergewöhnliches, Bücherzensur war in der frühen Neuzeit politische, kirchliche und gesellschaftliche Normalität. Das Problem war, dass der Index von Paul IV. unglaublich restriktiv war. Verboten war quasi alles, was auch nur den Geruch des Protestantischen hatte. Das ging so weit, dass auch ein grundkatholischer Autor, der das Pech hatte, von einem Drucker verlegt zu werden, der irgendwann einmal auch nur ein einziges protestantisches Werk gedruckt hatte, automatisch auf dem Index stand.[496] Nach päpstlicher Vorstellung wurden Bücher offenbar nicht nur durch falsche Ideen, sondern auch durch die falsche Druckerschwärze heillos mit der Häresie kontaminiert. – Petrus Canisius war über diesen Index zutiefst schockiert. Dieser

INDEX LIBRORVM
PROHIBITORVM,

CVM REGVLIS CONFECTIS
per Patres a Tridentina Synodo deleƈtos,
auƈtoritate Sanƈtiſs. D.N. Pij IIII.
Pont. Max. comprobatus.

VENETIIS, M. D. LXIIII.

Der Index von Pius IV. – hier eine Ausgabe von 1564 – milderte den unmenschlich harten Index seines Vorgängers Paul IV. von 1559 massiv. Zu diesem Umschwung hat auch Petrus Canisius beigetragen. Er hatte in zahlreichen Briefen die harsche päpstliche Indexpolitik kritisiert.

„streng papalistische"[497] Jesuit mit seiner religiös unerschütterlichen Anhänglichkeit an den Papst (auch an den Jesuitenhasser Paul IV.) dachte nicht daran, sich mit blindem Gehorsam einfach in diese päpstliche Entscheidung zu fügen. Kaum hatte er die Nachricht von diesem neuen Index erhalten, eröffnete er in seinen Briefen an seinen Ordensgeneral Diego Laínez ein regelrechtes Trommelfeuer; die Botschaft war klar: Dieser Index musste weg! Im März 1559 schrieb er Laínez, auch „ausgezeichnete Katholiken" in Deutschland „scheuen sich nicht, dessen Strenge abzulehnen und zu verurteilen, und ich sehe auch keine Möglichkeit, von den Deutschen alles zu erlangen, was er fordert"[498]. In einem Brief ebenfalls vom März stellte er fest, dass der Index auch für einwandfreie Katholiken ein „Stein des Anstoßes" geworden sei.[499] Dass der römische Kardinalinquisitor daraufhin den Jesuiten eine Vollmacht ausstellte, diejenigen, die gegen den Index opponierten, in der Beichte loszusprechen, war ein typisch römisches Missverständnis der Situation: Der Index war das Problem, nicht diejenigen, die ihn ablehnten.

Aber Petrus Canisius war in seinen Briefen nicht nur der Anwalt für die deutsche katholische Öffentlichkeit, die wenig bis gar nichts vom Index hielt. Er fühlte sich auch persönlich von ihm tief getroffen; dieser Verbotskatalog war nichts weniger als die Bedrohung seines Lebenswerks: Erstens hätte der Index „die katholischen Gelehrten von jeder ernsthaften wissenschaftlichen Auseinandersetzung ausgeschlossen"[500], weil nicht nur einfache Katholiken, sondern auch die katholischen Theologen die Bücher ihrer protestantischen Kontrahenten nicht mehr lesen durften und dementsprechend auch nicht mehr darauf reagieren konnten. Petrus Canisius war aber zutiefst davon überzeugt, dass ein protestantisches Buch durch nichts so gut bekämpft werden konnte wie durch ein katholisches Buch. Es war Irrsinn, das dadurch zu verunmöglichen, dass protestantische Bücher nicht einmal mehr gelesen werden konnten. Einige Jahre später forderte er in einem Memorandum an seinen Ordensgeneral sogar ausdrücklich, es müssten „unsere Theologen die Neuerscheinungen der Häretiker lesen und widerlegen und ihren Hörern die Ergebnisse mitteilen"[501]. Das war seiner Meinung nach der Weg, mit gegnerischen Büchern umzugehen – sie einfach nur blindwütig zu verteufeln, war für ihn keine Option.

Zweitens – und noch wichtiger – war sein massiver Einsatz für die Etablierung einer katholischen Schulkultur in Deutschland durch den Aufbau eines Netzwerks von Jesuitenkollegien durch den Index radikal in Frage gestellt. Das konnte und wollte er nicht einfach so hinnehmen. Gute Schulen brauchten gute Bücher; viele unverzichtbare Schulbücher – Grammatiken, Textausgaben lateinischer Klassiker, philosophische Grundlagentexte – waren aufgrund der absurden Strenge des Indexdekrets aber verboten worden. Im Mai 1559 klagte er Laínez seine große Sorge und informierte ihn, wie unverzichtbar es sei, „daß den deutschen Kollegien den Bedürfnissen der Lehrer und des Landes entsprechend Zugeständnisse gemacht werden"[502]. Wenn es hier nicht zu gravierenden Änderungen komme, „fürchte ich, daß wir unsere Schulen schließen müssen"[503]. Das wäre der Super-GAU für alles gewesen, wofür er sich seit Jahren zum Zweck des Wiederaufbaus des deutschen Katholizismus eingesetzt hatte. Das absolute Minimum war es, hielt er in einem weiteren Brief vom Juli 1559 fest, dass es den Schülern erlaubt wurde, „wenigstens die Bücher, die klassisches Schrifttum behandeln und die jetzt in ihrem Besitz sind, zu behalten, wenn sie auch wegen der Anmerkungen und Erläuterungen von protestantischen Gelehrten, mit denen sie ausgestattet sind, unter das Verbot fallen"[504]. Sonst müsste es unweigerlich dazu kommen, dass es „unmöglich wird, unsere Schulen in diesem Lande zu behalten wegen Mangels an notwendigen Büchern"[505].

Unter dem fanatischen Paul IV. war an eine Lösung dieses kapitalen Problems nicht zu denken, denn mit seiner heftigen Abneigung gegen alles Jesuitische wäre es ihm wohl nicht einmal im Traum eingefallen, wegen ein paar deutscher Jesuitenkollegien seine Indexpolitik zu ändern. Wer weiß, was geschehen wäre, wenn er nicht bereits im August 1559 gestorben wäre. Petrus Canisius schrieb nach dem Tod des Papstes, dass er zwar noch immer Skrupel habe, die neuerschienenen protestantischen Bücher, die er sich trotz des päpstlichen Verbots weiterhin angeschafft hatte, zu lesen; er wollte nicht aus Versehen der Exkommunikation verfallen. Aber insgesamt stand für ihn doch fest, dass er sich nunmehr „nicht mehr länger verpflichtet fühle, die Indexvorschriften in allen Einzelheiten zu beobachten"[506].

Der Knoten wurde endgültig gelöst, als der neue Papst Pius IV. im März 1561 auf Bitten von Diego Laínez eine substanzielle Milderung des Indexdekrets zuerst für den Jesuitenorden in Kraft setzte. Laínez hatte sein entsprechendes Gesuch an den Papst in dieser Angelegenheit mit folgenden Worten begonnen: „Heiliger Vater! Wie wir aus der uns von Dr. Canisius erteilten Auskunft und aus Erfahrung

sehen, würde es den Dienst Gottes und das Heil der Seelen sehr fördern, wenn Eure Heiligkeit einigen unserer Väter folgende Vollmach-
ten gewährten ..."[507] Vier Monate später wurde der Index vom Papst
dann für alle Katholiken auf ein halbwegs erträgliches Maß zurecht-
gestutzt;[508] die damit begonnene Indexpolitik von Pius IV. ist auch
von historisch-kritischer Seite als ein relativ „mildes Regiment"[509]
bezeichnet worden. Dass Petrus Canisius im Frühling 1562 in die
Indexkommission des Konzils von Trient berufen und sein Einsatz
gegen eine blindwütige päpstliche Indexpolitik damit von höchster
Stelle anerkannt wurde, dürfte ihn zwar gefreut haben; zu einer sub-
stanziellen Mitarbeit an der konziliaren Revision des Index hat er sich
in dieser Kommission allerdings offenbar nicht mehr aufgerafft. Er
hatte sein Ziel ja bereits erreicht: Die schulische Ausbildung an den
deutschen Jesuitenkollegien und damit sein Lebenswerk waren gesichert; die wissenschaftliche Beschäftigung mit nichtkatholischen
Büchern, die ihm so wichtig war, blieb weiterhin möglich. Dieser zum
speziellen Papstgehorsam verpflichtete Jesuit hatte seinem bücher-
liebenden Gewissen auch gegen den Papst gehorcht und gekämpft
– und sich damit tatsächlich durchgesetzt.

Apropos Gewissen: Es fällt auf, dass Petrus Canisius nicht nur im
Fall der römischen Indexpolitik bereit war, im Zweifelsfall seinem Gewissen zu gehorchen, sondern auch, wenn das bedeutete, den Mächtigen seiner Zeit auf die Zehen zu steigen. Als er 1563 in den kaiserlichen Theologenrat von Innsbruck berufen wurde, wo es um die Frage
ging, wie viel Druck der Kaiser auf Rom und das Konzil von Trient
machen sollte, um endlich die überfällige Kirchenreform auf den Weg
zu bringen, machte er Ferdinand I. gegenüber kein Geheimnis daraus,
dass er Druck in dieser Angelegenheit grundsätzlich für den falschen
Weg hielt. Das ist bemerkenswert: Ferdinand war nicht irgendjemand
– nicht nur, weil er der Kaiser, sondern auch, weil er ein unschätzbar
wichtiger Förderer der Gesellschaft Jesu im römisch-deutschen Reich
war: Er hatte den Jesuiten 1551 in Wien ihr erstes Kolleg ermöglicht

und bei anderen katholischen Fürsten für die Gründung von Kollegien geworben; er hatte bei Petrus Canisius den Großen Katechismus von 1555 bestellt und ihn zur Grundlage der religiösen Erziehung an den österreichischen Schulen gemacht; er hatte Canisius schließlich auch noch dadurch ausgezeichnet, dass er im Kontext des Wormser Religionsgesprächs von 1557 zu „Seiner Majestät erster Theologe"[510] wurde. Aber auch diesem wichtigen Gönner sagte Petrus Canisius in den für ihn überlebenswichtigen religiösen Dingen, was er dachte, auch wenn der ganz offensichtlich gerne etwas anderes gehört hätte. An Laínez schrieb er nach diesem heiklen Gespräch: „Ich fühle mich nun von großer Seelenangst befreit. Ich habe dem Kaiser gesagt, was ich zu sagen hatte, wie es das Gewissen mir vorschrieb".[511] Ferdinand hatte damit zwar keine besondere Freude; verprellt war er deswegen allerdings nicht.

Anders war das bei seinem Sohn, dem römisch-deutschen König und zukünftigen Kaiser Maximilian II., den sich Petrus Canisius schon einige Jahre zuvor zum Feind gemacht hatte. Der Grund: Er hatte dafür gesorgt, dass Maximilians Lieblingsprediger, der Lutheraner Johannes Pfauser, vom kaiserlichen Hof verbannt wurde. Maximilian ließ ihn daraufhin im Mai 1557 wissen, „daß mit Gottes Hilfe eine Zeit kommen wird, wo ich dich an alle deine Taten denken und sie bereuen machen werde. Ich lasse dich jetzt nur um meines Vaters willen gehen."[512] Egal, ob man das, was Petrus Canisius hier und andernorts aus Gewissensgründen getan hat, im Einzelnen für richtig hält, zeigt sich doch eines sehr klar: Wenn es um seine religiösen Überzeugungen ging, kannte Petrus Canisius keinen Kaiser und keinen König.

Seine Gedankenfreiheit in religiösen Gewissensangelegenheiten konnte geradezu revolutionäre Ausmaße annehmen. Als er am 29. April 1558 an Herzog Albrecht V. von Bayern schrieb, es gebe seiner Meinung nach „nichts Verderblicheres für die Kirche [...] als die unklare Scheidung der geistlichen und weltlichen Rechtsbereiche" und

Maximilian II. (1527–1576) folgte seinem strengkatholischen Vater Ferdinand I. 1564 als Kaiser nach. Er hatte gewisse Tendenzen zum Luthertum, hat aber doch am Katholizismus festgehalten. Mit dem kämpferischen Katholizismus von Petrus Canisius konnte er allerdings nichts anfangen.

Zwischen Schuld und Sühne

es sei deshalb „ein Verbrechen, wenn Laien sich in das bischöfliche Amt einmischen"[513], war das nicht nur eine fromme Mahnung an einen frommen Fürsten, dass er auch als Fürst Laie war und blieb und deshalb die geistlichen Dinge den Bischöfen überlassen sollte. Tatsächlich stand dahinter eine ganze Programmatik, die das Potenzial hatte, das ganze kirchliche System im römisch-deutschen Reich über den Haufen zu werfen: Ihm schwebte ein grundlegender struktureller Umbau der deutschen Kirche vor, die seit mehr als einem halben Jahrtausend in ihren höchsten Rängen faktisch eine Adelskirche und mehr als andernorts untrennbar mit dem politischen System verknüpft war: Bischöfe regierten als Fürstbischöfe, Äbte als Fürstäbte; dass sie sich beinahe ausnahmslos aus den nachgeborenen Söhnen der deutschen Adelsfamilien rekrutierten, war seit Jahrhunderten gelebte Normalität. Petrus Canisius hielt das für eine Katastrophe: In einer umfangreichen Denkschrift an Kardinal Giovanni Morone vom Sommer 1576 skizzierte er einen radikalen Umbau dieses hochpolitisierten kirchlichen Systems als einen Schlüssel zur Wiedergeburt des katholischen Deutschland.

Ein Hauptproblem waren demnach „die durchwegs schlafmützigen Bischöfe"[514], die „gewöhnlich aus der verkommenen Adelsschicht gewählt"[515] wurden. Diese verkommene Adelsschicht, die sich noch dazu als besonders anfällig für den Protestantismus erwiesen hatte, besetzte zudem die Domkapitel, die die Bischöfe wählten, ganz nach machtpolitischem Gutdünken, jedenfalls aber nicht nach geistlichen Kriterien. Es sei höchste Zeit, schrieb Petrus Canisius, die entsprechenden „Privilegien, die dem deutschen Adel für die Besetzung der Stellen an den Kathedralkirchen gewährt wurden, zu widerrufen"[516]. Überhaupt sollten vor der päpstlichen Bestätigung von neugewählten Bischöfen nicht nur die adeligen Domherren gehört werden; es müsste „auch das Urteil anderer Priester berücksichtigt werden"[517]. Nur so konnten statt der adelsstolzen Fürstbischöfe endlich wirkliche geistliche Hirten auf die Bischofstühle gelangen, die die dringend nötige geistliche Erneuerung aus dem Geist des Konzils von Trient angehen würden. – Dass es dazu nicht gekommen ist und die deutsche Kirche noch beinahe ein Vierteljahrtausend lang eine machtpolitisch orientierte Adelskirche bleiben sollte (und die tridentinische Erneuerung dementsprechend in einigen Diözesen erst mit jahrhundertelanger Verzögerung umgesetzt wurde), ist Tatsache. Petrus Canisius musste sich zeitlebens darüber aufregen, dass die deutschen Bischöfe „in religiösen Dingen gänzlich unwissend" waren und „sich eher für Reichsfürsten als für Hirten der Herde Christi" hielten.[518] Abgefunden hat er sich damit nie.

Das allein ist schon bemerkenswert und zeigt, wie sehr er über die scheinbaren Selbstverständlichkeiten seiner Zeit hinauswachsen konnte, wenn es darum ging, eine echte geistliche Erneuerung der Kirche in die Wege zu leiten. Er kämpfte nicht gegen den Protestantismus, um einfach nur die katholische Kirche in Deutschland in der Form wiederzubeleben, wie sie vor dem Auftreten Luthers bestanden hatte; die Einschätzung, er sei ein durch und durch konservativer Charakter gewesen,[519] trifft letztlich nicht zu. Tatsächlich war ihm überdeutlich bewusst, dass eine geistliche Erneuerung der deutschen Kirche nur auf der Grundlage einer Reform dieser Kirche bis in ihre grundlegenden Strukturen hinein möglich war, die Luther zu Recht so massiv kritisiert hatte – und im Blick auf die deutschen Bischöfe hieß das: Sie mussten ganz anders Bischöfe sein, als sie es im vergangenen halben Jahrtausend gewesen waren.

Noch bemerkenswerter ist jedoch, dass er diese Fundamentalkritik nicht nur in ein Reformpapier hineingeschrieben und damit sanft beerdigt hatte. Er war bereit, das auch denen ins Gesicht zu sagen, die als Bischöfe radikal versagten. Das musste vor allem der Augsburger Bischof Otto von Waldburg am eigenen Leib erfahren. Kardinal Otto hatte schon in den 1540er Jahren ein Faible für die Jesuiten im Allgemeinen und für Petrus Canisius im Besonderen entwickelt und hatte sich tatsächlich immer wieder redlich bemüht, die Erneuerungs-

Der Augsburger Bischof Kardinal Otto von Waldburg (1514–1573) war mit
Petrus Canisius seit den 1540er Jahren engstens verbunden und hat ihn
hochgeschätzt. Trotzdem blieb er ein Fürstbischof alten Schlags, der mehr
seinen adeligen Lebensstil pflegte, als sich pastoral engagierte; Petrus
Canisius hat ihn dafür scharf kritisiert.
Zeitgenössisches Gemälde von Lambert Sustris.

bestrebungen seines Lieblingsjesuiten zu unterstützen.[520] Es ist zum Beispiel kein Zufall, dass die erste deutsche Diözesansynode zur Rezeption der tridentinischen Reformdekrete 1567 gerade in Augsburg durchgeführt wurde; vorbereitet hatte sie in wesentlichen Teilen Petrus Canisius. Aber Otto von Waldburg konnte nicht anders: Er war und blieb doch ein Bischof der alten Machart, für den seine Diözese vor allem seinem standesgemäßen Leben als Spross einer hochadeligen Familie diente. Statt um die Seelen der Augsburger kümmerte er sich in den letzten Jahren seines Lebens in erster Linie darum, noch mehr Pfründen an sich zu ziehen; zu diesem Zweck hatte er sich 1568 von Augsburg nach Rom abgesetzt, wo man erfahrungsgemäß leichter an solche Pfründen gelangte. Dass damit gerade sein wichtigster bischöflicher Verbündeter aus Deutschland das gerade Gegenteil dessen lebte, was sich Petrus Canisius von einem Bischof erwartete, hat ihn tief getroffen; so konnte die Erneuerung der Kirche in Deutschland nicht funktionieren. Irgendwann zwischen April und Dezember 1570 schrieb er ihm einen regelrechten Brandbrief nach Rom, in dem er ihm sogar mit dem Jüngsten Gericht drohte und der auch sonst an Deutlichkeit nichts zu wünschen übriglässt:

„Um die Kirche von Augsburg steht es schlechter als man glauben kann … und inzwischen belastet ihr Bischof sein Gewissen mit so großen Bürden, daß ich mich wundern muß, wie er ruhig schlafen kann. Ich bitte, mir meinen Freimut zu verzeihen, wenn ich so offen rede; aber ich liebe meinen Herrn Kardinal Otto, dem ich vor allen verbunden bin. Mir wäre lieber, er lebte ohne sein Bischofsamt, als daß er sich nur des Titels erfreut, und die Schafe, von deren Wolle er sich nährt, nachlässig weidet. Mögen andere auf die zeitlichen Vorteile schauen, ich berufe mich auf das künftige Gericht und betrachte die Strafen, die den schlechten Verwalter erwarten, mit größter Furcht.“[521]

Otto von Waldburg hat ihm diesen Brief zwar nicht übelgenommen; wirklich beeindruckt hat er ihn aber auch nicht. Er blieb in Rom und starb am 2. April 1573 schließlich auch dort – genau an dem Tag übrigens, an dem Petrus Canisius dort in ordensinternen Angelegenheiten ankam. Einen Tag später hat er ihn zu Grabe getragen und ihn damit dem göttlichen Gericht überantwortet.

Nach diesen Beispielen, die man leicht vermehren könnte, ist klar: Man kann Petrus Canisius viel vorwerfen; dass er den Mächtigen in Politik und Kirche aus Opportunismus nach dem Mund geredet hat, allerdings nicht. Es stimmt: „Zum Hofmann ist dieser Hofprediger glücklicherweise nie geworden."[522] Und genauso ist er nie ein Kirchenapparatschik geworden, der nicht weiter sehen konnte (oder wollte), als momentane päpstliche oder kuriale Vorgaben es gerade für angezeigt hielten. Zwar war er ein Katholik durch und durch, für den Rom und die kirchliche Tradition eine enorme Bedeutung hatten. Aber er hat Päpste und Kardinäle und Kaiser und Könige kritisiert, wenn es seiner Gewissensüberzeugung nach etwas zu kritisieren gab. Der Grund war ganz einfach: Er wollte keine rein autoritäre Machtkirche à la Paul IV., welche die Christen ohne geistliche Erneuerung in ein enges dogmatisches Korsett hineinzwang, wie sie den Buchmarkt in einen engen Index hatte hineinzwängen wollen; er wollte auch keine einfache Wiederbelebung der vorreformatorischen Verhältnisse der deutschen Kirche mit ihren politisch selbstbewussten, aber geistlich unfähigen Fürstbischöfen. Er wollte schlicht und einfach eine echt geistliche Kirche mit echt geistlichen Christen. Das hieß: Er wollte eine Kirche, in der die Menschen dieselben erschütternden spirituellen Erfahrungen machen konnten, in die ihn im April 1543 sein geistlicher Begleiter Peter Faber im Rahmen der ignatianischen Exerzitien eingeführt hatte und die ihn sein ganzes Leben so unauslöschlich geprägt hatten. Was ihn damals innerlich erfasst hat, ist – gelegen oder ungelegen – zeitlebens der Maßstab seines Handelns in Kirche, Staat und Gesellschaft geblieben.

Und man könnte noch mehr Beispiele anführen, wo Petrus Canisius über seine Geschichte hinausgewachsen ist und seinem Gewissen auch dort gefolgt ist, wo ihm das Probleme verursacht hat: Da wäre seine Haltung im theologischen Zinsstreit der 1570er Jahre, als er sich dazu bekannte, dass das Zinsnehmen der reine Wucher und damit eine unchristliche Praxis war, die verboten gehörte – obwohl die Fugger als seine jahrelangen Förderer nicht zuletzt durch das Nehmen von Zinsen reich geworden waren. Sie machten ihm dafür harte Vorwürfe, er würde mit dieser Haltung ihr Geschäft ruinieren. Da wäre auch das Drama, als er 1566 als Augsburger Domprediger resignieren musste, weil er weder seine Kritik an der laxen Augsburger Priesterschaft aufgeben noch seine Seelsorge nur auf die Elite der Stadt einschränken wollte. – Das Resultat bliebe auch nach einer Vermehrung der Beispiele im Wesentlichen das gleiche: Petrus Canisius hatte in vielen Dingen einen erstaunlich weiten Horizont und eine erstaunlich große Furchtlosigkeit, wenn es um die geistliche Erneuerung ging, die ihm so wichtig war.

Und was heißt das jetzt im Blick auf die biographische Kraft der Buße bzw. der Wiedergutmachung? Macht sein weiter Horizont in vielen Dingen seine Engstirnigkeit in anderen Dingen wieder gut – wenn es um Anna Jakobäa Fugger geht zum Beispiel? Macht seine Furchtlosigkeit in vielen Dingen seine Furchtsamkeit in anderen Dingen wieder gut – vor allem, wenn es um seine tragisch folgenreiche Angst vor Hexen und ihren Untaten geht? Wahrscheinlich nicht. Aber gerade der historische Blick, der immer das biographische Ganze im Blick haben muss, zeigt doch sehr klar, dass man sich hüten sollte, sein Leben nur auf die aus heutiger Perspektive dunklen Seiten festzuschreiben und sich dann einzubilden, man hätte ihn und seine vielschichtige Persönlichkeit damit auch nur im Ansatz durchschaut. Das ist ein kolossaler Irrtum, den nur diejenigen machen können, die sich mit anderen Menschen (historisch oder gegenwärtig) lediglich im moralisierenden Empörungsmodus auseinandersetzen können oder wollen. – Ich würde mich sogar zur Behauptung hinreißen lassen, dass sich gerade am Leben von Petrus Canisius zeigt, dass das berühmte, aber tief trostlose Wort des Philosophen Theodor W. Adorno, dass es „kein richtiges Leben im falschen"[523] gibt, insgesamt doch ein großer Irrtum ist. Sogar unter den falschesten Umständen eines Jahrhunderts des konfessionellen Partisanengeistes und der Politisierung der Religion konnte man ein Leben leben, das sicher nicht in allem, aber doch in vielem überraschend richtig gewesen ist – und wer weiß: vielleicht sogar heilig.

Statt eines Nachwortes

„Bin darumb guter hoffnung, es werde niemand, so der vernunfft vnd billigkeit nach vrtheilet, mir verargen, das ich […] mich vnderstanden hab, ein solche Histori von diesem außerwelten ansehenlichen freund Gottes für die hand zunemen vnd zubeschreiben. Dann solches geschehen ist nit auß eigner vermessenheit, sonder auff anhalten vnnd bitt frommer ansehenlicher Personen, vnd nit weniger zu dienst, trost vnd wolfahrt vieler frommen Christen, welche nun lange zeit her begieriglich warten, das S. [Petri Canisii] geschichten vnnd thaten, so sonst vielen Menschen verborgen vnd vnbekannt sein, ihm zur gedechtnus, vnd nit weniger Gott dem allmechtigen zu lob, als dem gemeinen Mann zu nutz, einmal an tag kåmen. Zu solchem werck dann von nöten gewesen, das ich allerley alte Schrifften vnd Bůcher zusamen brechte, vnnd darinnen so viel můglich, mich aller sachen fleissig erkůndigte, ehe das die gantze Histori ein Corpus wůrde, und das gantze leben seine ordenliche ausfůhrung hette.“[524]

Dank

Dass ich mich an dieses Buch über Petrus Canisius gewagt habe, ist die Schuld von Gottfried Kompatscher vom Innsbrucker Tyrolia-Verlag. Er hat mich dazu verführt, in einer äußerst kurz veranschlagten Zeit – die noch einmal unterbrochen war durch eine lange Väterkarenz und allzu lange Wochen von coronabedingtem Home-Office (mit zwei kleinen Kindern beinahe ein Widerspruch in sich) – ein Buch über den Innsbrucker Diözesanpatron aus Anlass seines 500. Geburtstags zu schreiben. Was wegen der Überfülle des durchzuarbeitenden Materials und der Kürze der dafür vorgesehenen Zeit auch eine Last war, wurde schon bald zur Lust: Das faszinierende Leben dieser praktisch unbekannten Schlüsselfigur des 16. Jahrhunderts hat mich mehr und mehr in seinen Bann gezogen; es war eine Freude, ihm schreibend immer mehr auf den Grund zu gehen. Ich hoffe, man merkt dem Buch diese Freude an.

Ich habe vier großartige Leserinnen und Leser gehabt, die das ganze Manuskript parallel zu seiner Entstehung kritisch gelesen und mir kontinuierlich äußerst hilfreiche Rückmeldungen gegeben haben: Thomas Karmann, mein Chef am Institut für Bibelwissenschaften und Historische Theologie der Universität Innsbruck, hat als Kirchenhistoriker und Patrologe nicht nur meine historische Argumentation, sondern auch meine Darstellung des Patrologen Petrus Canisius fachkundig unter die Lupe genommen; mein ehemaliger Chef Józef Niewiadomski, Emeritus am Institut für Systematische Theologie der Universität Innsbruck, hat seine umfassende theologische Kompetenz eingebracht, mir aber vor allem mit seinem Gespür für die Dramaturgie von Texten geholfen; Karin Peter vom Institut

Diese schöne Büste im Innsbrucker Dom zeigt Petrus Canisius als Innsbrucker Diözesanpatron. Besonders populär ist er in der 1964 geschaffenen Diözese Innsbruck allerdings nie geworden. Eine Wiederentdeckung dieser großen historischen Gestalt lohnt sich.

für Praktische Theologie der Universität Wien ist mir als Religionspädagogin und mit ihrer Gabe, das große Ganze und zugleich die Details von Texten im Auge zu behalten, zur Seite gestanden; Manuela Willam hat sich das Manuskript mit ihrer Doppelkompetenz als Religions- und Geschichtelehrerin, vor allem aber als vielseitig interessierte Leserin mit einem Gefühl für Sprache und Stil zur Brust genommen. Alle vier haben außergewöhnliche Frustrationstoleranz gegenüber einem Text aufgebracht, der zu dem Zeitpunkt, zu dem sie ihn lesen mussten, oft noch allzu rohgezimmert war. – Nicht vergessen möchte ich auch meine Schwiegermutter Elisabeth Martinz und meinen Schwager Patrick Gleffe, die ganz am Anfang innerhalb kürzester Zeit ein erstes Probekapitel gelesen haben, als ich mir unsicher war, ob man ein solches Buch so schreiben kann.

Schließlich sind da noch meine Frau Verena, die ihren Mann wieder einmal mit einem Buch teilen musste, und unsere beiden Töchter Ruth und Klara. Sie haben es ertragen, dass ich allzu oft mit meinen Gedanken im 16. Jahrhundert war und das Manuskript noch dazu zwischen dem Einpacken und dem Auspacken von Umzugskartons abschließen musste. In dieser letzten Phase meiner Arbeit habe ich offenbar dann doch zu viel über diesen frühneuzeitlichen Jesuiten geredet. Bei einem der ersten Abendessen in unserem neuen Zuhause haben mich zuerst meine vierjährige und dann (als verlässliches Echo) meine zweijährige Tochter wie aus dem Nichts gefragt: „Was hat jetzt eigentlich dieser Petrus Canisius gemacht?" – Vielleicht haben die beiden in fünfzehn, zwanzig Jahren (oder auch viel später) einmal Lust, das in diesem Buch nachzulesen. Ihnen ist es deshalb gewidmet.

Allen danke ich von ganzem Herzen für ihre großzügige Hilfe und Unterstützung!

P.S.: Nach vielen Seiten der historischen Auseinandersetzung mit Petrus Canisius, kann ich mir am Ende eine kleine theologische Verbeugung vor ihm nicht ganz verkneifen: Ich bin öfters gefragt worden, ob ich nach meiner intensiven Beschäftigung mit ihm überhaupt noch glauben kann, dass er wirklich ein Heiliger gewesen ist, wo doch so vieles in seinem Leben aus heutiger Sicht moralisch fragwürdig war oder doch mindestens als heillos überholt und vorgestrig einzustufen ist. Ich würde sagen: Sogar mehr als das! Er hat mir ein tieferes Verständnis dafür eröffnet, was Heiligkeit sein könnte: nämlich nicht das Ergebnis eines moralisch völlig einwandfreien Lebens; auf dieser Ebene hat er tatsächlich immer wieder versagt und ist oft allzu sehr ein Kind seiner religiös überhitzten Welt gewesen. Sein Leben hat mir vor Augen geführt, dass Heiligkeit wohl doch eher der Mut ist, sich ganz in seine jeweilige Gegenwart hineinzubegeben und sich nach bestem Wissen und Gewissen für die konkrete Welt zu engagieren, in der man lebt (mit all den moralischen Risiken, die mit einem solchen Engagement verbunden sind) – und dann das Urteil darüber Gott zu überlassen. Dieses Credo hat er voll und ganz gelebt. – Für diese Lektion gegen die Versuchung des Moralisierens in religiösen Dingen bin ich dem heiligen Petrus Canisius dankbar.

Anmerkungen

Vorwort

1   Braunbehrens, Mozart, 11.
2   Brodrick, Petrus Canisius.

Einleitung

3   Kofler, Rauhe Sonnseite, 66.
4   Vgl. Begheyn, The Catechism, 61.
5   Vgl. Haub, Petrus Canisius – Bildungsreformer, 15f.
6   Diesen Hinweis verdanke ich meinem Onkel Peter Moosbrugger und meinen Eltern Karl und Roswitha Moosbrugger.
7   Vgl. Schilling, Luther, Loyola, Calvin und die europäische Neuzeit, 5, der die frühe Neuzeit als Epoche beschreibt, die heute u. a. deshalb so fremd erscheint, weil damals „Religion und Konfession als Grundkategorien und Leitfragen" fungierten.
8   Für das Herzogtum Bayern mit Blick vor allem auf Reform der Universität von Ingolstadt in monographischer Breite herausgearbeitet bei Buxbaum, Petrus Canisius.
9   Rita Haub, Petrus Canisius und die Bedeutung, 24.
10 Vgl. Braunsberger, Streiflichter, 744, wo festgestellt wird, die ausbleibenden Wunder zur damals noch ausstehenden Heiligsprechung hätten sich schon längst eingestellt, „wenn unser Vertrauen zu unserem himmlischen Freunde und Schutzherrn ein kräftigeres und innigeres wäre."
11 Zit. nach Rivinius, Die Canisius-Enzyklika, 898.
12 Pius XI., Misericordiarum Deus, 349.
13 Zum kulturkämpferischen Hintergrund der Heiligsprechung von Petrus Canisius vgl. Foresta, „Sicut Ezechiel propheta … et alter Bonifatius". Vgl. dazu ders., Der „katholische Totalitarismus".
14 Hallensleben, Kirche in der Sendung, 363.
15 Vgl. Pabel, Peter Canisius and the Protestants. Vgl. schon am Anfang des 20. Jh. Figgis, Petrus Canisius, 43, der von seiner „Unfähigkeit, im Luthertum auch nur irgendetwas Gutes zu sehen", spricht (meine Übersetzung).
16 Vgl. Gotteslob, Nr. 970.
17 Die einschlägigen Korrespondenzen und damit verbundene Dokumente sind (bis auf einige spätere Einzelfunde und das Material eines noch ausstehenden Ergänzungsbandes) zusammengestellt in der eindrucksvollen achtbändigen Edition von Braunsberger (Hg.), Beati Petri Canisii Societatis Iesu epistolae. Die Katechismen des Canisius und sein großes Alterswerk, die Evangelienerklärungen für den Predigtgebrauch, sind nach der Heiligsprechung ebenfalls kritisch ediert worden: Streicher (Hg.), Sancti Petri Canisii Doctoris Ecclesiae Catechismi; ders. (Hg.), Sancti Petri Canisii Doctoris Ecclesiae meditationes (eine deutsche Übersetzung von Hereneus Haid ist in fünf Teilbänden von 1844 bis 1848 erschienen). Das berühmte Marienwerk von 1577 (De Maria virgine incomporabili et Dei genetrice sacrosancta) ist in gekürzter Form ins Deutsche übersetzt worden: Canisius, Maria, die unvergleichliche Jungfrau. – Erwähnenswert sind neben diesen gedruckten Quellen u. a. noch die insgesamt 31 handschriftlichen Bände an Predigten und Predigtentwürfen im Umfang von ca. 12.000 Seiten, die Petrus Canisius hinterlassen hat und die im Jesuitenarchiv in München aufbewahrt werden. Dieses gewaltige Material ist bis heute noch nicht systematisch untersucht worden.
18 Vgl. v. a.: Brodrick, Petrus Canisius.

19 Zu nennen sind hier vor allem der Jesuit Paul Begheyn und Rita Haub, die ehemalige Archivarin des Münchener Jesuitenarchivs, die 2015 verstorben ist.

20 Maßgebliches hat hier vor allem der amerikanische Jesuitenhistoriker John W. O'Malley geleistet. Unter seinen zahlreichen geschichtswissenschaftlichen Arbeiten siehe v. a. O'Malley, Die ersten Jesuiten; ders., Saints or Devils Incarnate?

21 Der historiographische Ansatz von John O'Malley (vgl. vorige Anm.) ist in Bezug auf Petrus Canisius in monographischer Breite durchgeführt worden bei Foresta, „Wie ein Apostel Deutschlands". Der aktivste und differenzierteste Canisius-Forscher des vergangenen Vierteljahrhunderts ist zweifellos der Kanadier Hilmar Pabel, der mit O'Malley ebenfalls in engem Kontakt steht.

22 Dieser national-kulturelle Aspekt als Hintergrund der religiösen Zerwürfnisse im 16. Jahrhundert ist jüngst besonders stark betont worden von Reinhardt, Luther, der Ketzer.

23 Vgl. O'Malley, Saints or Devils Incarnate?, 147.

1. Kapitel: Zwischen Nimwegen und Freiburg in der Schweiz

24 Ich folge bei meiner Einschätzung des Alters von Petrus Canisius auf der Darstellung des Flügelaltars der Interpretation bei Appuhn-Radtke, Petrus Canisius im Bild, 246.

25 Canisius, De Maria, 780: „Satis praemii vero retulisse videbor, si me albo tuorum, non dicam amicorum aut filiorum, sed clientulorum & servulorum saltem adscribi patiaris."

26 Vgl. Haub, Petrus Canisius und die Frauen, 60.

27 Brief vom 27. Dezember 1544, abgedruckt in: Canisius, Briefe, 72.

28 Vgl. Begheyn, Die Familie Kanis, 15.

29 Aus seinem geistlichen *Testament* von 1596/97: Oswald (Hg.), Das Testament des Petrus Canisius, 70.

30 Aus den *Bekenntnissen* des Petrus Canisius von ca. 1570: Metzler (Hg.), Die Bekenntnisse, 9f.

31 Dass die Erinnerungen des erwachsenen Petrus Canisius an sein jüngeres Ich auch von seinen erwachsenen Anliegen und Haltungen geprägt gewesen sind, ist klar; inwieweit er diese spezielle Episode aus der Nimwegener Kirche in der Erinnerung nachträglich umgestaltet hat, lässt sich nicht feststellen.

32 Vgl. Foresta, „Wie ein Apostel Deutschlands", 184.

33 Zu den geistlichen Profilen von Maria van Oisterwijk und Reinalda van Eymeren vgl. Neuner, Der Einfluß, 93–119.

34 Alle Zitate aus seinem geistlichen *Testament* von 1596/97: Oswald (Hg.), Das Testament des Petrus Canisius, 64.

35 Ich beziehe mich hier auf die frühneuhochdeutsche Übersetzung von 1560, die vor etwa einem Vierteljahrhundert auch in heutiges Standarddeutsch übertragen worden ist: Canisius, Kurzer Unterricht, 44f.

36 Aus den *Bekenntnissen* von ca. 1570: Metzler (Hg.), Die Bekenntnisse, 6.

37 Überliefert in der über Jahrhunderte hinweg maßgeblichen Canisius-Biographie des Südtiroler Jesuiten Matthäus Rader aus dem Jahr 1614, zit. nach der Übersetzung bei Brodrick, Petrus Canisius, Bd. 1, 58.

38 Brief an Jakob Canisius (einer von mehreren Neffen von Petrus Canisius, die Jesuiten geworden waren) vom 2. Jänner 1597 (Canisius, Briefe, 296; das Datum ist berichtigt nach Braunsberger [Hg.], Beati Petri Canisii Societatis Iesu epistolae, Bd. 8, 448).

39 Vgl. Haub, Petrus Canisius. Botschafter Europas, 12.

40 Aus seinem geistlichen *Testament* von 1596/97: Oswald (Hg.), Das Testament des Petrus Canisius, 66.

41 Ebd., 71.

42 Vgl. Van de Schoor, „Ignatio atque immo Deo volente", 22.

43 Vgl. seinen exemplarischen Brief vom 24. Juli 1559 an seinen Mitbruder (und leiblichen Bruder) Derick Canisius (Canisius, Briefe, 78), wo er schreibt: „Besonders viel bete ich für meine Verwandten zu Christus, besonders für meine Schwester Wendelina und für meine andern Brüder und Schwestern. Ich habe ihnen nur das eine zu schreiben, daß es für mich die größte Freude sein wird, wenn sie der wahren Lehre der katholischen Kirche treu […] bleiben." Das ist das sich ständig wiederholende Thema in den Briefen an seine Geschwister, Canisius kannte im Gespräch mit ihnen offenbar kaum ein anderes Thema; vgl. z. B. auch den Brief vom 1. Mai 1572 an seine Schwester Wendelina (Canisius, Briefe, 92): „Ich rate und wünsche, daß du und unsere andern Brüder und Schwestern gemeinsam das feste Versprechen ablegt und daß du in einem Testament deine Kinder und Erben darauf verpflichtest und ihnen befiehlst: sie sollen nicht abweichen von der Einheit und dem Gehorsam gegen die heilige katholische Kirche".

44 Aus einem Fragment aus späteren Aufzeichnungen, zit. nach Canisius, Briefe, 24.

45 Brodrick, Petrus Canisius, Bd. 1, 172.

46 Zit. nach Begheyn, Ein Eckpfeiler, 277.

47 Aus seiner Denkschrift für die 2. Generalkongregation der Gesellschaft Jesu im Sommer 1565 (Canisius, Briefe, 194); lat. Original: „in modum se Germanis horumque ingenijs accomodare" (Braunsberger [Hg.], Beati Petri Canisii Societatis Iesu epistolae, Bd. 5, 81).

48 Instruktion des Juan de Polanco an die Gruppe um Petrus Canisius vom 24. September 1549: Ignatius von Loyola, Briefe und Unterweisungen, 295.

49 Vgl. Brodrick, Petrus Canisius, Bd. 2, 309f.

50 Vgl. Leisibach, Zurück an den Absender!, 82. Zur Vielschichtigkeit der sprachlichen Identität von Petrus Canisius vgl. Haas, Zweitsprachenerwerb.

51 Vgl. O'Malley, How the First Jesuits.

52 Brief an den Ordensgeneral Laínez vom 22. April 1559 (zit. nach Haub, Petrus Canisius. Botschafter Europas, 25). Das eigentlich unübersetzbare lat. Wortspiel in diesem Brief lautet: „Augusta uero augustam nobis sedem praebere posset et arcem excellentem, ex qua totam contemplari Germaniam et iuuari facile possimus domino cooperante" (Braunsberger [Hg.], Beati Petri Canisii Societatis Iesu epistolae, Bd. 2, 397).

53 Vgl. Laqua-O'Donnell, Family Matters.

54 Zit. nach Pölnitz, Petrus Canisius, 366.

55 Vgl. Schneider, Petrus Canisius und Paul Hoffaeus.

56 Brodrick, Petrus Canisius, Bd. 2, 482.

57 Brief vom 18. Juli 1577, zitiert nach Schneider, Petrus Canisius und Paul Hoffaeus, 314.

58 Zu diesem sehr komplexen Streit vgl. Duhr, Die deutschen Jesuiten im 5%-Streit; ders., Noch einige Actenstücke.

59 Es ist auch gemutmaßt worden, die Abschiebung von Bayern nach Freiburg sei im Endeffekt deswegen erfolgt, weil Petrus Canisius kurz zuvor bei Herzog Wilhelm V. von Bayern in Ungnade gefallen war. Canisius hatte sich in Rom für die Abberufung des herzoglichen Beichtvaters aus dem Jesuitenorden eingesetzt, der sich immer weniger an die Ordensdisziplin hielt. Vgl. Jedin, Der heilige Petrus Canisius, 390.

60 Zit. nach Brodrick, Petrus Canisius, Bd. 2, 487.

61 Zit. nach Rahner, Petrus Canisius, 61.

62 Brief von Francisco de Borja an Petrus Canisius vom 16. Mai 1562, zit. nach Brodrick, Petrus Canisius, Bd. 2, 44.

63 Vgl. Nebgen, Canisius und Indien, 99.

64 Vgl. dazu Foresta, Die „Dioskuren".

65 Vgl. Brodrick, Petrus Canisius, Bd. 2, 507.

66 Zit. nach Schneider, Petrus Canisius und Paul Hoffaeus, 310: „Padre de tutti li nostri nella Superior Germania et altre vicine provincie" [die obige dt. Übersetzung stammt von mir].

67 Aus der *Imago primi saeculi societatis Iesu*, zit. nach Friedrich, Die Jesuiten, 38.

68 Vgl. Foresta, Die ersten Jesuiten in Deutschland, 25.

69 Zur kulturellen Anpassungsfähigkeit als Prinzip jesuitischen Handelns vgl. Sievernich, Von der Akkomodation zur Inkulturation. Vgl. kritisch dazu Dürr, Akkomodation und Wissenstransfer.

70 Zit. nach Rahner, Petrus Canisius, 61.

71 Vgl. Delgado, Peter Canisius, 296–298.

72 Zit. nach Brodrick, Petrus Canisius, Bd. 2, 522.

73 Erste Ideen für dieses Werk sind bei ihm bereits 1570 greifbar, vgl. Pabel, Meditation, 262.

74 Vgl. Haub, Petrus Canisius und die Bedeutung seiner literarischen Tätigkeit, 47.

75 Vgl. Brodrick, Petrus Canisius, Bd. 2, 576.

76 Für seine pastorale Arbeit an Sterbenden, die seit der Mitte der 1550er Jahre belegt ist, und für seine literarische Verarbeitung der aus dem Spätmittelalter stammenden Prinzipien der Kunst des Sterbens (*ars moriendi*) vgl. Pabel, Fear and Consolation.

77 Brief vom 20. August 1574 an Leonhard Kessel, den Oberen der Jesuitengemeinschaft in Köln: Canisius, Briefe, 168.

78 Aus den *Bekenntnissen* von ca. 1570: Metzler (Hg.), Die Bekenntnisse, 6.

79 Brief an seinen Mitbruder Johannes Raducius vom 7. Juli 1597 (Canisius, Briefe, 299f).

80 Aus seinem geistlichen *Testament* von 1596/97: Oswald (Hg.), Das Testament des Petrus Canisius, 58.

81 Ebd., 93.

82 Die beiden Texte sind in einigen Teilen wortidentisch, das *Testament* ist aber insgesamt nicht nur kürzer, sondern auch nüchterner gehalten.

83 Aus seinem geistlichen *Testament* von 1596/97: Oswald (Hg.), Das Testament des Petrus Canisius, 59.

84 Ebd., 69.

85 Ebd., 79.

86 Ebd.

87 Ebd., 59.

88 Ebd., 73.

89 Ebd., 78.

90 Vgl. Streicher (Hg.), Die ungedruckte Lebensbeschreibung, 289. Laut einem Bericht von Sebastian Werro, einem guten Freund von Petrus Canisius, galten seine letzten Worte der Bitte, dass man sich im Gebet an ihn erinnern möge, vgl. Burkhart Schneider, Leben und Werk, 40.

91 Vgl. Sidler, Heiligkeit aushandeln, 189. Aus Anlass seines 500. Geburtstages soll Petrus Canisius im Frühling 2021 wieder in die Nikolauskirche rücküberführt werden.

92 So die Grabinschrift in St. Nikolaus, vgl. Haub, Petrus Canisius. Botschafter Europas, 53.

93 Vgl. Sidler, Heiligkeit aushandeln, 306.

94 Ebd., 305.

95 Vgl. Brodrick, Petrus Canisius, Bd. 2, 574.

96 Hofmann, *Der Glaub*, 41.

97 Vgl. insgesamt dazu Appuhn-Radtke, Petrus Canisius im Bild; zur verwickelten Entstehungsgeschichte des Kupferstichs vgl. ebd., 247–251.

2. Kapitel: Zwischen Kartäusern und Jesuiten

98 Schilling, Martin Luther, 152.

99 Zitate aus seinem Brief an seine Schwester Wendelina, zit. nach Brodrick, Petrus Canisius, Bd. 1, 42. Es handelt sich hierbei um seinen allerersten erhaltenen Brief überhaupt.

100 Er zitiert diesen gereimten Merksatz aus seiner Jugend in späteren autobiographischen Notizen (zit. nach Richstätter, Deutsche Mystik, 28), der dort (in deutscher Übersetzung des lat. Originals) folgendermaßen lautet: „Innerlich lebe für Gott, sein Licht verehre, das nahe ist, ganz nur lebe für Gott, die Welt veracht' und verschmähe, das sei dein Streben und Mühen, das sei dein Ziel und dein Ringen, Gott gefallen zu wollen, die schnöde Welt zu verachten."

101 Braunsberger (Hg.), Beati Petri Canisii Societatis Iesu epistolae, Bd. 8, 237. Neuhochdeutsche Übersetzung in Canisius, Briefe, 258.

102 Fried, Das Mittelalter, 176.

103 Im lateinischen Original: „Carthusia numquam reformata, quia numquam deformata."

104 Dieses Glaubensbekenntnis hängte er zuerst an eine Ausgabe seines Großen Katechismus und ein Buch über Johannes den Täufer an. Er ließ es später auch regelmäßig am Ende anderer Bücher drucken. Zit. nach Lecler, Die Kirchenfrömmigkeit, 307.

105 So die Selbstbeschreibung der Kartäuser in einem Lebensbild aus dem 12. Jahrhundert, zit. nach Brooke, Die Klöster, 85.

106 Vgl. Melville, Die Welt, 96.

107 Zur grundsätzlichen Tendenz zur subjektiven religiösen Innerlichkeit seit dem Spätmittelalter vgl. Braunstein, Annäherungen an die Intimität.

108 Eine sehr persönliche Einführung in die Spiritualität der Kartäuser bietet Lockhart, Botschaft des Schweigens.

109 Vgl. dazu die Einschätzung von Häußling, Petrus Canisius und das Brevier, 22, demnach Liturgie für ihn eine spirituell nachrangige Rolle spielte.

110 Delgado, Petrus Canisius, 301.

111 So berichtete die Kölner Kartäuserchronik, zit. nach Neuner, Der Einfluß, 50.

112 Aus den *Bekenntnissen* von ca. 1570: Metzler (Hg.), Die Bekenntnisse, 18.

113 Ebd., 10.

114 Ebd., 21.

115 Ebd., 17.

116 Brodrick, Petrus Canisius, Bd. 2, 50.

117 Vgl. Haub, Brevier des Petrus Canisius, 511. Zu Petrus Canisius und seiner Brevierfrömmigkeit vgl. Häußling, Petrus Canisius und das Brevier, 46–53.

118 Canisius, Briefe, 101.

119 Aus Fragmenten eines „geistlichen Tagebuchs" von Petrus Canisius (Canisius, Briefe, 26). Zu diesen „Tagebuch"-Fragmenten vgl. Streicher, De spirituali, 56.

120 Zit. nach Neuner, Der Einfluß, 88.

121 Braunsberger, Ein Meister des innern Gebetes.

122 Braunsberger, Streiflichter, 739.

123 Brief vom Februar 1548 an die Kölner Jesuitengemeinschaft, zit. nach Brodrick, Petrus Canisius, Bd. 1, 158. Lat. Original: „qui propter me condidit et seruat vniuersa" (Braunsberger [Hg.], Beati Petri Canisii Societatis Iesu epistolae, Bd. 1, 269).

124 Zit. nach Begheyn, Ein Eckpfeiler, 275.

125 Surius wurde schon bald ein bedeutender geistlicher Schriftsteller, Übersetzer und Herausgeber im Dienst der katholischen Reform, vgl. Holt, Laurentius Surius.

126 Coreth, Die geistige Gestalt, 123.

127 Vgl. Aus seinem geistlichen *Testament* von 1596/97: Oswald (Hg.), Das Testament des Petrus Canisius, 64.

128 Vgl. dazu Fried, Der Schleier der Erinnerung.

129 Dass Petrus Canisius der Herausgeber dieses Bandes gewesen ist, ist erst Ende des 19. Jahrhunderts zuerst von Auguste Jundt vermutet worden; der wichtige Canisius-Forscher Otto

Braunsberger hat diese Hypothese übernommen und vertiefte Argumente dafür geliefert. Es hat daraufhin über Jahrzehnte eine lange Zeit unentschiedene Debatte gegeben, ob das zutrifft (v. a. hat James Brodrick, der wichtigste Canisius-Biograph, das bezweifelt). Heute besteht auf Grund eingehender weiterer Studien allerdings grundsätzlich Konsens darüber, dass die Urheberschaft dieser Tauler-Ausgabe tatsächlich Petrus Canisius zuzuschreiben ist. An den guten Gründen, die dafür mehrfach vorgebracht worden sind, ändern auch die jüngsten Zweifel nichts, die Rob van de Schoor wenig überzeugend angemeldet hat (vgl. Van de Schoor, Canisius als Herausgeber).

130 Vgl. Neuner, Der Einfluß, 114.

131 Vgl. Braunsberger, Streiflichter, 723f.

132 Zitiert nach Oswald, Petrus Canisius – ein Mystiker?, 321.

133 Aus Fragmenten eines „geistlichen Tagebuchs" von Petrus Canisius (Canisius, Briefe, 26).

134 Ebd.

135 Aus den *Bekenntnissen* des Petrus Canisius (zit. nach Canisius, Briefe, 49).

136 Ebd., 50. Zum biblisch und rhetorisch reich ausgeführten Zitat im lat. Original vgl. Braunsberger (Hg.), Beati Petri Canisii Societatis Iesu epistolae, Bd. 1, 30.

137 Vgl. Neuner, Der Einfluß, 126.

138 Hofmann, Petrus Canisius und die Politik, 119.

139 Vgl. Neuner, Der Einfluß, 59.

140 Aus seinem geistlichen *Testament* von 1596/97: Oswald (Hg.), Das Testament des Petrus Canisius, 71.

141 Aus einem Brief an einen nicht näher identifizierten Freund (wahrscheinlich Laurentius Surius oder Gerhard Kalckbrenner) vom Mai 1543: Canisius, Briefe, 119.

142 Ebd., 120.

143 Aus seinem geistlichen *Testament* von 1596/97: Oswald (Hg.), Das Testament des Petrus Canisius, 72.

144 Einen sehr instruktiven Kurzüberblick über die geschichtliche Entwicklung der Gesellschaft Jesu bietet O'Malley, Eine kurze Geschichte der Jesuiten. Beeindruckend umfassend ist Friedrich, Die Jesuiten.

145 Vgl. O'Malley u. a. (Hg.), The Jesuits; O'Malley u. a. (Hg.), The Jesuits II.

146 Vgl. dazu in monographischer Breite O'Malley, Die ersten Jesuiten; vgl. auch Switek, Die Eigenart.

147 Canisius, Briefe, 68.

148 Brodrick, Petrus Canisius, Bd. 1, 17.

149 Das geistlich-biographische Profil von Peter Faber ist in geraffter Form sehr einfühlsam dargestellt bei Terstriep, Peter Faber. Vgl. auch Knoll, „Derselbe Geist", 121–239.

150 Zit. nach Certeau, Die Erfahrung, 238.

151 Ebd., 245.

152 Knauer, Einleitung, 91.

153 GÜ 1 [Knauer-Ausgabe, erste Anmerkung, S. 93]. Zur christentumsgeschichtlichen Einzigartigkeit der *Geistlichen Übungen* vgl. O'Malley, The Distinctiveness, 5.

154 Vgl. Aus seinem geistlichen *Testament* von 1596/97: Oswald (Hg.), Das Testament des Petrus Canisius, 70.

155 Vgl. dazu Decot, Anfänge, 41–43.

156 Brief abgedruckt in: Faber, Memoriale, 346.

157 Brief des Petrus Canisius an Johannes Busaeus vom 2. Jänner 1596 (Canisius, Briefe, 286).

158 Diese mittlerweile verschollenen Notizen von Canisius aus der letzten Phase seiner *Geistlichen Übungen* zit. nach Braunsberger, Ein Meister, 83. Vgl. auch Friedrich, Die Jesuiten, 85.

159 Brief vom Mai 1543 an einen unbekannten Freund (wahrscheinlich Laurentius Surius oder Gerhard Kalckbrenner), Canisius, Briefe, 120.

160 Sein geistliches Tagebuch war ausdrücklich „im Dienst der Seelenführung" geschrieben worden (Henrici, Einleitung, 18). Es ging Faber darin in erster Linie um die schriftliche Reflexion auf die konkreten Prozesse der Begleitung von Menschen durch die ignatianischen *Geistlichen Übungen*, die sein bevorzugtes Instrument der Seelenführung waren. Vgl. dazu Coreth, Die geistige Gestalt, 124, die allerdings die biographische Dramatik des Prozesses bei Canisius nicht wahrnimmt.

161 Eintrag vom 27./28. April 1543: Faber, Memoriale, 232.

162 Vgl. Rahner, „Werdet kundige Geldwechsler"; Rahner, Das Dynamische, 368–420.

163 Eintrag vom 27./28. April 1543: Faber, Memoriale, 232.

164 Ebd.

165 Ebd.

166 Aus seinem geistlichen *Testament* von 1596/97: Oswald (Hg.), Das Testament des Petrus Canisius, 71.

167 Canisius, Briefe, 118.

168 Hawel, Das Mönchtum, 276.

169 O'Malley, How the First Jesuits, 203 (meine Übersetzung).

170 Certeau, Die Erfahrung, 245.

171 Brodrick, Petrus Canisius, Bd. 1, 90.

172 Vgl. Haub, Das zweitälteste Exemplar. Diese Handschrift hat sogar den katastrophalen Einsturz des Kölner Stadtarchivs im März 2009 überlebt.

173 Vgl. Switek, Die Eigenart, 214.

174 Brief von Juan de Polanco an den Oberen der Kölner Jesuitengemeinschaft Leonhard Kessel vom 18. Dezember 1555 (Ignatius von Loyola, Briefe und Unterweisungen, 825).

175 Vgl. Friedrich, Die Jesuiten, 145.

176 Coreth, „In actione contemplativus", 55.

177 Zit. nach O'Malley, Die ersten Jesuiten, 87.

178 Vgl. O'Malley, To Travel, 147.

179 Pabel, Augustine's „Confessions", 454 (meine Übersetzung).

180 Hofmann, *Der Glaub*, 42.

181 Leisibach, Zurück an den Absender, 74.

182 Brief vom Juli 1551 an die Ordensleitung, zit. nach Brodrick, Petrus Canisius, Bd. 1, 231.

183 Brief an Andreas Sydereus vom 20. November 1547 (Canisius, Briefe, 128).

184 Brief an die Kölner Jesuiten vom 19. März 1550 (Canisius, Briefe, 142). Diesen sehr interessanten Brief hat man auch als den Gehorsamsbrief des Petrus Canisius bezeichnet (vgl. dazu auch die folgende Anmerkung).

185 Vgl. dazu den berühmten Gehorsamsbrief von Ignatius von Loyola an die portugiesischen Jesuiten vom 26. März 1553, wo der Gehorsam im Dienst des apostolischen Ordenszieles als Inbegriff der jesuitischen Haltung gedeutet wird (Ignatius von Loyola, Briefe und Unterweisungen, 460–469). Als „apostolisch" bezeichneten die frühen Jesuiten ihre Grundberufung, in der Welt nach dem Prinzip des „iuvare animas" und in Nachfolge der missionierenden Apostel aktiv tätig zu werden, statt in mönchischer Beschaulichkeit zu leben, vgl. Foresta, „Wie ein Apostel Deutschlands", 123–180.

186 Zit. nach Brodrick, Petrus Canisius, Bd. 2, 30.

187 Vgl. dazu im Überblick Sebott, Sachlichkeit.

188 Knopp, Der heilige Petrus Canisius, 136.

189 Brief an Graf Oswald II. von dem Bergh, 5. Februar 1545 (Canisius, Briefe, 126).

190 Ebd., 215.

191 Vgl. dazu Obirek, Petrus Canisius.

192 Zit. nach Brodrick, Petrus Canisius, Bd. 1, 540 (FN 103).

193 Jedin, Der heilige Petrus Canisius, 393.

3. Kapitel: Zwischen Kollegien und Konzil

194 Aus seinem geistlichen *Testament* von 1596/97: Oswald (Hg.), Das Testament des Petrus Canisius, 71.

195 Das Schreiben der Messiner Stadtväter an Ignatius von Loyola ist (allerdings unter einem falschen Datum) zu finden in: Hufton, Funding a Jesuit College, 10.

196 Aus der päpstlichen Bestätigungsbulle „Regimini militantis ecclesiae" vom 27. September 1540, die ihrerseits die informelle interne Regel der Fünf Kapitel von 1539 zu einem Großteil übernommen hat (abgedruckt in: Ignatius von Loyola, Gründungstexte, 303–320, hier: 308).

197 Ebd., 309.

198 Ebd., 304.

199 Holzem, Christentum in Deutschland, 209.

200 Vgl. Mertes, Lernen in Messina.

201 Die Jesuiten haben sich bewusst nie in der schulischen Elementarbildung (Alphabetisierung und Rechnen) engagiert.

202 O'Malley, Die ersten Jesuiten, 34.

203 Von diesen Lehranstalten zu unterscheiden sind die ebenfalls als „collegia" bezeichneten Häuser an diversen Universitätsstandorten (z. B. Paris, Padua und Löwen), die in der Frühphase des Ordens in erster Linie als ordenseigene Wohnheime für die Studenten der Gesellschaft Jesu dienten, vgl. Friedrich, Die Jesuiten, 286.

204 Vgl. dazu Schilling, Veni, vidi, Deus vixit.

205 So Petrus Canisius in einem Brief an seinen Mitbruder Leonhard Kessel vom 20. August 1547 (Canisius, Briefe, 167)

206 Brief an Johannes Busaeus vom 2. Jänner 1596 (ebd., 290).

207 Vgl. dazu den ersten Abschnitt des vierten Kapitels.

208 Zit. nach Brodrick, Petrus Canisius, Bd. 1, 110.

209 Zit. nach Schneider, Leben und Werk, 21.

210 Ebd., 22.

211 Zum Konzil vgl. den nächsten Abschnitt dieses Kapitels.

212 Zit. nach Brodrick, Petrus Canisius, Bd. 1, 150.

213 Zit. nach ebd., 172.

214 Ebd., 146.

215 Brief an die portugiesischen Jesuiten vom 26. März 1553 (Ignatius von Loyola, Briefe und Unterweisungen, 460).

216 Zit. nach Van de Schoor, „Ignatio atque immo Deo volente", 25 (meine Übersetzung).

217 Zur Fragestrategie des Ignatius, die nicht nur pragmatisch darauf ausgerichtet war, Lehrer für die Sizilienmission zu finden, sondern auch das Ziel hatte, die Verinnerlichung des jesuitischen Ordensgehorsams bei den römischen Jesuiten zu überprüfen, vgl. Foresta, „Wie ein Apostel Deutschlands", 241f.

218 Zit. nach Brodrick, Petrus Canisius, Bd. 1, 154.

219 Ebd., 155.

220 Zum pädagogischen und didaktischen Grundkonzept der frühen Jesuiten vgl. Mertens, Lernen in Messina, 300–310.

221 Zu den Aufgaben des jesuitischen Studienpräfekts vgl. Haub, Das Erziehungskonzept, 43.

222 Brief an Stefan de Delen vom 30. Oktober 1546 (Canisius, Briefe, 235). Lat. Original: „ego

qui nec bene loqui didici tacere non possum" (Braunsberger [Hg.], Beati Petri Canisii Societatis Iesu epistolae, Bd. 1, 227).

223 Ebd., 131.

224 O'Malley, Die frühe Gesellschaft Jesu, 34.

225 Zit. nach O'Malley, Renaissance Humanism, 193 (meine Übersetzung).

226 Vgl. dazu im Überblick O'Malley, How the First Jesuits.

227 Vgl. Friedrich, Die Jesuiten, 292.

228 Vgl. Hartmann, Die Jesuiten, 38.

229 Vgl. Friedrich, Die Jesuiten, 287.

230 Batllori, Der Beitrag, 317.

231 Es dürfte kein Zufall sein, dass sich die Messiner punktgenau nach seinem Abgang immer unzufriedener mit den Jesuiten zeigten und klagten, bislang – bis zur Abreise von Canisius – sei alles gut gewesen, aber wer wisse schon, was jetzt aus Rom nachkomme (vgl. Van de Schoor, „Ignatio atque immo Deo volente", 33).

232 Vgl. den Brief von Juan de Polanco an Jerónimo Nadal vom 4. August 1548: Demnach war von seinen Oberen in Rom die Idee gewälzt worden, ihn noch einmal studieren und so „in der Philosophie vorankommen" zu lassen, damit er „im Lauf der Zeit selbst den Kurs lesen", also an der Schule Philosophieunterricht erteilen konnte. (Ignatius von Loyola, Briefe und Unterweisungen, 242)

233 Vgl. Grendler, The Culture, 19.

234 Müller, Schul- und Bildungsorganisation, 262.

235 So Petrus Canisius in einem Brief an Ignatius von Loyola vom Frühling 1551 (zit. nach Brodrick, Petrus Canisius, Bd. 1, 228). Dieselbe Wendung auch in Canisius, De Maria virgine, 188 („ter miseram Germaniam").

236 Vgl. O'Malley, Die frühe Gesellschaft Jesu, 38.

237 Brief vom 4. März 1559 an Jerónimo Nadal (Canisius, Briefe, 189). Das lat. Original ist etwas weniger scharf als die Übersetzung: „che arma nostra spiritualia magis quam corporalia locum habent. " (Braunsberger [Hg.], Beati Petri Canisii Societatis Iesu epistolae, Bd. 2, 369).

238 Müller, Schul- und Bildungsorganisation, 269.

239 Vgl. Atherton, Peter Canisius, 146: „Canisius centred his career on the education of German society."

240 Vgl. dazu Grendler, The Culture.

241 Vgl. dazu das berühmte jesuitische Prinzip des „Auf-unsere-Weise-Vorgehens" (*nuestro modo de proceder*), das Jerónimo Nadal seinen Mitbrüdern über Jahre hinweg eingebläut hatte. Vom nur schwer auf einen Begriff zu bringenden Inhalt dieses Prinzips einmal ganz abgesehen (John O'Malley widmete ein ganzes Buch über die Anfänge der Gesellschaft Jesu der Frage, was den Inhalt dieses Prinzips ausmacht, vgl. ders., Die ersten Jesuiten, 27), wurde den Jesuiten durch intensive Bewerbung dieses Prinzips nachhaltig vermittelt, dass sie nicht nur einen einzigartigen, sondern auch einen einzigartig erfolgreichen Stil in ihrem Handeln als Orden hatten, auf den sie nicht verzichten konnten – auch nicht dort, wo sie als Lehrer tätig waren. Vgl. dazu Knauer, „Unsere Weise voranzugehen".

242 Holzem, Christentum in Deutschland, Bd. 1, 216.

243 Zur Annäherung Wilhelms IV. an die Jesuiten vgl. Glaser, *nadie sine fructo*, 56–60. Zur Ingolstädter Situation vgl. Buxbaum, Petrus Canisius, 40–68.

244 Meine Übersetzung der Gelübdeformel, die Petrus Canisius Jahrzehnte später in das oberdeutsche Professbuch eingetragen hat (Haub, Die Gelübdeformel, 510).

245 Zit. nach Schneider, Leben und Werk, 24.

246 Instruktion vom 24. September 1549 (Ignatius von Loyola, Briefe und Unterweisungen, 294).

247 Ebd.

248 Ebd., 300.

249 Aus einem Bericht von Jay nach Rom vom 19. Dezember 1549, zit. nach Oswald, Claude Jay, 16.

250 Vgl. Glaser, *nadie sine fructo*, 59.

251 Vgl. Rita Haub, Petrus Canisius: Christus-Hymnus, 510.

252 Vgl. den entsprechenden Abschnitt im Brief von Ignatius an Albrecht V. vom 22. September 1551 (Ignatius von Loyola, Briefe und Unterweisungen, 372–378, hier: 377).

253 So Canisius in einem Brief an Ignatius vom 21. Juli 1551 (zit. nach Begheyn, Ein Eckpfeiler, 274).

254 Vgl. Buxbaum, Petrus Canisius, 140–145.

255 Mitte der 1540er Jahre hatte das Konzept des Kollegs bei Jay noch eine etwas andere Bedeutung als die späteren Jesuitenkollegien – inkl. Wien – nach den Erfahrungen von Messina (Mitte der 1540er Jahre eher der Charakter von Seminaren unter bischöflicher Leitung), vgl. Falkner, Auf dem Konzil von Trient, 260f.

256 Vgl. Oswald, Claude Jay, der erste Jesuit in Bayern, 17–19.

257 Vgl. Wrba, In der Nähe, 345.

258 Vgl. ebd., 347. Vgl. dazu auch den Brief von Juan de Polanco an Diego Hurtado de Mendoza vom 21. Juli 1554: „der Magister Petrus Canisius [...] predigt mit viel Zustimmung dem Römerkönig und seinem Hof; und auf seine Anstiftung sind einige Prediger häretischer Lehren ins Gefängnis geworfen worden und auch ein öffentlicher Lektor jener Universität" (zit. nach Ignatius von Loyola, Briefe und Unterweisungen, 600).

259 Vgl. Pabel, Fear and Consolation, 12f.

260 Brief Ferdinands I. an Petrus Canisius vom März 1554 (nach Fertigstellung des ersten Entwurfs), zit. nach Haub, Petrus Canisius – Bildungsreformer, 9.

261 Aus einem Brief von Petrus Canisius an Diego Laínez vom Jänner 1557 (Canisius, Briefe, 152).

262 Zit. nach Brodrick, Petrus Canisius, Bd. 1, 494.

263 Wrba, In der Nähe, 355.

264 Zit. nach Foresta, „Wie ein Apostel Deutschlands", 333.

265 Zit. nach Brodrick, Petrus Canisius, Bd. 1, 523.

266 Brief von Polanco an Canisius vom 17. Dezember 1555 (zit. nach Ignatius von Loyola, Briefe und Unterweisungen, 823).

267 Ebd., 824.

268 Vgl. dazu die entsprechenden Ausführungen in Buxbaum, Petrus Canisius, 157–172.

269 Vgl. Friedrich, Die Jesuiten, 290.

270 Vgl. Immenkötter, *Was der Papst, der gesandt hat, anzielt*, 50f.

271 Müller, Schul- und Bildungsorganisation, 262.

272 So das berühmte Motto von Jerónimo Nadal (O'Malley, Die ersten Jesuiten, 87).

273 Zur komplizierten Gründungsgeschichte des Innsbrucker Kollegs vgl. Überbacher, Petrus Canisius und sein Beitrag; vgl. dazu auch Coreth, Das Jesuitenkolleg in Innsbruck.

274 Brief von Borja an Canisius vom 16. Mai 1562, zit. nach Brodrick, Petrus Canisius, Bd. 2, 44.

275 Zit. nach ebd., 231.

276 Vgl. Conrad, Stifterinnen und Lehrerinnen, 217.

277 Vgl. ebd., 356f. Die Problematik der Hofbeichtväter war ein Problem, das die Gesellschaft Jesu insgesamt massiv beschäftigt hat; alle Generalkongregationen von 1558 bis 1615 haben sich mit diesem Thema befasst, vgl. Foresta, „Wie ein Apostel Deutschlands", 96.

278 Brodrick, Petrus Canisius, Bd. 2, 506.

279 Brief von Canisius an Diego Laínez vom 18. Juni 1561, zit. nach Überbacher, Petrus Canisius, 391.

280 Vgl. Kubišta, Die Berufung, 93

281 Vgl. Überbacher, In Böhmen, 371. Zur Prager Gründungsgeschichte vgl. auch Foresta, „Wie ein Apostel Deutschlands", 362–382.

282 Auffälligerweise ist Petrus Canisius nicht direkt am langjährigen ordensinternen Prozess der Erarbeitung der *Ratio studiorum* beteiligt gewesen, vgl. Giard, Le rôle secondaire.

283 Diese Auflistung entnehme ich Müller, Schul- und Bildungsorganisation, 268 – zu ergänzen um die drei genannten Kollegien und Wien, das Urkolleg im Reich.

284 Zit. nach Brodrick, Petrus Canisius, Bd. 1, 391.

285 Zeeden, Das Zeitalter, 163.

286 Zitiert nach Brodrick, Petrus Canisius, Bd. 2, 83.

287 Ebd.

288 Mindestens in seiner lutherischen Form, genauer: in Form des Augsburger Bekenntnisses von 1530.

289 Vgl. Laqua-O'Donnell, Family Matters.

290 Interessanterweise war noch 1555 von einem Mitbruder moniert worden, die Predigten von Canisius in Wien würden die Menschen nicht stark genug entfachen (O'Malley, Die ersten Jesuiten, 119); vier Jahre später hatte sich das offensichtlich radikal geändert.

291 Vgl. Pölnitz, Petrus Canisius, 361. Die Kolleggründung vor Ort ließ allerdings bis 1580 auf sich warten.

292 Zit. nach Haub, Petrus Canisius. Botschafter Europas, 25. Zu Petrus Canisius als strategisch denkendem Organisator vgl. Lucas, Petrus Canisius.

293 Vgl. dazu Wassilowsky, Trient.

294 Vgl. dazu Schilling, Veni, vidi, Deus vixit, 150–165.

295 Vgl. dazu im Kurzüberblick Schatz, Allgemeine Konzilien, 165–167.

296 Vgl. dazu die Ausführungen im ersten Teil dieses Kapitels.

297 Zit. nach Braunsberger, Entstehung und erste Entwicklung, 126.

298 Vgl. O'Malley, Die frühe Gesellschaft Jesu, 37.

299 Vgl. dazu Sieben, Option für den Papst.

300 Zit. nach Brodrick, Petrus Canisius, Bd. 2, 87. Vgl. das begrifflich etwas andere lat. Original: „quam Tridenti ineptum disputatorem agere" (Braunsberger [Hg.], Beati Petri Canisii Societatis Iesu epistolae, Bd. 3, 255).

301 Zit. nach Brodrick, Petrus Canisius, Bd. 2, 87.

302 Ebd., 84.

303 Vgl. O'Malley, Trent, 173–175.

304 Vgl. Schatz, Petrus Canisius und das Trienter Konzil, 69f.

305 Vgl. dazu bis heute die wichtige Studie von Knöpfler, Die Kelchbewegung.

306 Vgl. Schatz, Zwischen Rombindung, 394.

307 Zit. nach Brodrick, Petrus Canisius, Bd. 2, 117.

308 Ebd.

309 Vgl. Laubach, Ferdinand I. als Kaiser, 27; Kohler, Ferdinand I. 1503–1564, 148.

310 Vgl. Aretin, Petrus Canisius und das Problem des Religionsfriedens, 32f.

311 Schatz, Petrus Canisius und das Trienter Konzil, 85.

312 Das ist gegen die Einschätzung in einer jüngsten (ansonsten höchst eindrucksvollen) Untersuchung zu sagen, in der ohne Unterscheidung davon gesprochen wird, dass Petrus Canisius und seine jesuitischen Mitbrüder am Konzil „beachtenswerte Voten" abgegeben hätten, „in denen sie die Spendung des Laienkelchs ablehnten" (Steiner, Diego Laínez und Alfonso Salmerón, 370). Es stimmt zwar, dass Petrus Canisius dagegen argumentiert hat, dass der Laienkelch aus theologischen Gründen gespendet werden *müsse* und deshalb die kirchliche Einschränkung auf die Brotkommunion ein Missbrauch gewesen sei. Er verteidigte

dementsprechend die Gewohnheit der Kommunionsspendung unter einer Gestalt. Aber er votierte zugleich dafür, den Laienkelch u. a. für „Schwankende, die von Ketzern umgeben", zu gewähren. Wer ansonsten gut katholisch war, aber in dieser Sache wegen seiner nicht-katholischen Umgebung schwankte, sollte die Erlaubnis erhalten, unter beiderlei Gestalt zu kommunizieren, um nicht zur Gänze von seinen katholischen Überzeugungen abzukommen: „Sunt aliqui nutantes, qui circumdati sunt ab haereticis, sed alias catholici sunt; hoc tantum petunt, ut calice uti eis liceat; non videretur denegandus, cum alias in religione et officio retineri non possunt, quod valde considerandum proposuit." (Concilium Tridentinum 8, 558)

313 Zit. nach Kröß, Kaiser Ferdinand I., 470.
314 So die kaiserlichen Vertreter am Trienter Konzil über die Haltung des Jesuitengenerals Diego Laínez in der Kelchfrage; Bericht an den Kaiser vom 18. September 1562 (zit. nach ebd. 480).
315 Vgl. ebd., 481.
316 Zit. nach Brodrick, Petrus Canisius, Bd. 2, 151.
317 Vgl. Schatz, Petrus Canisius und das Trienter Konzil, 80.
318 Aus einem Brief an Diego Laínez vom 8. Mai 1563, zit. nach Brodrick, Petrus Canisius, Bd. 2, 195.
319 Ebd., 196.
320 Ich unterscheide mich mit dieser Einschätzung ein wenig von der gängigen Lesart der Ereignisse, der zufolge Petrus Canisius den Kaiser im Laufe seines Engagements auf dem Innsbrucker Theologenrat erst dazu überreden musste, sich von einer illusorischen konziliaristischen Haltung zu lösen und aus politischem Realismus auf den Papst zuzugehen (vgl. z. B. Schatz, Petrus Canisius und das Konzil von Trient, 84).
321 Vgl. O'Malley, Trent, 207f.
322 Das blieb jedoch Episode, weil die Kelchkommunion aus katholischer Perspektive nicht die erwünschten Resultate gehabt und sich sozusagen als religionspolitischer Rohrkrepierer erwiesen hatte. Die Erlaubnis wurde nach einigen Jahren schon von den lokalen kirchlichen Machthabern zurückgezogen und die Kelchkommunion schließlich auch von Rom wieder verboten.
323 Vgl. Schatz, Petrus Canisius und das Konzil von Trient, 67.
324 Sehr wahrscheinlich gemacht von Häußling, Petrus Canisius und das Brevier, 32–36.
325 Jedin, Geschichte des Konzils von Trient, 253. Zur umfassenden diplomatischen Meisterleistung von Morone auf verschiedenen Konfliktfeldern vgl. Jedin, Ursprung und Durchbruch, 516–520.
326 O'Malley, Die ersten Jesuiten, 318.

4. Kapitel: Zwischen Kirchenvätern und Katechismus

327 Vgl. dazu Weber, Die Brieffreundschaft, 110–116.
328 Vgl. Sieben, Petrus Canisius und die Kirchenväter, 1f. Dieser Aufsatz ist (auch für den vorliegenden Abschnitt) die wichtigste Orientierung durch das patrologische Schaffen von Petrus Canisius. Der lateinische Briefausschnitt, den ich hier wegen der besseren Lesbarkeit etwas freier übersetzt bzw. paraphrasiert habe, ist ebd., 2 (Anm. 7).
329 Thematische Väter-Anthologien wurden aber natürlich auch weiterhin erzeugt, vgl. Lane, Justification.
330 Vgl. Altaner und Stuiber, Patrologie, 9.
331 Vgl. dazu Diez, Petrus Canisius als Theologe, 187f.
332 Vgl. Sieben, Von der Kontroverstheologie.
333 Vgl. Friedrich, Die Jesuiten, 307.

334 Der zweite Teil der Leo-Ausgabe wurde 1548 veröffentlicht. Pabel, Peter Canisius as a Catholic Editor, 173, irrt sich übrigens, wenn er schreibt, dass Canisius 1546 eine Ausgabe von Kyrill *von Jerusalem* veröffentlicht habe.

335 Vgl. Meschler, Jesuitenaszese; Friedrich, Die Jesuiten, 92.

336 Lössl, Konfessionelle Theologie, 122–126, veranschlagt bei Petrus Canisius ein höheres Ausmaß an wissenschaftlicher Akkuratesse gegenüber konfessioneller Polemik. Vgl. dagegen Pabel, Peter Canisius as a Catholic Editor, 174–176.

337 Vgl. Schwager, Dogma und dramatische Geschichte, 168–220.

338 Es ging dabei primär um Druckfehler bzw. sprachliche Mängel, die er durch genaue Prüfung der Textvorlage (nicht durch historisch-kritische Quellenvergleiche) richtiggestellt hatte, vgl. Malley, The *Contra Julianum*, 73.

339 Braunsberger, Streiflichter, 725.

340 So Pontien Polman, zit. nach Pabel, Peter Canisius and the „Truly Catholic" Augustine, 910 (meine Übersetzung).

341 Zit. nach Rahner, Petrus Canisius, 62.

342 Vgl. Lössl, Konfessionelle Theologie, 127.

343 Vgl. Rädle, Petrus Canisius, 164.

344 So der jesuitische Ordensgeneral Diego Laínez in einem Brief vom April 1561 über die damals praktisch abgeschlossene Arbeit von Petrus Canisius an seiner Edition (zit. nach Pabel, Peter Canisius as a Catholic Editor, 176 [meine Übersetzung]).

345 Zit. nach Lössl, Konfessionelle Theologie, 139.

346 Ebd.

347 Ebd., 140.

348 Vgl. dazu insgesamt Pabel, Peter Canisius as a Catholic Editor.

349 Vgl. ebd., 186.

350 Ebd., 186–192.

351 Ebd., 188 (meine Übersetzung).

352 Ebd., 190 (meine Übersetzung).

353 Sieben, Petrus Canisius und die Kirchenväter, 8.

354 Brodrick, Petrus Canisius, Bd. 2, 555.

355 Zit. nach Braunsberger, Der selige Petrus Canisius als Schriftsteller, 422.

356 Vgl. Sieben, Petrus Canisius und die Kirchenväter, 18f.

357 Vgl. ebd., 19–25.

358 Vgl. Pabel, Augustine's „Confessions", 457.

359 Vgl. Sieben, Petrus Canisius und die Kirchenväter, 17f. Der protestantische Verdacht, er habe Cyprian deshalb nicht weiter bearbeitet, weil dessen Theologie sich mit dem papalistischen Standpunkt von Petrus Canisius nicht vereinbaren ließ, ist wohl unbegründet, vgl. ebd.

360 Dazu jüngst Mentzel-Reuters und Hartmann (Hg.), Catalogus und Centurien – vgl. darin v. a. die Beiträge der beiden Herausgeber und von Ronald Ernst Diener.

361 Zit. nach Brodrick, Petrus Canisius, Bd. 2, 381.

362 So Petrus Canisius in einem Brief vom 8. Dezember 1570 an Francisco de Borja (zit. nach Haub, Petrus Canisius als Schriftsteller, 165).

363 Zit. nach Brodrick, Petrus Canisius, Bd. 2, 383.

364 Zit. nach Haub, Petrus Canisius. Botschafter Europas, 95.

365 Vgl. Haub, Petrus Canisius und seine literarische Tätigkeit, 65–67.

366 Zit. nach Brodrick, Petrus Canisius, Bd. 2, 405.

367 Ebd.

368 Vgl. Sieben, Petrus Canisius und die Kirchenväter, 28.

369 Hartmann, Flacius Illyricus, 8.

370 Erster Band: *Commentariorum de verbi Dei corruptelis Liber primus: In qvo de sanctissimi praecursoris Domini Ioannis Baptistae historia evangelica, cum adversus alios huius temporis sectarios, tum contra nouos Ecclesiasticae historiae consarcinatores pertractatur* (Dillingen 1571); zweiter Band: *De Maria virgine incomporabili, et Dei genitrice sacrosancta, libri quinque: Atque hic secundus liber est Commentariorum de verbi Dei corruptelis, aduersus nouos & veteres sectariorum errores* (Ingolstadt 1577).

371 Zit. nach Brodrick, Petrus Canisius, Bd. 2, 407.

372 Vgl. O'Malley, Die ersten Jesuiten, 323.

373 In weiterer Folge plante er auch noch einen Band über Paulus (wahrscheinlich zur Abwehr des protestantischen Vorwurfs einer falschen katholischen Rechtfertigungslehre, den Martin Luther auf der Grundlage seiner Paulusinterpretation geäußert hatte) und einen über die Zebedaiden Jakobus und Johannes (hier kann man nur darüber spekulieren, ob er in diesem Band vielleicht die katholische Heiligenverehrung gegen die protestantische Ablehnung derselben verteidigen wollte). Kurzzeitig hat er auch einen Band über Christus selbst angedacht.

374 Zit. nach Brodrick, Petrus Canisius, Bd. 2, 411.

375 Ebd., 412.

376 Zit. nach Schneider, Petrus Canisius und Paul Hoffaeus, 315.

377 Sieben, Petrus Canisius und die Kirchenväter, 28.

378 Immenkötter, *Was der Papst, der gesandt hat, anzielt*, 52.

379 Rädle, Petrus Canisius als lateinischer Autor, 160.

380 Auch dieses Buch, das in fünf „Bücher" und nach Kapiteln geordnet ist, stellte Petrus Canisius „mit Hilfe zahlloser Zitate" zusammen (Begheyn, Ein Eckpfeiler, 282).

381 Vgl. Brodrick, Petrus Canisius, Bd. 2, 478.

382 Zit. nach Oswald, Ringen um die Einheit, 34.

383 Ebd.

384 Ebd.

385 Vgl. Begheyn, Die Familie Kanis, 10.

386 Brief an Ignatius von Loyola vom 25. März 1555 (Canisius, Briefe, 148).

387 Zit. nach Braunsberger, Entstehung und Entwicklung, 58.

388 Zit. nach ebd.

389 Zit. nach ebd., 93.

390 Zit. nach ebd., 67.

391 Zit. nach ebd., 65.

392 Zit. nach ebd., 66.

393 Foresta, „Wie ein Apostel Deutschlands", 354, weist darauf hin, dass sich der Anteil von Petrus Canisius bei der Vermittlung der Katechismus-Idee an Ferdinand nicht klar nachweisen lässt; der Verlauf der Ereignisse spricht aber doch dafür, dass er hier größeren Einfluss genommen hat, als sich das unmittelbar nachweisen lässt.

394 Vgl. Foresta, „Wie ein Apostel Deutschlands", 344.

395 Die wenigsten Pfarrer studierten Theologie; aber alle mussten mindestens prinzipiell die Grundlagenfächer absolvieren, wie sie am Jesuitenkolleg angeboten wurden.

396 Vgl. Sievernich, Gesetz oder Weisheit, 403.

397 Zit. nach Foresta, „Wie ein Apostel Deutschlands", 334 (Anm. 71).

398 Vgl. Braunsberger, Entstehung, 10.

399 Petrus Canisius hatte seine Idee, selbst einen Katechismus zu schreiben, noch in Ingolstadt vorerst wieder aufgegeben, weil er geglaubt hatte, sein berühmter Mitbruder Diego Laínez, der allgemein als begabtester Jesuitentheologe galt, sei dafür viel besser geeignet. Im Feb-

ruar 1551 hatte er ihn deshalb gebeten, er möge möglichst bald „eine kurze Zusammenfassung der christlichen Lehre abfassen", damit man auf dieser Grundlage „den Kindern in Deutschland und dem einfachen Volke die Lehre der Kirche, von der sie sich so weit entfernt haben, leichter erklären könne" (Canisius, Briefe, 145).

400 Brief an Ignatius von Loyola vom 25. März 1555 (Canisius, Briefe, 147).

401 Ebd., 147f.

402 Friedrich, Die Jesuiten, 236.

403 Das dürfte auch damit zu tun gehabt haben, dass nach dem Index von 1559 anonyme Werke für Katholiken verboten waren.

404 So Petrus Canisius in seinem *Testament* (Oswald [Hg.], Das Testament des Petrus Canisius, 85).

405 [Ferdinand I., Edikt, in:] Canisius, Der Große Katechismus, 73.

406 Ebd., 75.

407 Aus seinem geistlichen *Testament* von 1596/97: Oswald (Hg.), Das Testament des Petrus Canisius, 86.

408 Ebd., 87.

409 Vgl. Braunsberger, Streiflichter, 731.

410 Vgl. Walsham, Wholesome Milk, 301.

411 Die Rekatholisierung von Österreich war insgesamt eine sehr langwierige Angelegenheit. Wegen der starken protestantischen Kräfte im Adel, die auch weiterhin protestantische Prediger und Lehrer unterstützten, gelang sie erst im weiteren Verlauf des 17. Jh., vgl. Winkelbauer, Ständefreiheit und Fürstenmacht, 56–60.

412 Vgl. dazu insgesamt die faszinierenden Ausführungen bei Sievernich, Gesetz oder Weisheit.

413 Canisius, Der Große Katechismus, 273.

414 Zit. nach Sieben, Petrus Canisius und die Kirchenväter, 26, Anm. 146 (meine Übersetzung).

415 Ebd.

416 Vgl. Begheyn, The Catechism, 57.

417 Zit. nach Sieben, Petrus Canisius und die Kirchenväter, 27.

418 Vgl. Begheyn, The Catechism, 57.

419 Zit. nach Haub, Bayerische Schulordnung, 518.

420 Zit. nach Atherton, Peter Canisius, 151, Anm. 29 (mit meiner Korrektur von zwei offensichtlichen Verschreibungen).

421 Vgl. die frühneuhochdeutsche Übersetzung von 1560, die vor etwa einem Vierteljahrhundert auch in heutiges Standarddeutsch übertragen worden ist: Canisius, Kurzer Unterricht.

422 Paul, Petrus Canisius, 199.

423 N. N., Rez., 604.

424 Ebd.

425 Leimgruber, Die ethisch-religiöse Erziehung, 320.

426 Leimgruber, Petrus Canisius und die Ökumene, 344.

427 Stettberger, Religionsdidaktische Einordnung, 326.

428 Ebd., 327.

429 Brodrick, Petrus Canisius, Bd. 2, 583.

5. Kapitel: Zwischen Schuld und Sühne

430 Zit. nach Conrad, Stifterinnen und Lehrerinnen, 215.

431 Vgl. Laqua-O'Donnell, Family Matters, 618.

432 Zit. nach Schad, Sanfte Macht, 120.

433 Ebd., 121.

434 Ebd., 120.

435 Ebd., 121.

436 Ebd., 122.

437 Ebd.

438 Aus seinem geistlichen *Testament* von 1596/97: Oswald (Hg.), Das Testament des Petrus Canisius, 61.

439 Vgl. Pabel, Peter Canisius and the Protestants, 393.

440 Ich zitiere hier die Version, die er in seinem *Testament* wiedergibt (Oswald [Hg.], Das Testament des Petrus Canisius, 91). Meine Ergänzung in eckiger Klammer entspricht wohl besser dem lateinischen Wortlaut von „respuo", ebd., 54.

441 Bundschuh, Das Wormser Religionsgespräch, 386.

442 Lat. Original: „hostes Christi, pestes ecclesiae et ministri Sathanae" (Brief an Juan de Vitoria vom 18. November 1557: Braunsberger [Hg.], Beati Petri Canisii Societatis Iesu epistolae, Bd. 2, 152). Vgl. Hofmann, *Der Glaub*, 47.

443 Es ist also keine Übertreibung, wenn jüngst festgestellt worden ist, dass für Petrus Canisius Protestantismus gleichbedeutend mit Satanismus war; vgl. Pabel, Peter Canisius and the Protestants, 391.

444 Brief vom 31. März / 2. April 1567 (Canisius, Briefe, 198). Lat. Original: „Conciliationes exitium adferunt religioni" (Braunsberger [Hg.], Beati Petri Canisii Societatis Iesu epistolae, Bd. 5, 410).

445 Brief vom 18. Juni 1558, zit. nach Brodrick, Petrus Canisius, Bd. 1, 509. Lat. Original: „instituandum esse certamen, profligandum hoc genus hominum" (Braunsberger [Hg.], Beati Petri Canisii Societatis Iesu epistolae, Bd. 2, 283).

446 Canisius, Kurzer Unterricht, 34. NB: In dieser von mir konsultierten Übersetzung heißt es eigentlich verharmlosend, Nichtkatholiken müssten „gemieden und gescheut werden". Im lateinischen Original heißt es aber tatsächlich, „fugiendi et execrandi", wobei das letzte Wort die Bedeutung „hassen, verfluchen, verabscheuen" hat (vgl. Pabel, Peter Canisius and the Protestants, 386).

447 Begheyn, Ein Eckpfeiler, 280.

448 Vgl. dazu insgesamt Pabel, Peter Canisius and the Protestants.

449 Oswald, Petrus Canisius und die Reform der Kirche, 78.

450 Delgado, Petrus Canisius, 301f.

451 Daran ist z. B. gegenüber der Interpretation bei Rahner, Petrus Canisius, 62, zu erinnern.

452 Brief an Wilhelm Lindanus vom 25. Februar 1557 (Canisius, Briefe, 181).

453 Ebd., 182.

454 Alle Zitate aus einem Brief von Petrus Canisius an seinen Mitbruder Nikolaus Goudanus vom 15. Oktober 1560: Braunsberger (Hg.), Beati Petri Canisii Societatis Iesu epistolae, Bd. 2, 745. Leicht modernisiert auch in: Canisius, Briefe, 157.

455 Vgl. dazu auch die Beschimpfungen, die ihm aus Anlass der Veröffentlichung seines Großen Katechismus 1555 begegneten.

456 Der lateinische Originaltitel lautet *Dialogus contra impia Petri Canysii dogmata*.

457 Zit. nach Foresta, „Wie ein Apostel Deutschlands", 150.

458 Brief von Canisius an Nikolaus Goudanus vom 15. Oktober 1560 (Canisius, Briefe, 157).

459 Zit. nach Brodrick, Petrus Canisius, Bd. 2, 430.

460 Ebd., 297.

461 Ebd., 248.

462 Brief an seine Schwester Wendelina vom 23. März 1543 (Canisius, Briefe, 70; gelderländisches Original in: Begheyn, Six Unpublished Letters, 132).

463 Brief an seine Schwester Wendelina vom 13. April 1564 (ebd., 80).

464 Van Dülmen, Kultur und Alltag, 90.

465 Briggs, Die Hexenmacher, 251.

466 Vgl. Smolinsky, Kirchengeschichte, 126f.

467 Vgl. Behringer, Meinungsbildende Befürworter und Gegner, 223. Vgl. auch Pölnitz, Petrus Canisius und das Bistum Augsburg, 373.

468 Vgl. Behringer, Kulturgeschichte des Klimas, 173–179.

469 Vgl. Behringer, Hexenverfolgung in Bayern.

470 Abgedruckt in: Behringer (Hg.), Hexen und Hexenprozesse, 140.

471 Schneider, Leben und Werk, 52. Vgl. auch ders., Petrus Canisius und Paul Hoffaeus, 320: „… ist Canisius in den damals so aktuellen Fragen über Privatoffenbarungen und Besessenheit bedeutend unkritischer und leichtgläubiger als sein Amtsnachfolger" Hoffaeus.

472 Zit. nach Duhr, Die Stellung, 23. Vgl. dazu Brodrick, Petrus Canisius, Bd. 1, 92.

473 Coreth, Die geistige Gestalt, 128.

474 Vgl. Hermle, Reformation und Gegenreformation, 312.

475 Friedrich, Die Jesuiten, 157.

476 Vgl. Brodrick, Petrus Canisius, Bd. 2, 402.

477 Vgl. Laqua-O'Donnell, Family Matters, 615–617.

478 Roper, Hexenwahn, 190.

479 Vgl. Miedaner, Petrus Canisius, 143. Für den größeren religionshistorischen Kontext vgl. MacCulloch, Die Reformation, 598.

480 Vgl. Brodrick, Petrus Canisius, Bd. 2, 404.

481 Zit. nach Haub, Marienstatue, 523.

482 Vgl. Pölnitz, Petrus Canisius, 384. Vgl. Seelig, Canisius-Kelch.

483 Friedrich, Die Jesuiten, 155.

484 Duhr, Die Stellung, 24.

485 Zit. nach Duhr, Geschichte der Jesuiten, 734f.

486 Köhler, Rez., 618.

487 Vgl. seine aus eigener Prozesserfahrung entstandene unsterbliche Kritik an den Hexenverfolgungen: Spee, Cautio Criminalis.

488 Das war nicht das erste Mal: Schon am 7. Mai 1569 beispielsweise klagte er sich selbst in seinem Abschiedsbrief als Provinzial an den Ordensgeneral Francisco de Borja an (Canisius, Briefe, 164–166) und dann wiederum um 1570 in seinen autobiographischen *Bekenntnissen* (Metzler [Hg.], Die Bekenntnisse).

489 Aus seinem geistlichen *Testament* von 1596/97: Oswald (Hg.), Das Testament des Petrus Canisius, 67.

490 Ebd.

491 Ebd., 79.

492 Ebd., 80. Canisius legte diesem Sündenkatalog Ausschnitte aus dem paulinischen Anforderungsprofil für ein christliches Leben in 1 Tim 4f zu Grunde.

493 Zit. nach Brodrick, Petrus Canisius, Bd. 2, 577.

494 Ebd.

495 Dieses Lebensmodell der Profess-Jesuiten hatte sich allerdings angesichts des zuerst nicht vorgesehenen umfangreichen schulischen Engagements der Jesuiten ab den späten 1540er Jahren schon überlebt, als die Satzungen niedergeschrieben wurden.

496 Vgl. Wolf, Index, 26–30.

497 Schatz, Petrus Canisius und das Trienter Konzil, 85.

498 Zit. nach Brodrick, Petrus Canisius, Bd. 2, 62.

499 Ebd., 63. Lat. Original: „petram scandalis" (Braunsberger [Hg.], Beati Petri Canisii Societatis Iesu epistolae, Bd. 2, 377).

500 Schatz, Zwischen Rombindung und landesherrlichem Interesse, 391.

501 Memorandum an Claudio Acquaviva vom Jänner 1583 (Canisius, Briefe, 225).

502 Zit. nach Brodrick, Petrus Canisius, Bd. 2, 64. Vgl. das lateinische Original: „quantum requirit scholasticorum et loci huius ratio" (Braunsberger [Hg.], Beati Petri Canisii Societatis Iesu epistolae, Bd. 2, 425).

503 Zit. nach Brodrick, Petrus Canisius, Bd. 2, 65.

504 Ebd., vgl. das italienische Original: „quelli libri che hanno della humanita almancho anchor che fossino fra il numero di prohibiti con annotatione di heretici" (Braunsberger [Hg.], Beati Petri Canisii Societatis Iesu epistolae, Bd. 2, 467).

505 Zit. nach Brodrick, Petrus Canisius, Bd. 2, 66.

506 Ebd., 67.

507 Ebd., 68.

508 Vgl. Wolf, Index, 30.

509 Ebd., 36.

510 Brief von Petrus Canisius an Laínez, Jänner 1557 (Canisius, Briefe, 152).

511 Brodrick, Petrus Canisius, Bd. 2, 196.

512 Brodrick, Petrus Canisius, Bd. 1, 312.

513 Ebd., 507.

514 Denkschrift an Kardinal Giovanni Morone vom Sommer 1576 (Canisius, Briefe, 208). Im lat. Original: „dormientes passim Episcopos" (Braunsberger [Hg.], Beati Petri Canisii Societatis Iesu epistolae Bd. 7, 362).

515 Canisius, Briefe, 209. Im lat. Original: „corruptissima nobilitate" (Braunsberger [Hg.], Beati Petri Canisii Societatis Iesu epistolae, Bd. 7, 362).

516 Canisius, Briefe, 208.

517 Ebd., 209.

518 Denkschrift an Claudio Acquaviva vom Jänner 1583 (ebd., 228).

519 Vgl. Figgis, Petrus Canisius, 40, der vom „pure conservatism" von Canisius spricht.

520 Vgl. Pölnitz, Petrus Canisius.

521 Zit. nach Rummel, Petrus Canisius und Otto Kardinal Truchseß von Waldburg, 65. Datum des Briefes korrigiert nach Braunsberger [Hg.], Beati Petri Canisii Societatis Iesu epistolae, Bd. 6, 412. Vgl. ebd., 413, das lat. Original der Berufung aufs künftige Gericht: „ego futurum cito iudicium".

522 Jedin, Der heilige Petrus Canisius, 388.

523 Adorno, Minima moralia, 42.

Statt eines Nachwortes

524 Aus der unpaginierten Vorrede von: Canisius, Warhaffte Histori von dem berümbten Abbt S. Fridelino. Die Änderung von „S. Fridolini" in „S. Petri Canisii" im Zitat stammt natürlich von mir.

Literaturverzeichnis

Adorno, Theodor W., Minima moralia. Reflexionen aus dem beschädigten Leben, Frankfurt a. Main 1970.

Altaner, Berthold und Alfred Stuiber, Patrologie. Leben, Schriften und Lehre der Kirchenväter, Freiburg i. Breisgau [8]1978.

Appuhn-Radtke, Sibylle, Petrus Canisius im Bild – Entwicklungsstadien einer Heiligenikonographie, in: Oswald und Rummel (Hg.), Petrus Canisius, 244–274.

Aretin, Karl Otmar von, Petrus Canisius und das Problem des Religionsfriedens, in: Berndt (Hg.), Petrus Canisius SJ, 27–38.

Atherton, Ruth, Peter Canisius and the Development of Catholic Education in Germany, 1549–97, in: Studies in Church History 55 (2019), 145–160.

Batllori, Miquel, Der Beitrag der Ratio studiorum für die Bildung des modernen katholischen Bewußtseins, in: Sievernich und Switek (Hg.), Ignatianisch, 314–322.

Baumstark, Reinhold (Hg.), Rom in Bayern. Kunst und Spiritualität der ersten Jesuiten, München 1997.

Begheyn, Paul, Die Familie Kanis aus Nijmwegen, in: Oswald und Rummel (Hg.), Petrus Canisius, 9–20.

–, Ein Eckpfeiler der Katholischen Kirche, in: Falkner und Imhof (Hg.), Ignatius von Loyola, 267–284.

–, Six Unpublished Letters of Saint Peter Canisius to His Relatives, in: Archivum Historicum Societatis Iesu 55 (1986), 129–144.

–, The Catechism (1555) of Peter Canisius, the Most Published Book by a Dutch Author in History, in: Quaerendo 36 (2006), 51–84.

Behringer, Wolfgang (Hg.), Hexen und Hexenprozesse in Deutschland, München [4]2000.

–, Hexenverfolgung in Bayern. Volksmagie, Glaubenseifer und Staatsräson in der Frühen Neuzeit, München 1987.

–, Kulturgeschichte des Klimas. Von der Eiszeit bis zur globalen Erwärmung, Bonn 2007.

–, Meinungsbildende Befürworter und Gegner der Hexenverfolgung (15. bis 18. Jahrhundert), in: Helfried Valentinitsch (Hg.), Hexen und Zauberer. Die große Verfolgung – ein europäisches Phänomen in der Steiermark, Graz 1987, 219–236.

Berndt, Rainer (Hg.), Petrus Canisius SJ (1521–1597). Humanist und Europäer (Erudiri Sapientia 1), Berlin 2000.

Braunbehrens, Volkmar, Mozart in Wien, München 1986.

Braunsberger, Otto (Hg.), Beati Petri Canisii Societatis Iesu epistolae et acta I–VIII, Freiburg i. Breisgau 1895–1923.

–, Ein Meister des innern Gebetes, in: Stimmen der Zeit 105 (1923), 81–91.

–, Entstehung und erste Entwicklung der Katechismen des seligen Petrus Canisius aus der Gesellschaft Jesu (Ergänzungshefte zu den „Stimmen aus Maria Laach“ 57), Freiburg i. Breisgau 1893

–, Streiflichter auf das schriftstellerische Wirken des seligen Petrus Canisius, in: Zeitschrift für katholische Theologie 14 (1890), 720–744.

Braunstein, Philippe, Annäherungen an die Intimität: 14. und 15. Jahrhundert, in: Georges Duby (Hg.), Geschichte des privaten Lebens, 2. Band: Vom Feudalzeitalter zur Renaissance, übers. von Holger Fliessbach, Augsburg 2000, 497–587.

Briggs, Robin, Die Hexenmacher. Geschichte der Hexenverfolgung in Europa und der Neuen Welt, übers. von Dirk Muelder, Berlin 1998.

Brodrick, James, Petrus Canisius 1521–1597, 2 Bde., übers. von Karl Telch, Freiburg i. Breisgau 1950.

Brooke, Christopher, Die Klöster. Geist, Kultur, Geschichte, Freiburg i. Breisgau 2001.

Bundschuh, Benno von, Das Wormser Religionsgespräch von 1557 unter besonderer Berücksichtigung der kaiserlichen Religionspolitik (Reformationsgeschichtliche Studien und Texte 124), Münster 1988.

Buxbaum, Engelbert M., Petrus Canisius und die kirchliche Erneuerung des Herzogtums Bayern: 1549–1556, Rom 1973.

Canisius, Petrus, Briefe, ausgew. und hg. von Burkhart Schneider, Salzburg 1959.

–, De Maria virgine incomporabili, et Dei genitrice sacrosancta, libri quinque: Atque hic secundus liber est Commentariorum de verbi Dei corruptelis, aduersus nouos & veteres sectariorum errores, Ingolstadt 1577.

–, Der Große Katechismus. Summa doctrinae christianae (1555), übers. und komm. von Hubert Filser und Stephan Leimgruber (Jesuitica: Quellen und Studien zu Geschichte, Kunst und Literatur der Gesellschaft Jesu im deutschsprachigen Raum 6), Regensburg 2003.

–, Kurzer Unterricht vom Katholischen Glauben. Der Kleine Katechismus des Petrus Canisius. Dillingen 1560, übertragen von Andreas Schönfeld, eingel. und hg. von Rita Haub (geistliche texte sj 20), Frankfurt a. Main 1998.

–, Maria, die unvergleichliche Jungfrau und hochheilige Gottesgebärerin, vom heiligen Kirchenlehrer Petrus Canisius aus der Ges. Jesus, aus dem Lateinischen erstmals als Ganzes ins Deutsche übersetzt (mit Weglassung nicht mehr zeitgemäßer Kontroversen) von Dr. Karl Telch, Warnsdorf 1933.

–, Warhaffte Histori von dem berůmbten Abbt S. Fridelino und seinen wunderbarlichen thaten auß vielen alten Scribenten zusamen gezogen jetzunder aber auffs new gebessert vnnd im Truck verfertiget durch Petrum Canisium Theologum Societatis Iesu, Freiburg/Schweiz 1589.

Certeau, Michel de, Die Erfahrung von Heil bei Peter Faber, in: Geist und Leben 87 (2014), 237–251.

Concilium Tridentinum. Diariorum, actorum, epistularum, tractatuum nova collectio, Bd. 8, Freiburg i. Breisgau 1919.

Conrad, Anne, Stifterinnen und Lehrerinnen. Der Anteil von Frauen am jesuitischen Bildungswesen, in: Berndt (Hg.), Petrus Canisius SJ, 205–224.

Coreth, Anna, Die geistige Gestalt des Heiligen Petrus Canisius, in: Jahrbuch für mystische Theologie 7 (1961), 113–146.

Coreth, Emerich, „In actione contemplativus", in: Zeitschrift für katholische Theologie 76 (1954), 55–82.

–, Das Jesuitenkolleg in Innsbruck. Grundzüge seiner Geschichte, in: Zeitschrift für katholische Theologie 113 (1991), 140–213.

Decot, Rolf (Hg.), Konfessionskonflikt, Kirchenstruktur, Kulturwandel. Die Jesuiten im Reich nach 1556 (Veröffentlichungen des Instituts für Europäische Geschichte Mainz, Abteilung für Abendländische Religionsgeschichte, Beiheft 77), Mainz 2007.

–, Anfänge der Jesuiten in Mainz und ihre historische Forschung zum Erzstift (Nicolaus Serarius), in: ders. (Hg.), Konfessionskonflikt, 41–65.

Delgado, Mariano, Peter Canisius als Seelsorger in Fribourg – Oder: Drei Modernisierungsschübe am Ende des 16. Jahrhunderts, in: Schweizerische Zeitschrift für Religions- und Kulturgeschichte 104 (2010), 289–306.

Diez, Karlheinz, Petrus Canisius als Theologe, in: Oswald und Rummel (Hg.), Petrus Canisius, 178–193.

Duhr, Bernhard, Die deutschen Jesuiten im 5%-Streit des 16. Jahrhunderts. Nach ungedruckten Quellen, in: Zeitschrift für katholische Theologie 24 (1900), 209–248.

–, Die Stellung der Jesuiten in den deutschen Hexenprozessen, Köln 1900.

–, Geschichte der Jesuiten in den Ländern deutscher Zunge im XVI. Jahrhundert, Freiburg i. Breisgau 1907.

–, Noch einige Actenstücke zum 5% Streite im 16. Jahrhundert, in: Zeitschrift für katholische Theologie 29 (1905), 178–190.

Dürr, Renate, Akkomodation und Wissenstransfer. Neuerscheinungen zur Geschichte der Jesuiten in der Frühen Neuzeit, in: Zeitschrift für Historische Forschung 44 (2017), 487–509.

Faber, Peter, Memoriale. Das geistliche Tagebuch des ersten Jesuiten in Deutschland, übers. von Peter Henrici (Christliche Meister 38), Einsiedeln/Trier ²1989.

Falkner, Andreas und Paul Imhof (Hg.), Ignatius von Loyola und die Gesellschaft Jesu: 1491–1556, Würzburg 1990.

Falkner, Andreas, Auf dem Konzil von Trient. Die Sendung von Claude Jay (1500/1504–1552) für die deutschen Christen, in: Falkner und Imhof (Hg.), Ignatius von Loyola, 253–266.

Figgis, J. Neville, Petrus Canisius and the German Counter-Reformation, in: The English Historical Review 24 (1909), 18–43.

Foresta, Patrizio, „Sicut Ezechiel propheta … et alter Bonifatius": San Pietro Canisio ed il „totalitarismo cattolico" di Pio XI, in: Archivum Historicum Societatis Iesu 73 (2004), 277–325.

–, „Wie ein Apostel Deutschlands". Apostolat, Obrigkeit und jesuitisches Selbstverständnis am Beispiel des Petrus Canisius (1543–1570) (Veröffentlichungen des Instituts für Europäische Geschichte Mainz 239), Göttingen 2016.

–, Der „katholische Totalitarismus". Katholizismus und Moderne im Pontifikat Pius' XI., in: Manuel Franzmann, Christel Gärtner und Nicole Köck (Hg.), Religiosität in der säkularisierten Welt. Theoretische und empirische Beiträge zur Säkularisierungsdebatte in der Religionssoziologie (Veröffentlichungen der Sektion Religionssoziologie der Deutschen Gesellschaft für Soziologie 11), Wiesbaden 2006, 177–195.

–, Die „Dioskuren" des jesuitischen Apostolats: eine rezeptionsgeschichtliche Fallstudie zu Franz Xaver und Petrus Canisius, in: Archivum Historicum Societatis Iesu 75 (2006), 361–383.

–, Die ersten Jesuiten in Deutschland und ihre Wahrnehmung der politisch-verfassungsrechtlichen Verhältnisse. Ein spezifisches Amtsverständnis bei Petrus Canisius?, in: Decot (Hg.), Konfessionskonflikt, 23–40.

Fried, Johannes, Das Mittelalter. Geschichte und Kultur, München ²2012.

–, Der Schleier der Erinnerung. Grundzüge einer historischen Memorik, München 2004.

Friedrich, Markus, Die Jesuiten. Aufstieg, Niedergang, Neubeginn, München 2016.

Giard, Luce, Le rôle secondaire de Petrus Canisius dans l'élaboration de la Ratio studiorum, in: Berndt (Hg.), Petrus Canisius SJ, 77–106.

Glaser, Hubert, *nadie sine fructo*. Die bayerischen Herzöge und die Jesuiten im 16. Jahrhundert, in: Baumstark (Hg.), Rom in Bayern, 55–82.

Gotteslob. Katholisches Gebet- und Gesangbuch: Ausgabe für die (Erz-)Diözesen Österreichs, Stuttgart/Wien 2013.

Grendler, Paul F., The Culture of the Jesuit Teacher, in: Journal of Jesuit Studies 3 (2016), 17–41.

Haas, Walter, Zweitsprachenerwerb und die Herausbildung der Gemeinsprache – Petrus Canisius und das Deutsche seiner Zeit, in: Walter Hoffmann (Hg.), Das Frühneuhochdeutsche als sprachgeschichtliche Epoche: Werner Besch zum 70. Geburtstag, Frankfurt a. Main u. a. 1999, 111–133.

Hallensleben, Barbara, Kirche in der Sendung. Die Antwort des Petrus Canisius auf die Erfahrung des ‚draußen', in: Berndt (Hg.), Petrus Canisius SJ, 347–363.

Hartmann, Martina, Flacius Illyricus, die Magdeburger Centuriatoren und die Anfänge der quellenbezogenen Geschichtsforschung, in: Mentzel-Reuters und Hartmann (Hg.), Catalogus und Centurien, 1–17.

Hartmann, Peter C., Die Jesuiten (C.H. Beck Wissen in der Beck'schen Reihe 2171), München 2001.

Haub, Rita, Bayerische Schulordnung Herzog Albrechts V. mit Verweis auf den Katechismus des Petrus Canisius, in: Baumstark (Hg.), Rom in Bayern, 517–518.

–, Brevier des Petrus Canisius, in: Baumstark (Hg.), Rom in Bayern, 511–512.

–, Das Erziehungskonzept der Jesuiten und der Stellenwert des Katechismus, in: Canisius, Der Große Katechismus, 35–54.

–, Das zweitälteste Exemplar der „Exercitia spiritualia", in: Baumstark (Hg.), Rom in Bayern, 509.

–, Die Gelübdeformel des Petrus Canisius, in: Baumstark (Hg.), Rom in Bayern, 509–510.

–, Marienstatue des Petrus Canisius, in: Baumstark (Hg.), Rom in Bayern, 523–524.

–, Petrus Canisius – Bildungsreformer. Zu seinem dreifachen Katechismus, Bestseller der religiösen Literatur, in: Canisius, Kurzer Unterricht, 4–20.

–, Petrus Canisius und die Bedeutung seiner literarischen Tätigkeit für die Schweiz, in: Freiburger Geschichtsblätter 74 (1997), 23–69.

–, Petrus Canisius und die Frauen, in: Oswald und Haub (Hg.), Jesuitica, 41–76.

–, Petrus Canisius. Botschafter Europas (Topos plus Taschenbücher 513), Kevelaer 2004.

–, Petrus Canisius: Christus-Hymnus, in: Baumstark (Hg.), Rom in Bayern, 510–511.

Häußling, Angelus A., Petrus Canisius und das Brevier, in: Römische Quartalschrift 95 (2000), 20–53.

Hawel, Peter, Das Mönchtum im Abendland. Geschichte, Kultur, Lebensform, Freiburg i. Breisgau 1993.

Henrici, Peter, Einleitung, in: Faber, Memoriale, 7–28.

Hermle, Siegfried, Reformation und Gegenreformation in der Herrschaft Wiesensteig unter besonderer Berücksichtigung des Beitrags von Jakob Andreae (Theol. Habil. Masch.), Tübingen 1993.

Hofmann, Siegfried, *Der Glaub ist ein Liecht der Seelen, ein Thür des Lebens, ein Grundtvest der Seligkeit*. Zum Charakterbild des Petrus Canisius, in: Baumstark (Hg.), Rom in Bayern, 41–48.

Hofmann, Siegfried, Petrus Canisius und die Politik, in: Oswald und Rummel (Hg.), Petrus Canisius, 97–132.

Holt, Paul, Laurentius Surius und die kirchliche Erneuerung im 16. Jahrhundert, in: Jahrbuch des Kölnischen Geschichtsvereins 6/7 (1925), 52–84.

Holzem, Andreas, Christentum in Deutschland 1550–1580. Konfessionalisierung, Aufklärung, Pluralisierung, Bd. 1, Paderborn 2015.

Hufton, Olwen, Every Tub on Its Own Bottom: Funding a Jesuit College in Early Modern Europe, in: O'Malley u. a. (Hg.), The Jesuits II, 5–23.

Ignatius von Loyola, Briefe und Unterweisungen, übers. von Peter Knauer (Deutsche Werkausgabe Bd. 1), Würzburg 1993.

–, Gründungstexte der Gesellschaft Jesu, übers. von Peter Knauer (Deutsche Werkausgabe Bd. 2), Würzburg 1998.

Immenkötter, Herbert, *Was der Papst, der gesandt hat, anzielt*. Petrus Canisius in Ingolstadt, München, Augsburg und Dillingen, in: Baumstark (Hg.), Rom in Bayern, 49–54.

Jedin, Hubert, Der heilige Petrus Canisius. Ein Profil und sein Hintergrund, in: ders., Kirche des Glaubens. Kirche der Geschichte. Ausgewählte Aufsätze und Vorträge, Bd. I, Freiburg/Basel/Wien 1966, 381–393.

–, Geschichte des Konzils von Trient, Bd. IV/2: Überwindung der Krise durch Morone, Schließung und Bestätigung, Freiburg i. Breisgau 1975.

–, Ursprung und Durchbruch der Katholischen Reform bis 1563, in: Erwin Iserloh, Josef Glazik und Hubert Jedin, Handbuch der Kirchengeschichte IV: Reformation, Katholische Reform und Gegenreformation, hg. von Hubert Jedin, Freiburg i. Breisgau 1975, 451–520.

Knauer, Peter, „Unsere Weise voranzugehen" nach den Satzungen der Gesellschaft Jesu, in: Sievernich und Switek (Hg.), Ignatianisch, 131–148.

–, Einleitung zu den *Geistlichen Übungen*, in: Ignatius von Loyola, Gründungstexte, 85–91.

Knoll, Alfons, „Derselbe Geist". Eine Untersuchung zum Kirchenverständnis in der Theologie der ersten Jesuiten (Konfessionskundliche und kontroverstheologische Studien 74), Paderborn 2007.

Knöpfler, Alois, Die Kelchbewegung in Bayern unter Herzog Albrecht V. Ein Beitrag zur Reformationsgeschichte des 16. Jahrhunderts, München 1891.

Knopp, Paul, Der heilige Petrus Canisius – ein Mann des Gebetes, in: Analecta Coloniensia 2 (2002), 135–185.

Kofler, Franz Josef, Rauhe Sonnseite. Eine Kindheit am Bergbauernhof, Innsbruck/Wien 2011.

Kohler, Alfred, Ferdinand I. 1503–1564. Fürst, König und Kaiser, München 2003.

Köhler, Walther, Rez. „Johann Diefenbach, Der Zauberglaube des sechzehnten Jahrhunderts nach den Katechismen Dr. Martin Luthers und des P. Canisius", in: Theologische Literaturzeitung 26 (1901), 617–621.

Kröß, Alois, Kaiser Ferdinand I. und seine Informationsvorschläge auf dem Konzil von Trient bis zum Schluß der Theologenkonferenz in Innsbruck (18. Jänner 1562 bis 5. Juni 1563), in: Zeitschrift für katholische Theologie 27 (1903), 455–490.

Kubišta, Albert, Die Berufung des Jesuitenordens nach Böhmen und die Anfänge der Tätigkeit des Ordens, in: Decot (Hg.), Konfessionskonflikt, 87–97.

Lane, Anthony N. S., Justification in Sixteenth-Century Patristic Anthologies, in: Leif Grane, Alfred Schindler und Markus Wriedt (Hg.), Auctoritas patrum. Contributions on the Reception of the Church Fathers in the 15th and 16th Century [sic!] (Veröffentlichungen des Instituts für europäische Geschichte, BH 37), Mainz 1993, 69–93.

Laqua-O'Donnell, Simone, Family Matters: Peter Canisius as Confessor and Spiritual Guide in Early Modern Augsburg, in: Journal of Jesuit Studies 2 (2015), 606–623.

Laubach, Ernst, Ferdinand I. als Kaiser. Politik und Herrscherauffassung des Nachfolgers Karls V., Münster 2001.

Lecler, Joseph, Die Kirchenfrömmigkeit des heiligen Petrus Canisius, in: Jean Daniélou und Herbert Vorgrimler (Hg.), Sentire Ecclesiam. Das Bewusstsein von der Kirche als gestaltende Kraft der Frömmigkeit [FS Hugo Rahner], Freiburg/Basel/Wien 1961, 301–314.

Leimgruber, Stephan, Die ethisch-religiöse Erziehung nach dem ‚Großen Katechismus', in: Canisius, Der Große Katechismus, 309–322.

–, Petrus Canisius und die Ökumene, in: Canisius, Der Große Katechismus, 335–344.

Leisibach, Joseph, Zurück an den Absender! Ein wiedergefundener Brief von Petrus Canisius, in: Freiburger Geschichtsblätter 74 (1997), 71–91.

Lockhart, Robin Bruce, Botschaft des Schweigens. Das verborgene Leben der Kartäuser, Würzburg 1987.

Lössl, Josef, Konfessionelle Theologie und humanistisches Erbe. Zur Hieronymusbriefedition des Petrus Canisius, in: Berndt (Hg.), Petrus Canisius SJ, 121–153.

Lucas, Thomas M., Petrus Canisius: Jesuit Urban Strategist, in: Berndt (Hg.), Petrus Canisius SJ, 275–291.

MacCulloch, Diarmaid, Die Reformation. 1490–1700, München 2010.

Malley, William J., The *Contra Julianum* of St. Cyril of Alexandria and St. Peter Canisius, in: Theological Studies 25 (1964), 70–74.

Melville, Gert, Die Welt der mittelalterlichen Klöster. Geschichte und Lebensformen, München 2012.

Mentzel-Reuters, Arno und Martina Hartmann (Hg.), Catalogus und Centurien. Interdisziplinäre Studien zu Matthias Flacius und den Magdeburger Centurien (Spätmittelalter, Humanismus, Reformation 45), Tübingen 2008.

Mertes, Klaus, Lernen in Messina. Die Anfänge der jesuitischen Kollegspädagogik, in: Falkner und Imhof (Hg.), Ignatius von Loyola, 299–310.

Meschler, Moritz, Jesuitenaszese und deutsche Mystik, in: Stimmen aus Maria Laach 82 (1912), 56–63.

Metzler, Johannes (Hg.), Die Bekenntnisse des heiligen Petrus Canisius S.J. und sein Testament, Mönchengladbach 1925.

Miedaner, Stefan, Petrus Canisius und Landsberg zur Zeit der Reformation, in: Oswald und Rummel (Hg.), Petrus Canisius, 133–147.

Müller, Rainer A., Schul- und Bildungsorganisation im 16. Jahrhundert. Die Canisianische Kollegienpolitik, in: Berndt (Hg.), Petrus Canisius SJ, 259–274.

N.N., Rez. „Kleiner katholischer Katechismus des Petrus Canisius", in: Theologische Quartalschrift 1 (1819), 603–614.

Nebgen, Christoph, Canisius und Indien – Kompensation und Erbauung, in: Decot (Hg.), Konfessionskonflikt, 99–111.

Neuner, Franz, Der Einfluß der Devotio moderna und der rheinisch-flämischen Mystik auf die Spiritualität des Petrus Canisius (1521–1597) (Theol. Diplomarbeit masch.), Innsbruck 1989.

O'Malley, John W., Die ersten Jesuiten, übers. von Klaus Mertes, Würzburg 1995.

–, Die frühe Gesellschaft Jesu, in: Baumstark (Hg.), Rom in Bayern, 31–40.

–, Eine kurze Geschichte der Jesuiten, Würzburg 2015.

–, How the First Jesuits Became Involved in Education, in: ders., Saints or Devils Incarnate?, 199–215.

–, Renaissance Humanism and the Religious Culture of the First Jesuits, in: ders., Saints or Devils Incarnate?, 181–198.

–, Saints or Devils Incarnate? Studies in Jesuit History (Jesuit Studies: Modernity through the Prism of Jesuit History 1), Leiden/Boston 2013.

–, The Distinctiveness of the Society of Jesus, in: Journal of Jesuit Studies 3 (2016), 1–16.

–, To Travel to Any Part of the World: Jerónimo Nadal and the Jesuit Vocation, in: ders., Saints or Devils Incarnate?, 147–164.

–, Trent. What Happened at the Council, Cambridge/Mass. 2013.

O'Malley, John W. u. a. (Hg.), The Jesuits: Cultures, Sciences, and the Arts, 1540–1773, Toronto 1999.

–, The Jesuits II: Cultures, Sciences, and the Arts, 1540–1773, Toronto 2006.

Obirek, Stanisław, Petrus Canisius und sein Beitrag zur Erneuerung des Katholizismus in Polen, in: Berndt (Hg.), Petrus Canisius SJ, 293–300.

Oswald, Julius (Hg.), Das Testament des Petrus Canisius. Vermächtnis und Auftrag, bearb. von Rita Haub (geistliche Texte sj 19), Frankfurt a. Main 1997.

–, Claude Jay, der erste Jesuit in Bayern, in: ders. und Haub (Hg.), Jesuitica, 3–19.

–, Petrus Canisius – ein Mystiker? Eine Hinführung zu seinem Testament, in: Geist und Leben 70 (1997), 260–269.

–, Petrus Canisius und die Reform der Kirche im sechzehnten Jahrhundert, in: ders. und Haub (Hg.), Jesuitica, 77–94.

–, Ringen um die Einheit der Kirche. Petrus Canisius und Philipp Melanchthon, in: Oswald und Haub (Hg.), Jesuitica, 20–40.

Oswald, Julius und Rita Haub (Hg.), Jesuitica: Forschungen zur frühen Geschichte des Jesuitenordens in Bayern bis zur Aufhebung 1773 (Zeitschrift für Bayerische Landesgeschichte, Beiheft 17), München 2001.

Oswald, Julius und Peter Rummel (Hg.), Petrus Canisius – Reformer der Kirche. Festschrift zum 400. Todestag des zweiten Apostels Deutschlands (Jahrbuch des Vereins für Augsburger Bistumsgeschichte 30), Augsburg 1996.

Pabel, Hilmar M., Augustine's „Confessions" and the Autobiographies of Peter Canisius, SJ, in: Church History and Religious Culture 87 (2007), 453–475.

–, Fear and Consolation. Peter Canisius and the Spirituality of Dying and Death, in: Studies in the Spirituality of Jesuits 45 (2013), 1–31.

–, Meditation in the Service of Catholic Orthodoxy: Peter Canisius' *Notae Evangelicae*, in: Karl Enenkel und Walter Melion (Hg.), Meditatio – Refashioning the Self (Intersections. Interdisciplinary Studies in Early Modern Culture 17), Leiden 2011, 257–289.

–, Peter Canisius and the „Truly Catholic" Augustine, in: Theological Studies 71 (2010), 903–925.

–, Peter Canisius and the Protestants. A Model of Ecumenical Dialogue?, in: Journal of Jesuit Studies 1 (2014), 373–399.

–, Peter Canisius as a Catholic Editor of a Catholic St. Jerome, in: Archiv für Reformationsgeschichte 96 (2005), 171–197.

Paul, Eugen, Petrus Canisius als Katechet und Pädagoge, in: Oswald und Rummel (Hg.), Petrus Canisius, 194–201.

Pius XI., Misericordiarum Deus, in: Acta Apostolicae Sedis 17 (1925), 349–365.

Pölnitz, Götz von, Petrus Canisius und das Bistum Augsburg, in: Zeitschrift für bayerische Landesgeschichte 18 (1955), 352–395.

Rädle, Fidel, Petrus Canisius als lateinischer Autor in seinem Verhältnis zum Humanismus, in: Rainer Berndt (Hg.), Petrus Canisius SJ, 155–168.

Rahner, Hugo, Petrus Canisius als Apologet, in: Orientierung. Katholische Blätter für weltanschauliche Fragen 11 (1947), 61–63.

–, „Werdet kundige Geldwechsler". Zur Geschichte der Lehre des heiligen Ignatius von der Unterscheidung der Geister, in: Friedrich Wulf (Hg.), Ignatius von Loyola. Seine geistliche Gestalt und sein Vermächtnis. 1556–1956, Würzburg 1956, 301–341.

Rahner, Karl, Das Dynamische in der Kirche, in: ders., Kirche in den Herausforderungen der Zeit. Studien zur Ekklesiologie und zur kirchlichen Existenz (Sämtliche Werke 10), bearb. von Josef Heislbetz und Albert Raffelt, Freiburg i. Breisgau 2003, 322–420.

Reinhardt, Volker, Luther, der Ketzer. Rom und die Reformation, München 2016.

Richstätter, Karl, Deutsche Mystik und Ignatianische Aszese im Innenleben des hl. Petrus Canisius, in: Zeitschrift für Aszese und Mystik 1 (1925), 25–37.

Rivinius, Karl Josef, Die Canisius-Enzyklika „Militantis Ecclesiae", in: Remigius Bäumer (Hg.), Reformatio Ecclesiae. Beiträge zu kirchlichen Reformbemühungen von der Alten Kirche bis zur Neuzeit. Festgabe für Erwin Iserloh, Paderborn u. a. 1980, 894–909.

Roper, Lyndal, Hexenwahn. Geschichte einer Verfolgung, München 2007.

Rummel, Peter, Petrus Canisius und Otto Kardinal Truchseß von Waldburg, in: Oswald und Rummel (Hg.), Petrus Canisius, 41–66.

Schad, Martha, Sanfte Macht. Die Frauen des Hauses Fugger, Augsburg 1997.

Schatz, Klaus, Allgemeine Konzilien – Brennpunkte der Kirchengeschichte, Paderborn ²2008.

–, Petrus Canisius und das Trienter Konzil, in: Oswald und Rummel (Hg.), Petrus Canisius, 67–96.

–, Zwischen Rombindung und landesherrlichem Interesse. Loyalitäten und Loyalitätskonflikte bei den ersten Jesuiten in Deutschland, in: Berndt (Hg.), Petrus Canisius SJ, 385–397.

Schilling, Heinz, Luther, Loyola, Calvin und die europäische Neuzeit, in: Archiv für Reformationsgeschichte 85 (1994), 5–31.

–, Martin Luther. Rebell in einer Zeit des Umbruchs. Eine Biographie, München ²2013.

–, Veni, vidi, Deus vixit – Karl V. zwischen Religionskrieg und Religionsfrieden, in: Archiv für Reformationsgeschichte 89 (1998), 144–166.

Schneider, Burkhart, Leben und Werk, in: Canisius, Briefe, 11–41.

–, Petrus Canisius und Paul Hoffaeus, in: Zeitschrift für katholische Theologie 79 (1957), 304–330.

Schwager, Raymund, Dogma und dramatische Geschichte. Christologie im Kontext von Judentum, Islam und moderner Marktkultur (Raymund Schwager Gesammelte Schriften 4), hg. von Józef Niewiadomski und Mathias Moosbrugger, Freiburg i. Breisgau 2014.

Sebott, Reinhold, Sachlichkeit im Orden. Das Gemeinwohl als Kriterium für Befehl und Gehorsam, in: Sievernich und Siwtek (Hg.), Ignatianisch, 584–596.

Seelig, Lorenz, Canisius-Kelch, in: Baumstark (Hg.), Rom in Bayern, 524.

Sidler, Daniel, Heiligkeit aushandeln. Katholische Reform und lokale Glaubenspraxis in der Eidgenossenschaft (1560–1790), Frankfurt/New York 2017.

Sieben, Hermann Josef, Option für den Papst. Die Jesuiten auf dem Konzil von Trient, Dritte Sitzungsperiode 1562/63, in: Sievernich und Switek (Hg.), Ignatianisch, 235–253.

–, Petrus Canisius und die Kirchenväter. Zum 400. Todestag des Heiligen, in: Theologie und Philosophie 72 (1997), 1–30.

–, Von der Kontroverstheologie zur Zusammenarbeit in der Res publica literaria (1546–1643). Jesuitenpatristik von Petrus Canisius bis Fronton du Duc, in: Berndt (Hg.), Petrus Canisius SJ, 169–201.

Sievernich, Michael, Gesetz oder Weisheit. Zum theologischen Prinzip der Katechismen Martin Luthers und Petrus Canisius', in: Berndt (Hg.), Petrus Canisius SJ, 399–422.

–, Von der Akkomodation zur Inkulturation. Missionarische Leitideen der Gesellschaft Jesu, in: Zeitschrift für Missionswissenschaft und Religionswissenschaft 86 (2002), 260–276.

Sievernich, Michael und Günter Switek (Hg.), Ignatianisch. Eigenart und Methode der Gesellschaft Jesu, Freiburg i. Breisgau 1990.

Smolinsky, Heribert, Kirchengeschichte der Neuzeit I, Düsseldorf ²2008.

Spee, Friedrich von [sic!], Cautio Criminalis oder Rechtliches Bedenken wegen der Hexenprozesse, übers. und eingel. von Joachim-Friedrich Ritter, München ⁷2003.

Steiner, Niccolo, Diego Laínez und Alfonso Salmerón auf dem Konzil von Trient. Ihr Beitrag zur Eucharistie- und Messopferthematik (Münchener Kirchenhistorische Studien N.F. 8), Stuttgart 2019.

Stettberger, Herbert, Religionsdidaktische Einordnung des canisianischen Katechismuskonzepts, in: Canisius, Der Große Katechismus, 323–334.

Streicher, Friedrich, De spirituali quodam libro diurno S. Petri Canisii, in: Archivum Historicum Societatis Iesu 2 (1933), 56–63.

– (Hg.), Die ungedruckte Lebensbeschreibung des hl. Petrus Canisius von Jakob Keller S.I., in: Archivum Historicum Societatis Iesu 8 (1939), 257–314.

– (Hg.), Sancti Petri Canisii Doctoris Ecclesiae Catechismi latini et germanici, 2 Bde., Rom/München 1933–1936.

– (Hg.), Sancti Petri Canisii Doctoris Ecclesiae meditationes seu notae in evangelicas lectiones, 3 Bde., Freiburg i. Breisgau/München 1939–1961.

Switek, Günter, Die Eigenart der Gesellschaft Jesu im Vergleich zu den anderen Orden in der Sicht des Ignatius und seiner ersten Gefährten, in: Sievernich und Switek (Hg.), Ignatianisch, 204–232.

Terstriep, Dominik, Peter Faber. Freund – Wanderer – Mystiker (Ignatianische Impulse 73), Würzburg 2016.

Überbacher, Philipp, In Böhmen. Die Gründung des Prager Jesuitenkollegs, in: Falkner und Imhof (Hg.), Ignatius von Loyola, 359–373.

–, Petrus Canisius und sein Beitrag zum Beginn der katholischen Reform im Tirol des 16. Jahrhunderts, in: Zeitschrift für katholische Theologie 119 (1997), 377–396.

Van de Schoor, Rob, Canisius als Herausgeber: die Ausgaben von Tauler (1543), Kyrill (1546) und Leo dem Großen (1546), in: Ons Geestelijk Erf 82 (2011), 161–186.

–, „Ignatio atque immo Deo volente": Canisius's ‚Tertia probatio' in Rome and His Mission to Sicily, in: Church History and Religious Culture 88 (2008), 19–34.

Van Dülmen, Richard, Kultur und Alltag in der Frühen Neuzeit, 3. Band: Religion, Magie, Aufklärung. 16.–18. Jahrhundert, München ³2005.

Walsham, Alexandra, Wholesome Milk and Strong Meat: Peter Canisius's Catechisms and the Conversion of Protestant Britain, in: British Catholic History 32 (2015), 293–314.

Wassilowsky, Günther, Trient, in: Christoph Markschies und Hubert Wolf (Hg.), Erinnerungsorte des Christentums, München 2010, 395–412.

Weber, Peter Johannes, Die Brieffreundschaft zwischen Petrus Canisius und dem Solothurner Patrizier Hans Jakob von Staal d. Ä., in: Freiburger Geschichtsblätter 74 (1997), 93–143.

Winkelbauer, Thomas, Ständefreiheit und Fürstenmacht. Länder und Untertanen des Hauses Habsburg im konfessionellen Zeitalter, Teil 2 (Österreichische Geschichte: 1522–1699), Wien 2004.

Wolf, Hubert, Index. Der Vatikan und die verbotenen Bücher, München 2007.

Wrba, Johannes, In der Nähe des Römischen Kollegs. Die Gründung des Jesuitenkollegs in Wien, in: Falkner und Imhof (Hg.), Ignatius von Loyola, 331–357.

Zeeden, Ernst Walter, Das Zeitalter der Gegenreformation von 1555 bis 1648, München 1979.

Namensregister

Nicht aufgenommen: Petrus Canisius bzw. Peter Kanis; Namen in bibliographischen Angaben; Korrespondenzpartner der in den Anmerkungen zitierten Briefe; Künstlernamen in den Bildunterschriften. Verwandte von Petrus Canisius unter „Canisius" und unter „Kanis".

Kofler, Franz Josef 11
Kompatscher, Gottfried 253
Konstantin I. (Kaiser) 167
Kyrill von Alexandrien 167–170, 172
Kyrill von Jerusalem 269

Laínez, Diego 99, 130, 152, 192–194, 197, 225, 237–239, 241, 268, 270
Landsberg, Johannes Justus von 71–73
Leo der Große (Papst) 165, 168, 172, 269
Leo XIII. (Papst) 14
Luther, Martin 13, 63, 66, 176, 178f, 181, 187–189, 196, 201, 215f, 244, 270

Maria (Mutter Jesu) 23, 43, 55, 180f, 184f
Maria van Oisterwijk 31, 69, 258
Martinz, Elisabeth 254
Maximilian I. von Bayern 50, 184
Maximilian II. (Kaiser) 241f
Meister Eckhart 78
Melanchthon, Philipp 130, 187–190, 199, 216f
Mercurian, Everard 44
Michael (Erzengel) 39
Moosbrugger, Karl 257
Moosbrugger, Klara 255
Moosbrugger, Peter 257
Moosbrugger, Roswitha 257
Moosbrugger, Ruth 255
Moosbrugger-Martinz, Verena 255
Morone, Giovanni 87, 155, 157f, 243, 268
Mozart, Wolfgang Amadeus 7

Nadal, Jerónimo 18, 95, 99, 112, 118, 265f
Niewiadomski, Józef 253
Niklaus von der Flüe 47

O'Malley, John W. 258
Oekolampad, Johannes 166, 170
Ortenburg, Heinrich VII. von 214
Ortiz, Pedro 104

Pabel, Hilmar M. 258
Paul III. (Papst) 145
Paul IV. (Papst) 144f, 156, 236f, 239, 247
Paulus (Apostel) 39
Peter, Karin 253

Petrus (Apostel) 47
Pfauser, Johannes 241
Philipp II. (Spanien) 203
Philipp III. (Spanien) 50
Pius IV. (Papst) 98, 156, 237, 239f
Pius V. (Papst) 174f
Pius XI. (Papst) 14
Polanco, Juan de 132
Polman, Pontien 269

Rastell, John 181
René II. von Lothringen 26
Rodrigues, Simão 84

Salmerón, Alfonso 85, 122, 125, 148
Schöpper, Jakob 195
Seuse, Heinrich 78
Spee, Friedrich 230
Staal, Jakob von 161
Surius, Laurentius 74f, 79, 261

Tauler, Johannes 77–81, 165, 262
Theodosius I. (Kaiser) 167
Thomas von Aquin 31
Thomas von Kempen 96
Torres, Jerónimo de 173

Urs (Heiliger) 161

Van den Bergh, Wendelina 25
Van Essche, Nikolaus 30–32, 63, 69–71, 79, 92
Van Eymeren, Reinalda 31, 76, 78, 258
Van Houweningen, Jelis 23, 27
Van Triest, Wendelina (s. Kanis, Wendelina)
Vega, Juan de 104
Vinzenz von Lérins 173

Waldburg, Otto von 110, 139, 150, 154, 172, 176, 211, 244–247
Werro, Sebastian 260
Wied, Hermann V. von 87, 93, 108f
Wigand, Johannes 179, 188, 199
Wilhelm IV. von Bayern 120, 122f, 127
Wilhelm V. von Bayern 269
Willam, Manuela 254
Wirsberg, Friedrich von 217

Ortsregister

Nicht aufgenommen: Deutschland, Römisch-Deutsches Reich, Deutsches Reich; Österreich; Orte in den Spezifizierungen der in den Anmerkungen zitierten Briefe

Bildnachweis

akg-images: S. 85 und 89 (Oronoz, AKG1313275), 113 (historic-maps, AKG921496), 126 (AKG430293), 175 (Pirozzi, AKG305173), 245 (AKG430400)

Auktionshaus Mehlis, Foto Falk Blum, Plauen: S. 72

Bayerische Nationalbibliothek, München: S. 198 (Catech. 89n, Titelblatt), S. 213 (Cod.icon 380, fol. 132r)

FSU Jena, Kustodie: S. 178 (InvNr. 219, Foto: J.-P. Kasper)

Jesuitenkolleg, München, Foto: Bayerisches Nationalmuseum, München (Walter Haberland und Karl-Michael Vetters): S. 34, 52, 121, 124

Kantons- und Universitätsbibliothek, Freiburg in der Schweiz: S. 51, 185

Kunstsammlungen und Museen Augsburg: S. 141 (Inv.Nr. 10439)

Musei Vaticani, Rom, Galleria dei Quadri Moderni: S. 154

Museum Het Valkhof, Nimwegen: S. 24f und Umschlag

Österreichische Nationalbibliothek, Wien: S. 242

Österreichisches Staatsarchiv, Wien: S. 143 (Haus-, Hof- und Staatsarchiv, Hs. W 231/9)

Rheinisches Bildarchiv Köln: S. 87 (rba_d017669)

Schatzkammer der Heiligen Kapelle, Altötting, Fotos: Bayerisches Nationalmuseum, München (Walter Haberland und Karl-Michael Vetters): S. 229

Stadtarchiv Köln: S. 93 (HAStK Best. 7020 (W*) 154, fol. 10f.)

Tiroler Landesarchiv, Innsbruck: S. 133

Universität Bologna, Sistema Museale di Ateneo: S. 156

Universität Wien, Archiv: S. 131

Universitäts- und Landesbibliothek Tirol, Innsbruck: S. 60

Wikimedia Commons: S. 30, 38, 57 (Bobo11), 67, 74, 77, 106, 129, 132, 144, 147, 171, 182, 189, 191, 193, 200, 205, 215, 220, 223, 235, 237, 254 (Foto: Burkhard Mücke)

Gedruckt mit Unterstützung der Diözese Innsbruck sowie der Abteilung Kultur im
Amt der Tiroler Landesregierung

MIX
Papier aus verantwor-
tungsvollen Quellen
FSC® C014138

Nachhaltige Produktion ist uns ein Anliegen; wir möchten die Belastung unserer
Mitwelt so gering wie möglich halten. Über unsere Druckereien garantieren wir ein
hohes Maß an Umweltverträglichkeit: Wir lassen ausschließlich auf FSC®-Papieren aus
verantwortungsvollen Quellen drucken und verwenden Farben auf Pflanzenölbasis.
Wir produzieren in Österreich und im nahen europäischen Ausland, auf Produktionen
in Fernost verzichten wir ganz.

Mitglied der Verlagsgruppe „engagement"

© 2021 Verlagsanstalt Tyrolia, Innsbruck
Umschlaggestaltung und Layout: Tyrolia-Verlag, Innsbruck
Covermotiv: Ausschnitt aus dem Triptychon der Familie Kanis, 1526/30
Lithografie: Artilitho, Trento (I)
Druck und Bindung: FINIDR, Tschechien
ISBN 978-3-7022-3929-9 (gedrucktes Buch)
ISBN 978-3-7022-3931-2 (E-Book)
E-Mail: buchverlag@tyrolia.at
Internet: www.tyrolia-verlag.at